Franz Kardinal König

Unterwegs mit den Menschen

Franz Kardinal König

Franz
Kardinal
König

Unterwegs mit den Menschen

Vom Wissen zum Glauben

Herausgegeben von
Annemarie Fenzl
und Reginald Földy

Dom Verlag

Die Deutsche Bibliothek – CIP-Einheitsaufnahme
König, Franz Kardinal:
Unterwegs mit den Menschen: Vom Wissen zum Glauben /
Franz Kardinal König
Wien: Dom-Verlag, 2001
ISBN 3-85351-168-6

Lektorat: Mag. Maria Ankowitsch
Schutzumschlag und Satz: Gerri Zotter
Umschlagfoto: Franz Josef Rupprecht
Druck und Bindung: Wiener Verlag, Himberg bei Wien

ISBN 3-85351-168-6

Inhalt

UNTERWEGS MIT DEN MENSCHEN

Vorwort

Es ist ein Segen, eine Gnade, wenn man zu der Feststellung gelangen kann: Jetzt ist die Zeit, um in Gelassenheit und Ruhe mein Leben zu ordnen, zu überdenken; zu wissen, dass für mich die Zeit kommt, um mein Leben in die Hand dessen zurückzugeben, der es mir als einem getreuen Verwalter übergeben hat ...", so schreibt der im 95. Lebensjahr stehende Alterzbischof von Wien in einem seiner Texte über das Alter. Sein eigener letzter Lebensabschnitt erscheint allerdings – rein äußerlich gesehen – bis jetzt alles andere als ruhig und gelassen. Nach wie vor einen vollen Terminkalender erfüllend, immer bereit einzuspringen, wo Not am Mann ist, geht Kardinal König bis zum heutigen Tag in seinem Bischofsamt einen deutlichen Schritt weiter, als seinen Pastoralauftrag bloß in der inneren Nachfolge der Apostel zu sehen. Er ist ein Apostel unserer Zeit geworden und trägt in seinem „Zeitapostolat" die große Botschaft des Zweiten Vatikanischen Konzils voran: im „Aggiornamento" die Kirche in eine veränderte Welt zu stellen, Antworten auf brennende Fragen der Gegenwart und Zukunft zu finden ohne Grundsätzliches aufzugeben. Eine Auswahl aus über fünfhundert kürzeren und längeren Texten, verfasst in den letzten sechs Jahren, zu „besonderen", aber auch zu ganz „normalen" Anlässen, gibt Zeugnis davon, wie Kardinal König – immer noch – unterwegs ist mit den Menschen: Vorträge, Stellungnahmen oder „nur" Predigten zu verschiedenen seelsorglichen Anlässen wie Priesterjubiläen, Hochzeiten, Begräbnissen, Einweihungen, Segnungen ... – „Es geht alles ein bisschen langsamer, man wird nicht jünger", sagt er selbst, der aber noch immer jeden Text persönlich formuliert; je älter er wird umso mehr auf die einfachen Dinge hinweisend, wohl aus dem Wissen heraus, dass das wirklich Große nicht vieler Worte bedarf.

Das „Abenteuer des Dialogs" mit Christen und Nichtchristen zu bestehen, das beherzte Voranschreiten des Ökumenismus in Richtung auf eine „Theologie der Religionen", das alles war und ist Herzenssache von ihm geblieben.

Pluralismus wird aus den christlichen Denkmodellen der Zukunft nicht wegzudenken sein; für das Christentum von morgen geht es um den Auftrag des Menschen in der Welt, um die Fähigkeit, die Wandelbarkeit konkreter Normen ohne Verlust der inneren Mitte zu akzeptieren und die eigene Überzeugung immer prüfend zu erneuern und zu vertiefen; das ist eine zunehmend schwierige Aufgabe, denn viele zutiefst christliche Werte scheinen sich in der immer breiteren und tieferen Säkularisierung längst vom Wesen der Kirche gelöst zu haben.

Die lautlose Ausbreitung eines konfessionslosen Christentums oder postchristlichen Heidentums weist der „klerikalen" Kirche eine gewaltige Verpflichtung zur Erneuerung zu, verlangt aber von der Neu-Evangelisierung gleichzeitig den mutigen Aufbruch ins Morgen und keine ängstlich eingemauerte Grabwache.

Hier erscheint Kardinal König als ein fester und ruhiger Punkt „zum Anhalten", stets unaufdringlich mit Rat und Hilfe zur Stelle, wenn jemand zu verstehen gibt, dass er diese braucht. In unruhiger Zeit verstand es Kardinal König „Wogen zu glätten" und das gelingt ihm auch heute noch, in tiefem Verständnis für die Nöte des Menschen. Er lebt ganz einfach Tag für Tag das Evangelium. Dabei hilft ihm neben seinem festen Gottvertrauen sein großes ordnendes Wissen. Mit großer innerer Ruhe geht er geradewegs auf „Christus, den Kommenden" zu, weiß, was aus der Schrift Wegmarken für die Zukunft setzt und von welchen dogmatischen Stacheldrähten wir den Weg befreien müssen.

Und so ist Kardinal König weiterhin unterwegs mit den Menschen, in ihrer Welt und nicht irgendwo im Universum, immer darauf bedacht, die Würde des Einzelnen nicht zu beeinträchtigen und zu verletzen, aber in der festen Überzeugung, dass Religion zum Wesen des Menschen gehört, ja eigentlich den Sinn des Lebens trägt.

Annemarie Fenzl und Reginald Földy

Die Welt des Menschen

Europa

Europa sucht seinen Weg

Christopher Dawson macht in seinem Buch *Making of Europe* darauf aufmerksam, dass bereits in der Zeit des Frankenreiches im nordalpinen Raum jene „Achsendrehung der Weltgeschichte" erfolgt sei, die vom Mittelmeerbecken der Römerzeit weg in eine nordöstliche Richtung führte.

Die Soldaten des Karl Martell, welche im Jahr 732 in der Schlacht von Tours und Poitiers die Araber besiegten, hießen bereits Europäer. Und als Fortsetzung des Imperium Romanum wuchs jene Civitas Dei, die in der Kaiserkrönung Karls des Großen in Rom im Jahre 800 als Pater Europae ihren sichtbaren Höhepunkt erfuhr.

Das werdende und sich festigende Europa ruhte auf dem Erbe des Römerreiches durch die Kraft der romanischen, germanischen und slawischen Völker mit den Hauptsprachen des Latein, des Griechischen und des Kirchenslawischen. Damals wurden bereits die christlichen, das heißt, die europäischen Fundamente gelegt, von christlichen Missionaren, von Märtyrern aus der Zeit des zu Ende gehenden Römerreiches. Aber auch die germanischen Lebensformen dieses jungen Europa reichten in die Staaten und kirchlichen Lebensbereiche hinein.

Zu den Patronen des werdenden Europa gehören große christliche Vorbilder wie Martin von Tours, Benedikt von Nursia, irische, schottische und angelsächsische Missionare wie Kolumban und Bonifatius aus dem Westen, die Slawenapostel Cyrillos und Methodios aus dem Osten, die – in Verbindung mit Klöstern und Kathedralschulen – bis in die Gegend des heutigen Österreich kamen. Vor allem der hl. Benedikt, zur Zeit der Völkerwanderung lebend, hat zu einer christlichen Prägung Europas durch seine Ordensregel, seine Lebensordnung, durch sein „Ora et labora", durch das damit bedingte Gleichgewicht zwischen Person und Gesellschaft, mehr beigesteuert als man wohl im Allgemeinen annimmt.

Eine christliche Zeitrechnung, christliche Feste mit der römischen Liturgie prägten allmählich den europäischen Kulturraum. Und schon damals wurde auch die geschichtliche und geografische Offenheit unseres Landes zwischen West und Ost deutlich.

Tausend Jahre hindurch hatte es eine einheitliche christliche Welt gegeben, als Gemeinschaft des Glaubens und der Kirche. Sie reichte von Byzanz bis Rom, nachdem das Römische Reich bereits seit langem in eine östliche und westliche Reichshälfte auseinander gebrochen war. Abgesehen von der Abspaltung kleinerer Gruppen etwa im 4. und 5. Jahrhundert erfuhr diese Völker umspannende Einheit der Christen im Laufe der Zeit zweimal einen tief reichenden Einbruch. Im Jahre 1054 erfolgte, auf Grund verschiedener kultureller und sprachlicher Spannungen, jene große Spaltung der Christenheit, die als abendländisch-morgenländisches Schisma in die Geschichte einging. Byzanz wurde das Zentrum einer byzantinischen Kirche und Rom der Mittelpunkt der westlichen Kirche mit dem Papst als Oberhaupt. Im Bereich der byzantinischen Kirche entstanden die orthodoxen Kirchen, die durch nationale Zugehörigkeiten näher bestimmt wurden.

Der zweite Einbruch erfolgte zur Zeit der Reformation zu Beginn des 16. Jahrhunderts. In der Folgezeit entstanden zahlreiche selbstständige christliche Kirchen, innerhalb Europas und außerhalb, die vor allem in Westeuropa eine weitreichende Änderung des gesellschaftlichen und politischen Lebens zur Folge hatten. Die zentrifugalen Kräfte dieser beiden Spaltungen wurden durch Aufklärung und Rationalismus verstärkt.

So wurde der Kontinent Europa durch die getrennten Konfessionen gesellschaftlich und politisch verändert, ohne allerdings seine christliche Grundstruktur zu verlieren. Denn ein wachsendes geistig-intellektuelles Interesse, ein technisches Können, wie es in den Schulen und neuen Universitäten der Scholastik genährt wurde, verdichtete sich zu einem christlichen Welt- und Menschenbild mit einer religiös fundierten Ethik und Rechtsordnung. Das was wir heute unter „Europäischer Kultur“ verstehen, ist aus vielen Wurzeln zusammengewachsen: Neben den griechischen, römischen, germanischen und slawischen gehören dazu auch die Einflüsse des Judentums und des Islams.

Weder die politisch motivierten Religionskriege des 16. und 17. Jahrhunderts noch ein in die Richtung der Säkularisierung weisender Humanismus im Gefolge der Aufklärung konnten die christlichen Züge Europas ganz verdunkeln. Die Ideen der Französischen Revolution von Freiheit, Gleichheit und Brüderlichkeit schrieben zu Ende des 18. Jahrhunderts in das alte Antlitz Europas neue und zugleich alte Züge hinein. Auch ein religions- und kirchenfeindlicher Liberalismus des 19. Jahrhunderts vermochte die religiösen Grundideen nicht auszulöschen.

So entstand im Laufe der neueren Zeit durch die Dynamik Europas eine den ganzen Erdkreis umfassende Einflusssphäre. Dazu gehörte zum einen die Ausbreitung europäischer Zivilisation durch den Kolonialismus mit allen seinen positiven und negativen Auswirkungen; zum anderen die Missionsarbeit der christlichen Kirchen in weiten Gebieten der anderen Kontinente. Durch seine wissenschaftliche und technische Überlegenheit richtete sich Europa in den Vereinigten Staaten „häuslich“ ein, blieb aber in Asien nur Gast. In der Neuzeit umschreibt der Begriff „der Westen“ sowohl Europa als auch die enge Verbundenheit mit den Vereinigten Staaten von Amerika.

Bis zum Ersten Weltkrieg blieb dieses Europa Zentrum der Weltpolitik. Samuel P. Huntington, *Kampf der Kulturen*, berechnete, dass um 1914 Europa 84 Prozent der ganzen Welt kontrollierte, und fügt dann an anderer Stelle hinzu: „Der Westen (das heißt, Europa und die Vereinigten Staaten Amerikas sowie Südamerika) unterscheidet sich offensichtlich von allen anderen Kulturkreisen, die bisher existiert haben, durch seine überwältigende Auswirkung auf alle Kulturen, die es seit 1500 gegeben hat. Er hat damit die Prozesse der Modernisierung und Industrialisierung in Gang gesetzt.“

Der amerikanische Historiker Paul Kennedy, *Rise and Fall of Great Powers*, meinte, dass man aus amerikanischer Perspektive berechtigt wäre, von einem „Wunder Europas – European miracle“ jener Zeit zu sprechen. Das heißt, dieses geschichtlich einzigartige „Wunder“ müsse man sich erklären durch ein gegebenes Zusammenspiel von ökonomischem Liberalismus, politischer, militärischer und geistiger Vielfalt, die beständig aufeinander einwirkten und so jene geschichtliche Periode Europas nach 1500 einleiteten. Und weil ein solches Zusammenwirken ähnlicher Kräfte weder in China noch in muslimischen Reichen des mittleren Ostens, noch in Asien oder in anderen gesellschaftlichen Verhältnissen erfolgte, deswegen bleibe das geschichtliche Werden Europas einzigartig und nur auf diesen Kontinent beschränkt. – Das Christentum aber hat dem Fundament Europas einen besonderen Halt gegeben, so dass sich dieses „Wunder Europas“ dadurch besser verstehen und erklären lässt.

Dies alles aber änderte sich im Jahre 1918, nach dem Ende des Ersten Weltkriegs. Damals wurde die einseitige nationalistische Staatspolitik in Europa tief erschüttert. Das Vertrauen in Wissenschaft und Fortschritt verlor seine Überzeugungskraft, die Staatsgrenzen verschiedener Länder Europas änderten sich. Die Führungskräfte Europas verloren ihre Sicherheit eines übernationalen Prestiges.

Der Zweite Weltkrieg – ausgelöst durch Hitlers verbrecherische Ideologie und einen sich festigenden, ähnlich menschenverachtenden Kommunismus – hat das durch den Ersten Weltkrieg bereits geschwächte Europa zur Gänze zerstört. Der Pessimismus jener Jahre wurde durch Spenglers Buch, *Der Untergang des Abendlandes*, demzufolge Europa in seine Endphase eingetreten war, noch verdeutlicht und verstärkt. Der englische Historiker Arnold Toynbee untermauerte in seiner großen Weltgeschichte, *Study of History*, jene negative Einstellung in Europa. Er war der Meinung, nur das Entstehen einer neuen Weltreligion könne den Niedergang der Hochkulturen aufhalten.

Das Ende des Nationalsozialismus und das Ende des Zweiten Weltkrieges führten zum ersten Mal in der Geschichte zu einer Teilung Europas auf jener Konferenz von Jalta (Februar 1945), derzufolge Europa durch den Eisernen Vorhang in zwei Machtblöcke zerschnitten wurde. Es entstand der Westen der NATO-Staaten und der Ostblock des Warschauer Paktes. Für Jahrzehnte wurde so die östliche und nordöstliche Grenze Österreichs gegenüber der Tschechoslowakei, Ungarn, Kroatien und Slowenien identisch mit dem Eisernen Vorhang, der den Osten und Westen des Kontinents trennte.

Damals begannen Asien und Afrika sich von der europäischen Vorherrschaft zu lösen, die Kolonialreiche lösten sich nach und nach auf.

Angesichts eines durch den Eisernen Vorhang geteilten Europa stellte sich alsbald immer drängender die Frage, ob eine solche Teilung des Kontinents überhaupt je wieder rückgängig gemacht werden könne; denn die Macht des sowjetischen Bolschewismus, der sich durch den Eisernen Vorhang schützen wollte, schien das Antlitz eines solchen Europa bleibend zu prägen. Nur Radio und Fernsehen konnten den Eisernen Vorhang in gewisser Weise überwinden und eine unsichtbare Verbindung von Diesseits und Jenseits jener Grenze sicherstellen. Ansonsten bestand die Gefahr, dass der Eiserne Vorhang zu einer geistigen Mauer zwischen zwei gänzlich fremden Welten werde. Die Christen im östlichen Europa waren ja zum Schweigen verurteilt und wurden blutig verfolgt.

Als im Jahre 1976 dem damaligen belgischen Außenminister Leo Tindemans in der Stadt Aachen der Europapreis verliehen wurde, sagte der Ausgezeichnete in seiner Dankrede unter anderem: „Nachdem Europa vier Jahrhunderte im Namen der ganzen Welt gesprochen hat, schweigt es jetzt.“ – Wollte er damit sagen, dass Europa nun am Ende seiner Geschichte angelangt sei?

Rückkehr nach Europa

Aber vierzehn Jahre danach rückte Europa wiederum in den Mittelpunkt einer dramatischen Weltgeschichte: Ende 1989, Anfang 1990 erfolgte der lautlose Zusammenbruch des Kommunismus – ein Zusammenbruch, praktisch ganz ohne Gewalt von außen. In diesen Tagen hielt die ganze Welt den Atem an, so unglaublich und unwahrscheinlich schien zunächst alles zu sein.

Nur kurz zuvor, am 1. Dezember 1989, hatte der damalige sowjetische Staats- und Parteichef Gorbatschow den Papst im Vatikan besucht; drei Wochen später, zwei Tage vor Weihnachten, wurde das Brandenburger Tor geöffnet und die Berliner Mauer sank in sich zusammen. Am Weihnachtstag selbst wurde der rumänische Diktator Ceauçescu mit seiner Gattin erschossen. Das war das einzige blutige Ereignis einer sonst unblutigen Revolution. Im Jahr darauf versank schließlich noch Albanien mit seinem brutalen atheistischen Marxismus und hinterließ im ärmsten Land Europas ebenfalls ein Trümmerfeld.

Vorangegangen waren gewaltlose Protestaktionen von Hunderttausenden in Leipzig, auf dem Wenzelsplatz in Prag, auf dem Roten Platz in Moskau. Die kommunistische Partei- und Staatsführung war wie gelähmt und verlor den Boden unter den Füßen, mit ihr ein gewaltiger Polizeiapparat, der bisher jeden Widerstand blutig brechen konnte.

Der auf einem falschen Welt- und Menschenbild aufgebaute Marxismus des sogenannten wissenschaftlichen Sozialismus (dialektischer Materialismus) war unerwartet und schnell in sich zusammengesunken. Denn wenn der einzelne Mensch nur als Instrument, als Baustein einer neuen Gesellschaft gesehen wird, so löscht dies den Begriff der menschlichen Person als eigenständiges Subjekt moralischer und freier Entscheidungen aus. Initiative und Verantwortung gehörten nicht mehr in den Entscheid des Einzelnen. Ein Menschenbild ohne Freiheit und Würde aber verändert gleichzeitig die Vorstellung der Gesellschaft und blockiert den Weg zu einem echten menschlichen Miteinander. Denn: Individuum und Gemeinschaft bedingen einander. Wurzelgrund, Träger und Ziel aller gesellschaftlichen Einrichtungen ist und muss im Grunde die menschliche Person sein.

Der englische Schriftsteller Timothy G. Ash hat die erregenden Ereignisse der sogenannten „sanften Revolution" in Osteuropa, in Warschau, Budapest, Ostberlin und Prag, selbst miterlebt. Im Schlusskapitel seines Büchleins *We, the people,* das er im Anschluss an jene Ereignisse geschrieben hatte, meinte er: Die eigentliche Trennungslinie zwischen den beiden Teilen Europas verlaufe im Grunde zwischen jenen, die Europa haben, und jenen, die an Europa glauben. Anfang 1990 habe man im Osten die turbulenten Ereignisse dahingehend interpretiert: „Was jetzt vor sich geht, ist einfach die Rückkehr nach Europa."

Dazu ein anderes Beispiel: Die parlamentarische Versammlung des Europarates in Strassburg hatte in den letzten Jännertagen des Jahres 1990 bewegende Stunden erlebt. Der damalige polnische Regierungschef Mazowiecki sowie der ungarische Ministerpräsident hatten am 29., 30. Jänner jenes Jahres ihr Gesuch um eine formale Aufnahme in den Europarat vorgelegt. Der polnische Premier hatte damals vor der Strassburger Versammlung Folgendes erklärt – ich zitiere den damaligen Bericht der *Zürcher Zeitung:* „... Mit vornehmer Zurückhaltung, aber mit sichtbarer Ergriffenheit hat er von Polens Rückkehr nach Europa, von der Renaissance Europas überhaupt, gesprochen; denn dieses, nämlich Europa, hat ohne seine mittel- und osteuropäischen Glieder während der vergangenen Jahrzehnte gar nicht mehr voll existiert; – der Neuanfang nach dem Zusammenbruch bedeutete daher für jenen Teil Europas Rückkehr in das ganze Europa vom Atlantik bis zum Ural."

Nach Europa zurückkehren musste aber auch heißen, das verschüttete christliche Antlitz dieses Kontinents als seine Grundstruktur wieder zu entdecken. Unmittelbar vor dem Zusammenbruch des Kommunismus hatte die Regierung im Kreml (Juni 1988) der russisch-orthodoxen Kirche das Recht eingeräumt, das Millennium der Einführung des Christentums in Russland vor aller Welt zu begehen. Damit trat dort das orthodoxe Christentum erstmals, nach so vielen Jahren der blutigen Verfolgung, wieder in Erscheinung.

Vor tausend Jahren hatte Russland, in der Folge auch andere slawische Völker, das Christentum, das aus Byzanz im byzantinischen Kleid kam, angenommen. Aus Anlass dieser Jahrtausendfeier schrieb der lateinische Papst Johannes Paul II. an den Patriarchen von Moskau: Die beiden großen Traditionen der Kirchen – die westliche und die östliche – gehören zusammen, „so wie die beiden Lungen eines Organismus miteinander verbunden sind". Dadurch sollte in Zukunft auch die ökumenische Bewegung in Europa – mit dem Blick auf das einst ungeteilte und gemeinsame Erbe des Christentums – neue Impulse erhalten.

Denn auch im westlichen Europa war in den Jahren der Trennung die Erinnerung an das größere Europa – auf eine ganz andere Weise – wieder lebendig geworden. Allerdings standen hier wirtschaftliche Interessen im Vordergrund. Es waren christliche Staatsmänner, die sich, inmitten der Skepsis der Nachkriegszeit, aus ihrer Tradition heraus verpflichtet fühlten tätig zu werden, um den Glauben an das Europa der Vergangenheit auf eine neue Basis zu stellen. Eine Voraussetzung dafür war die deutsch-französische Aussöhnung. Mit einem zu Herzen gehenden Europabekenntnis hatte Robert Schuman in seinem Buch *Pour l'Europe* damals für diese neue Hoffnung geworben.

Im Jahr 1950 hatte er sich als französischer Außenminister – in

Verbindung mit Jean Monnet – für die Gründung einer „hohen Behörde für Kohle und Stahl" ausgesprochen. Damit nahm auch die neue Verbindung zwischen den alten Erbfeinden Deutschland und Frankreich ihren Anfang. 1957 erfolgte auf der Grundlage der Verträge von Rom die Gründung einer europäischen Wirtschaftsgemeinschaft (EWG) sowie einer europäischen Atomgemeinschaft (Euratom). Der Europarat in Strassburg (Council of Europe) wählte zwei Jahre später, 1959, Robert Schuman ob seines europäischen Ansehens zu seinem Präsidenten. Zusammen mit Schuman waren es christliche Staatsmänner wie Konrad Adenauer als deutscher Bundeskanzler, der italienische Staatsmann De Gasperi – mit dem Europapreis in Aachen seinerzeit ausgezeichnet –, die miteinander Hand anlegten, um auf der politischen Ebene eine neue Zusammenarbeit zu beleben. Schuman war besonders bemüht einem neuen Europa auch eine neue Seele zu geben. Adenauer war es, der den Schuman-Plan als einen neuen und kühnen Schritt bezeichnete.

1967 kam es auf Grund weiterer wirtschaftlicher Zusammenschlüsse und Fusionen zur Gründung der Europagemeinschaft, die unter dem Namen EG bekannt wurde. 1993 trat der Vertrag von Maastricht in Kraft und die EG wurde zur Europäischen Union mit dem Namen EU.

Österreich, Schweden und Finnland schlossen sich am 1. Jänner 1995 der Union an, fünfzehn Staaten aus dem mittleren und östlichen Europa sind heute als Kandidaten auf der Warteliste.

In dem Maße aber, als die wirtschaftlichen und politischen Interessen alles beherrschend im Vordergrund standen, wurde der Ruf nach den geistigen und religiösen Kräften immer lauter. Die christlichen Kirchen schienen zunächst noch abseits zu stehen, erkannten aber nach und nach ihre Aufgaben und Chancen. Die Impulse des Zweiten Vatikanischen Konzils, in Verbindung mit der Ökumene, kamen zum Tragen.

Für die Konzilsväter und Theologen aus den Diözesen des europäischen Kontinentes gab es zum ersten Mal eine ideale Möglichkeit, einander kennen zu lernen und auf dieser Ebene Pläne für die Zukunft zu schmieden. Die europäischen Bischofskonferenzen nahmen in den Jahren 1977 und 1980 die Idee einer geistigen

Verleihung des Kardinal König-Preises an Vaclav Maly, Weihbischof von Prag, und an Anton Srholec, Salesianer aus der Slowakei, am 28. Oktober 1999 in Wien.

europäischen Zusammenarbeit auf und begannen für sie zu werben.

Die geistige Situation und Stimmung der nachkonziliaren Zeit hat Papst Johannes Paul II. während seiner Pilgerfahrt nach Santiago de Compostela in einem bewegenden Bekenntnis zum Ausdruck gebracht: „Ich, Johannes Paul, Sohn der polnischen Nation, die sich immer auf Grund ihres Ursprunges, ihrer Tradition, ihrer Kultur und ihrer lebenswichtigen Beziehungen als europäisch betrachtet hat – als slawisch unter den Lateinern und als lateinisch unter den Slawen –, ... ich rufe dir, altes Europa, voller Liebe zu: Finde wieder zu dir, sei wieder du selbst, besinne dich auf deinen Ursprung, belebe deine Wurzeln wieder! Beginne wieder jene echten Werte zu leben, die deine Geschichte ruhmreich gemacht haben ... bau deine geistige Einheit wieder auf, in einer Atmosphäre voller Achtung gegenüber den anderen Religionen und echten Freiheiten ... noch immer kannst du Leuchtturm der Zivilisation und Anreiz zum Fortschritt für die Welt sein. Die anderen Kontinente blicken zu dir hin und erhoffen von dir die Antwort des Jakobus zu hören, die er Christus gab: Ich kann es."

Damals wurde zum ersten Mal bewusst, was das Christentum dem europäischen Kontinent im Verlaufe der Zeit geschenkt hatte, was auf der anderen Seite auch der europäische Kontinent für das Christentum bedeutet hat. Es hatte wohl lange Zeit gedauert, bis sich in der katholischen Kirche selbst die Erkenntnis durchsetzte, dass die Kirche Jesu Christi mit ihrem Auftrag: „Geht hinaus in die ganze Welt!" mehr sei als nur eine europäische Kirche.

Heute muss es daher Aufgabe der Christen sein zu erkennen, dass sie nicht nur Verwalter der Vergangenheit, sondern auch Mitgestalter einer gemeinsamen Zukunft sein sollen. Und hier setzt das Interesse der Christen für ein zukünftiges gemeinsames Europa an.

Grosse Erwartungen und enttäuschte Hoffnungen

Aber die Erwartungen und Hoffnungen auf ein neues gemeinsames Europa in jenen ersten Jahren nach dem kommunistischen Zusammenbruch – Gorbatschow sprach in jenen Monaten vom „Neuen Haus Europa" – schienen alsbald in sich zusammenzusinken. An die Stelle der Euphorie traten Enttäuschung und neues Misstrauen. Die Menschen fragten sich: Wo ist der Triumph der Demokratie? – Denn eine neue Tyrannei schien den Kommunismus abzulösen: Ein neuer Nationalismus mit Fanatismus und Intoleranz erhob das Haupt. Nach dem Fall der Mauer wurde das Elend im Osten in den darauf folgenden Monaten nicht geringer, sondern größer. Die Enttäuschung im Alltag war nicht viel anders als früher unter den Kommunisten. Dazu kamen Korruption und die Bildung von Banden, die in den Nachfolgestaaten, vor allem in den städtischen Gebieten, Angst und Unsicherheit vergrößerten.

Der Westen war verwirrt und schwieg. Er verstand nicht, dass in den nicht mehr kommunistischen Staaten jetzt ein langwieriger und sehr schwieriger Prozess eines gesellschaftlichen und wirtschaftlichen Neuaufbaues begonnen hatte. Dies bezog sich nicht nur auf den materiellen, sondern ebenso auf den menschlichen, den seelischen und geistigen Bereich. Diese Situation beleuchtet ein anschauliches Beispiel eines ostdeutschen Studentenseelsorgers: Er verglich die menschliche Verfassung und Situation der Menschen des ehemaligen Ostens mit einem Kranken, der vierzig Jahre ans Bett gefesselt war und von dem man nun plötzlich erwartete, dass er einen raschen Lauf absolviere. Der Genesende versucht einige Schritte, versagt und sehnt sich dann wieder ins Bett zurück.

Ein anderes Beispiel: Im Sommer 1991 sagte mir ein Bekannter in Moskau: „Früher waren wir Kommunisten, jetzt sind wir es nicht mehr. Früher, als wir noch Kommunisten waren, hatten wir einigermaßen zu essen, jetzt, nachdem wir keine Kommunisten mehr sind, haben wir nichts mehr zu essen."

Auf eine materielle und vor allem moralische Unterstützung hat sich der Westen leider erst spät besonnen. Der Osten war enttäuscht, dass er die vermeintlichen Segnungen des westlichen Wohlstands nicht einfach mit dem Verschwinden des Eisernen Vorhangs erreichen konnte. Und so schuf der Zusammenbruch im östlichen Europa jenes große Vakuum, schuf jene Perplexität und Verwirrung, die alles lähmte. Wie sollte man eine neue demokratische Ordnung aus dem Boden stampfen? Sektenführer, Abenteurer, Scharlatane nützten bereits im ersten Jahr ihre Chance.

Die Hoffnung auf ein demokratisches Europa im Osten, die in den ersten Monaten nach dem Zusammenbruch des Kommunismus eine neue Kraft zu verheißen schien, fand im westlichen Europa kaum Echo und Unterstützung. In den neuen Staaten des Ostens, vor allem im mitteleuropäischen Bereich, merkte man bald, dass der Westen seiner Sache gar nicht so sicher war. Man fragte sich daher im Osten: Hat uns das alte Europa überhaupt noch etwas zu sagen?

Der Zusammenbruch des Kommunismus schien sowohl den Osten wie auch den Westen in eine Sackgasse geführt zu haben. Die Kräfte des Gegeneinander schienen wieder stärker geworden zu sein als die Kräfte des Füreinander.

Auch die Kirchen des ehemaligen Ostens blieben von dieser Unsicherheit nicht unberührt. Der seinerzeitige Einbruch des marxistischen Staatsatheismus in die von ihm beherrschten östlichen Staaten, wo die orthodoxen und christlichen Kirchen das öffentliche Leben vorher beherrschten, hatte das Leben der Gläubigen damals einschneidend verändert. Mit dem Beginn der kommunistischen Herrschaft stieg die katholische Kirche ebenso wie die anderen christlichen Kirchen in den Untergrund, in die Katakomben, um auf bessere Zeiten zu warten. In dieser Zeit der Unterdrückung und Verfolgung jeder Religion, besonders des Christentums, ergab sich für die inhaftierten Priester und Gläubigen eine erste Gelegenheit zum ökumenischen Dialog. Das Ansehen der unterdrückten Kirchen in dieser Zeit wuchs außerordentlich, besonders auch im Westen.

Die wiedererlangte Freiheit der Kirche mit all den damit verbundenen Hoffnungen wurde aber sofort mit großen Schwierigkeiten konfrontiert. Das Misstrauen stellte sich auch hier bald wieder ein. In der katholischen Kirche gab es innerhalb der sogenannten „Geheimkirche" verschiedene Gruppierungen. Man wusste um die Existenz von eingeschleusten Spionen; aber wer waren sie und wo sind sie? Dazu kam die Frage: Wer ist gültig geweiht? Denn in der Geheimkirche gab es Priester- und Bischofsweihen, die zum Teil nicht registriert werden konnten. Um die Frage nach der Gültigkeit der Weihen zu klären, wird es noch viel Geduld und Fingerspitzengefühl brauchen.

Den getrennten christlichen Kirchen gemeinsam war und ist noch immer die Sorge um zweckentfremdete Gebäude, die vom Staat zum Teil langsam und widerwillig zurückgegeben werden. Die notwendigen Restaurierungen bzw. Neubauten erfordern ungeheure Summen, die die Kirchen nicht haben. Gemeinsam ist allen die Sorge um die Ausbildungsstätten für den geistlichen Nachwuchs, für religiöse und kirchliche Presse und Literatur sowie für den Aufbau der Gemeinden von Null an.

Im Bereich der orthodoxen Kirchen Russlands und anderer Nationen gibt es nicht geringe Probleme für die offizielle Kirchenleitung. Im Falle Russlands musste sich die Kirchenleitung nach zwei Richtungen verteidigen: Einmal ist es der extreme Nationalismus, die Ablehnung des Ökumenismus und teilweise das Misstrauen gegenüber der katholischen Kirche. Zum anderen ist es die Bewältigung der Vergangenheit. Kirchliche Personen in höheren Rängen sind, so hieß es, zum Teil belastet durch die Zusammenarbeit mit dem KGB. Das führte immer wieder zu heftigen Diskussionen in der Öffentlichkeit.

Die protestantischen Kirchen hatten mit dem Würgegriff der Sekten zu kämpfen. Der innere und äußere Aufbau der Gemeinden gestaltete sich ebenfalls schwierig. Große Teile der Bevölkerung haben die Verbindung mit ihren Kirchengemeinden, wie zum Beispiel in Ostdeutschland, überhaupt nicht mehr aufgenommen.

Weitere Probleme sind die Existenz der Unierten Kirchen und das immer noch bestehende Misstrauen gegenüber einer, wie es heißt, zu laxen christlichen Kirche im Westen. Besorgte Beobachter befürchteten deshalb, dass ein solches Misstrauen sich wieder mit der antiwestlichen Stimmung der Slawophilen verbinden könnte. Denn bereits vor hundert Jahren hatte der Russe Nikolai Danielovsky in seinem Buch *Russland und Europa* dem russischen Volk geraten, sich vom Westen – das heißt, dem westlichen Europa – grundsätzlich abzuwenden, denn von dort könne man nichts Gutes erwarten, von dort sei noch nie etwas Gutes gekommen.

Der lange isolierten Kirche des Ostens fehlte jener schmerzliche innerkirchliche Reifeprozess, Rezeptionsprozess des Westens, wie er durch das Zweite Vatikanum eingeleitet wurde.

Hat also der Zusammenbruch des Kommunismus den Osten wie den Westen in eine Sackgasse geführt? Sind die Kräfte des Gegeneinander unter den neuen Verhältnissen eher stärker geworden als die Kräfte des Füreinander?

Ich persönlich glaube das nicht. Es gibt verschüttete Zeichen der Hoffnung, die es zu erkennen und zu unterstützen gilt. Für die christlichen Kirchen Europas bedeutet dies alles aber zugleich auch eine große Herausforderung.

Der ökumenische Dialog in Europa

Wenn das Christentum auch in der Gegenwart seine historische Infrastruktur wirksam machen will, um so an der geistigen Neuorientierung eines Europa im Wandel mitzuarbeiten, so kann es nicht auf Dauer in sich uneins sein. Neue vertrauensbildende Maßnahmen von allen Seiten sind daher notwendig. Dazu zähle ich in erster Linie die Fortführung und den Ausbau des ökumenischen Dialogs in europäischer Sicht. Dadurch erst kommen die grenzüberschreitenden Möglichkeiten der christlichen Religion zum Tragen.

Hier ist bereits einiges geschehen. Die ökumenische Bewegung, das Bemühen, die verlorene Einheit der Christen wiederherzustellen, ist auf westeuropäischem Boden entstanden; genauso gehört der zweimalige große Einbruch in die Einheit der Christen zur Geschichte Europas. Ein fortgesetztes Bemühen der Christen in Richtung Zusammenarbeit, seit dem Beginn dieses Jahrhunderts, führte nach dem Ende des Zweiten Weltkrieges im Jahr 1948 zur Gründung eines ökumenischen Rates der Kirchen (World Council of Churches). Starke Impulse aus dem reformatorischen, dem anglikanischen Raum, sowie ein Schreiben des ökumenischen Patriarchates in Konstantinopel hatten den Weg nach Amsterdam vorbereitet. In der gemeinsamen Erklärung dieser Gründung heißt es: „Eine Gemeinschaft von Kirchen, die den Herrn Jesus Christus, gemäß der Heiligen Schrift, als Gott und Heiland bekennen und darum gemeinsam zu erfüllen trachten, wozu sie berufen sind: zur Ehre Gottes des Vaters, des Sohnes und des Heiligen Geistes" – so lautet der Satz in der Verfassungsurkunde dieses Gremiums. Dem Weltrat der Kirchen haben sich damals die anglikanischen, die protestantischen und zum Teil auch die orthodoxen Kirchen angeschlossen. Heute sind über 300 Mitgliedskirchen im Weltrat zusammengefasst.

Seit dem Zweiten Vatikanischen Konzil unterstützt die katholische Kirche dieses ökumenische Bemühen. In einem eigenen „Dekret über den Ökumenismus" (am 21. November 1964 mit 2137 Ja- und elf Nein-Stimmen angenommen) wurden auf dem Konzil die Richtlinien für die Mitarbeit an der ökumenischen Bewegung erstellt und die Gläubigen zur Mitarbeit ermuntert. In der Folge kam es auch zur Gründung des „Päpstlichen Rates zur Förderung der christlichen Einheit".

Wie weit der ökumenische Dialog heute bereits in Europa Wurzel gefasst hat, zeigen auf protestantischer Seite die 1959 ins Leben gerufene „Konferenz der Kirchen Europas" (KEK); sie arbeitet gut mit der seit dem Jahr 1971 konstituierten katholischen „Konferenz der Europäischen Bischofskonferenzen" (CCEE) zusammen. Als erste Frucht solcher gemeinsamen Bemühungen gilt heute immer noch die eindrucksvolle „Erste Europäische Ökumenische Versammlung", die im Frühjahr 1989 in Basel zusammengetroffen war. Dieses bedeutende ökumenische Ereignis fand seine Fortsetzung in der letzten Juniwoche 1997 in Graz, wo die „Zweite Europäische Ökumenische Versammlung" eine große Zahl von jungen Teilnehmern aus ganz Europa – vor allem auch aus dem Osten – zusammenführte.

Der interreligiöse Dialog in Europa

Wenn das Entstehen der ökumenischen Bewegung mit der geschichtlichen Vergangenheit Europas zu tun hat, so wird die Zukunft Europas ein besonderes Interesse auch dem interreligiösen Dialog, das heißt, dem Gespräch mit den Juden und Muslimen auf der Basis des Monotheismus – wohl zu unterscheiden vom ökumenischen Dialog – zuwenden müssen. Denn in einem zukünftigen gemeinsamen Europa werden in steigendem Maße christliche Konfessionen zusammen mit Nichtchristen, hier vor allem mit Juden und Moslems, leben müssen.

Das Verhältnis zwischen Christen und Juden ist durch den Antijudaismus und den späteren Antisemitismus belastet. Die Spannungen und blutigen Konflikte, die so entstanden sind, gehören zur Geschichte Europas und wirken immer noch nach. Ich erinnere an die wechselvolle Geschichte der jüdischen Gemeinden in Europa, vor allem aber an die Ausschreitungen, die schrecklichen Pogrome zur Zeit des ersten Kreuzzuges 1096; ich erinnere nur an die Ausweisung der Juden aus Spanien und Portugal 1492 bzw. 1496. Ich erinnere an die immer wieder auftauchenden Einschränkungen jüdischen Lebens und jüdischer Kultur durch die verschiedenen Gastländer.

Schließlich entstand in einem Europa des Diesseits-Glaubens der beginnenden Säkularisierung aus einem Bündel verschiedener Motive jener Wahn, der unzählige Menschen aus rassischen Gründen und um ihrer jüdischen Abstammung willen bekämpfte und vernichtete. Der schreckliche Höhepunkt dieser Entwicklung war der Holocaust in der Zeit des Nationalsozialismus. Dies alles belastet das Verhältnis der Juden und Christen besonders in Europa, denn die Spuren einer solchen Geschichte reichen Generationen zurück und es wird wohl noch einige Zeit dauern, bis das Nebeneinander zu einem wirklichen Miteinander wird.

Eine entscheidende Wende brachte auch hier das Zweite Vatikanische Konzil mit jenem Artikel 4 der „Erklärung über das Verhältnis der Kirche zu den nichtchristlichen Religionen“ (Nostra aetate).

Hier hielt es das Konzil für angemessen, ein „Confiteor“ mit einzubeziehen, wenn es heißt: „Im Bewusstsein des Erbes, das sie mit den Juden gemeinsam hat, beklagt die Kirche, die alle Verfolgungen gegen irgendwelche Menschen verwirft, ... alle Hassausbrüche, Verfolgungen und Manifestationen des Antisemitismus, die sich zu irgendeiner Zeit und von irgendjemandem gegen die Juden gerichtet haben.“

Was im Zweiten Vatikanum grundgelegt wurde, hat Papst Johannes Paul II. konsequent fortgesetzt. Besonders eindrucksvoll war sein Besuch in der Jüdischen Synagoge in Rom am 13. April 1986. Bei diesem Besuch sagte der Papst : „Die jüdische Religion ist für uns nicht etwas Äußerliches, sondern gehört ... zum Inneren unserer Religion. Zu ihr haben wir somit Beziehungen wie zu keiner anderen Religion. Ihr seid unsere bevorzugten Brüder und, so könnte man gewissermaßen sagen, unsere älteren Brüder.“

Seit dem Zweiten Vatikanischen Konzil gibt es im Vatikan, im Päpstlichen Rat zur Förderung der christlichen Einheit, eine eigene Sektion für den Dialog mit Israel. Die zahlreichen Gespräche und Begegnungen führten am 30. Dezember 1993 zur Errichtung diplomatischer Beziehungen zwischen dem Vatikan und Israel.

Da es aber im Zusammenleben der Menschen oft weniger auf diplomatische Abmachungen als vielmehr auf den täglichen, unmittelbaren zwischenmenschlichen Kontakt ankommt, versucht die katholische Kirche seit dem Konzil, im Anschluss an die historische Judenerklärung, in kleinen Schritten, in Gesprächen und Arbeitskreisen, in gemeinsamen Aktionen und Gedenktagen, das Bewusstsein, vor allem der jungen Generation, zu bilden und zu schärfen.

Das Europa von gestern mit seinen Fehlern, mit seinen Religionskriegen, kann nicht das Europa von morgen sein. Im Interesse eines neuen Europa müssen wir daher gemeinsam aus der Geschichte lernen. Denn: „Historia magistra vitae“, sagten die Römer. Lernen heißt also nicht nur Vorurteile und gegenseitige Vorwürfe abzubauen, sondern aus der Vergangenheit die richtigen Schlüsse ziehen und versuchen die Fehler der Vergangenheit zu vermeiden. Christen haben aus ihrer eigenen Geschichte viel zu lernen. Dabei kommt es aber auch hier nicht nur auf die Geschichtsbücher, sondern noch mehr auf die einzelnen Menschen an. Damit rückt die Verantwortung des Einzelnen für sich und für die Gemeinschaft stärker in den Mittelpunkt. Aufgabe der Christen ist es daher, besonders auch aus der leidvollen Geschichte des Judentums in Europa zu lernen und für künftige Zeiten wachsam zu sein. Christen und Juden sind in Europa verbunden durch das gemeinsame religiöse, geistige Fundament, das heißt, den Monotheismus samt dem Gebot der Gottes- und Nächstenliebe des Alten und Neuen Testamentes. Diese religiöse Wurzel sollte in einem europäischen Humanismus der Zukunft mehr verwurzelt sein als in einem säkularisierten Humanismus der Vergangenheit.

Aus der Geschichte lernen heißt auch, die Bedeutung der Toleranz – nicht Gleichgültigkeit – zu erkennen. In einem zukünftigen Europa werden einander immer häufiger Menschen verschiedener Sprachen, Kulturen und Religionen begegnen als in der Vergangenheit. Ein Merkmal des neuen Europa wird deshalb der aus einer klaren Position erwachsene Dialog sein müssen, der zuhören kann und vom Dialogpartner zu lernen bereit ist.

Auch die Beziehungen zwischen dem Christentum und dem Islam sind – geschichtlich gesehen – schwer belastet. Der Islam ist nicht erst in jüngster Zeit in Europa heimisch geworden, sondern bereits viele Generationen zuvor. Im Jahr 711 nach Spanien gekommen, von der Dynamik des „Djihad“ angetrieben, kam sein Siegeszug erstmals in Poitiers (732) zum Stillstand. Spanien und Sizilien wurden in der Folgezeit Stätten islamischer Hochkultur. Im Hochmittelalter versuchten die christlichen Ritterheere die heiligen Stätten in Palästina zurückzugewinnen, ohne dabei einen dauerhaften Erfolg erzielen zu können.

Während aber der Widerstand der Christen den Islam aus Spanien und Sizilien vertrieb, fiel im 15. Jahrhundert Konstantinopel in die Hände der Türken. Das Osmanische Reich breitete sich in der Folge über ganz Osteuropa aus und sandte seine Heere im 15. und 17. Jahrhundert zweimal bis vor Wien. Etwa dreizehn Jahrhunderte lang war also im Mittelmeerraum und in Osteuropa ein oft kriegerisches Ringen zwischen den Völkern des Islam und den christlichen Völkern im Gange.

Tausend Jahre lang, vom 7. bis zum 17. Jahrhundert, sah die europäische Christenheit in der Umklammerung durch den Islam eine tödliche Bedrohung ihrer Existenz. Eine so lange Geschichte kriegerischer Gegensätze und Auseinandersetzungen musste wohl einen fast unüberwindlichen Berg von Vorurteilen und ererbten Aggressionen zurücklassen.

Eine der Hauptursachen des schwierigen Dialogs zwischen Christen und Muslimen liegt in einem gegenseitigen unbestimmten Gefühl der Angst: Die Moslems haben Angst vor dem Westen. Das islamische Selbstbewusstsein leidet immer noch an den Wunden der Erinnerung an die Kreuzzüge. Später hat der westliche Kolonialismus die Überlegenheit der westlichen und säkularisierten Welt weiter ausgebaut und so – nicht zuletzt durch Fortschritt und Technik – die islamischen Völker in eine immer größere Abhängigkeit vom Westen gebracht; dies führte zu Minderwertigkeitskomplexen auf islamischer Seite; islamische Studenten auf europäischen und westlichen Universitäten brachten bei ihrer Rückkehr in die Heimat areligiöses, aufgeklärtes Gedankengut mit. Dies alles führte zu einer Abwehrhaltung im Islam gegenüber einem – so hieß es – dekadenten und gottlosen Westen. Dadurch vertiefte sich die Entfremdung zwischen Christentum und Islam. Unkenntnis und gegenseitiges Misstrauen schüren die Angst.

Aber auch in Europa, in der westlichen Welt, empfinden Christen Unbehagen und haben Angst vor den Moslems. Dies hängt mit Erinnerungen an die Behandlung christlicher Minderheiten als „Schutzbefohlene" zusammen, die sich nur durch eine Art Steuer vom Übertritt zum Islam befreien konnten. Für einen demokratisch empfindenden Europäer ist es schwer verständlich, dass Religion und Staat im Islam eine unauflösbare Einheit bilden.

Eine ökumenisch-christliche Weggemeinschaft wird daher Überlegungen anstellen, um in geeigneter Weise den interreligiösen Dialog auch mit den Moslems als eine europäische Aufgabe vorzubereiten. Nach heute vorliegenden statistischen Angaben leben in Europa etwa zwei Millionen Juden und an die sieben Millionen Moslems, die hier eine neue Heimat gefunden haben oder suchen.

Dabei werden die Religionen nicht in einem Konkurrenzverhältnis gegeneinander bestehen können, sondern müssen ihre gemeinsame Aufgabe darin sehen, den gesellschaftlichen und kulturellen Formen Ziele und Wege zu zeigen, die der gegenseitigen Verständigung, der menschlichen Wertschätzung und damit letztlich dem Frieden dienen.

Im Übrigen hat in Europa, in Assisi, im Jahr 1986 erstmals ein vom römischen Papst Johannes Paul II. initiiertes, gemeinsames Gebet der Vertreter der großen Weltreligionen um den Frieden der Welt stattgefunden. Die zukunftsweisende Bedeutung dieses Ereignisses ist darin zu sehen, dass die katholische Kirche zum ersten Mal durch den einladenden Papst ein Zeichen gesetzt hat, wie sehr sie es als ihre Aufgabe ansieht, die Eintracht unter den Religionen und den Menschen zu fördern. Das Ereignis von Assisi hat eine Vielzahl religionsgeschichtlicher, rationalistischer und theoretischer Diskussionen und Interpretationen, Fragestellungen der Religionswissenschaft aus der zweiten Hälfte des 19. wie aus der ersten Hälfte des 20. Jahrhunderts fast wortlos zur Seite geschoben und dafür die Kraft des Religiösen für die Zukunft der Menschen neu ins Bewusstsein gerückt.

Der Glaube der Menschen in Europa an der Schwelle des dritten Millenniums

Heute, nach dem Überschreiten der Schwelle des dritten Jahrtausends, begegnen wir zwei verschiedenen, entgegengesetzten Vorstellungen von Religion und Gesellschaft in Europa.

Der englische Religionssoziologe David Martin, durch eine Reihe von Jahren Vorsitzender der Internationalen Gesellschaft für Religionssoziologie ist der Meinung, in Europa habe ein Prozess der Säkularisierung, das heißt, der Befreiung von jeder Religion, besonders des Christentums, ein Ausmaß erreicht, das in der modernen Welt einmalig ist. Es handle sich heute nicht um eine Art Kampf des Atheismus gegen Religion und Christentum im Allgemeinen, wie es im kommunistischen Einflussbereich der Fall war, sondern – so meinen die Soziologen – es handle sich vielmehr um eine Emanzipation aller weltlichen Bereiche vom Einfluss der Religion. Damit sei aber auch ein „Niedergang der religiösen Überzeugungen und Verhaltensweisen“ zu verstehen. Daher vertritt Martin in seiner Veröffentlichung bei Otto Kallscheuer, *Das Europa der Religionen,* die Meinung, dass auf Grund vorliegender Untersuchungen seines Arbeitsgebietes und der statistischen Befragungen „das Zerreißen eines über Jahrhunderte entstandenen Geflechtes von Religion und Gesellschaft" unausweichlich geworden sei. Der im Gang befindliche Prozess der modernen Gesellschaft habe zur Folge, dass ein „bruchloses Fortbestehen" der religiösen Institutionen in Europa unmöglich geworden sei. Und David Martin fasst die heutige Situation emotionslos zusammen: „Europa ist der einzig wirklich säkulare Kontinent der Erde geworden." Unter dem Einfluss der Aufklärung, die in Europa ihren Anfang nahm und heute die gesellschaftliche Basis voll erreicht hat, scheint in der öffentlichen Meinung Religion, vor allem aber das Christentum in Europa, bedeutungslos geworden zu sein.

Für Martin ist es allerdings nicht leicht zu erklären, wieso in den Vereinigten Staaten – durch eine gemeinsame Zivilisation mit Europa verbunden – das religiöse Interesse und die religiöse Praxis in den letzten Jahren verstärkt in Erscheinung tritt.

Dieser These der Religionssoziologen steht eine andere Auffassung gegenüber: Dass nämlich heute weltweit eine „religiöse Renaissance" im Gange sei. Eine solche Meinung vertritt der Franzose Gilles Kepel in seinem Buch *Die Rache Gottes* (*La Revanche de Dieu*). Ihm schließen sich Historiker aus Amerika, unter anderem George Weigel und Huntington, *Kampf der Kulturen,* an. Nur Religion, so heißt es, biete auf die Frage nach dem Sinn des Lebens überzeugende Antworten: „In einem umfassenderen Sinn ist das Wiederaufblühen der Religion weltweit eine Reaktion auf Säkularismus, moralischen Relativismus und Hemmungslosigkeit; ist eine Bekräftigung von Werten, wie Ordnung, Disziplin, Arbeit, Hilfsbereitschaft und Solidarität."

Aber ungeachtet solcher Feststellungen findet sich bei Huntington eine einschränkende Feststellung in Bezug auf Europa: „Immer weniger Europäer bekennen sich zu einer religiösen Überzeugung, beachten religiöse Gebote und beteiligen sich an religiösen Aktivitäten. Diese Tendenz spiegelt weniger eine Feindschaft gegen die Religion wider als die Gleichgültigkeit gegen sie. Und trotzdem ist die europäische Kultur durchdrungen von christlichen Begriffen, Werten und Praktiken." Dies aber bedeute, dass Europa durch die „Schwächung seines zentralen Elementes des Christentums" in schwere Krisen geraten oder unterminiert werden könnte.

Was folgt aus den beiden einander widersprechenden Thesen? – Im Europa von heute gibt es beides: Eine weit verbreitete religiöse Gleichgültigkeit im Spiegel der öffentlichen Meinung einerseits, andererseits aber unabhängig davon auch entgegengesetzte Zeichen: Zum Beispiel eine ökumenische Bewegung besonders in der jungen Generation, die ihr Zentrum in Taizé hat. Das letzte Treffen Ende 1997 in Wien brachte an die 80 000 junge Menschen aus dem westlichen wie aus dem östlichen Europa zu einer Begegnung – mit allen Zeichen einer religiösen Erneuerung unter dem Stichwort „Versöhnung". Und das bedeutet wohl: Versöhnung zwischen den getrennten Christen; aber auch Versöhnung zwischen einem westlichen und östlichen Europa.

Auch das Weltjugendtreffen im Sommer 1997 in Paris mit Papst Johannes Paul II. an der Spitze wurde – trotz aller Komplexität der Motive – zu einem Weltereignis. Die zahlreichen Kommentare, die sich in jenen Tagen in der Weltpresse fanden, mussten feststellen: Auch dies deute in Richtung eines – schwer erklärlichen – religiösen Aufbruches.

Daraus lässt sich weiter folgern: Wenn es den Kirchen nicht gelingt, in einem zukünftigen Europa den Menschen zur geistigen Entfaltung zu verhelfen, dann wird jener entwurzelte Typus sich ausbreiten, den wir heute schon oft vor Augen haben: Der sinnlose Mensch, der in seinem Leben kaum noch Sinn sieht; der gewissenlose Mensch, der keine innere Verpflichtung mehr spürt; der wertefeindliche Mensch, der über Werte und Ideale nur mehr müde lächelt; der besinnungslose Mensch, der um Stille und Besinnung nicht mehr weiß; der apathische Mensch, dem das geistige Rückgrat gebrochen wurde; der aggressive Mensch, der seine innere Spannung und geistige Not an anderen abreagiert; der wahrheitsunfähige Mensch ohne Überzeugungen, denn die Überzeugungen stammen aus der Begegnung mit der letzten und absoluten Wirklichkeit. In dem Maß, als der Mensch geistig verkümmert, werden die Probleme des künftigen Europa unlösbar werden.

Europa muss sich hier seiner Verantwortung voll bewusst sein, denn kein Kontinent, kein anderer Erdteil hat so viel zur Entdeckung und zum Ausbau der Welt beigetragen – mit allen positiven, aber auch mit allen negativen Konsequenzen. Kein Kontinent hat so viel Einfluss ausgeübt, durch seine geistigen und geschichtsmächtigen Kräfte, wie Europa. Kein anderer hat so viel zum geistigen Wachstum der Welt beigetragen – durch seine philosophischen Ideen, seine Wissenschaft und Technik, seine Erfindungen und Forschungen, durch sein Christentum, aber auch durch seinen Atheismus, Rationalismus und Materialismus.

Im Jahr 1977 erklärten die katholischen Bischöfe Europas auf einer Synode im damals noch geteilten Kontinent: „Die Menschen in Europa haben erkannt, dass sie nicht nur Verwalter der Vergangenheit, sondern Gestalter einer gemeinsamen Zukunft sind." Solches ist aber nicht so sehr Aufgabe des Kollektivs, sondern der einzelnen Bürger.

Heute müssen wir uns fragen: Wie weit sind wir als Europäer und als Christen bereit, nicht nur Verwalter der Vergangenheit, sondern auch Gestalter der Zukunft zu sein? Die Bauleute eines neuen Europa, eines neuen „Hauses Europa", pochen bereits seit einiger Zeit auch an unsere Türen. Viele kommen und sagen uns: Man sollte, man müsste ... Es gibt viel Interesse, viel Hoffnung, viel guten Willen, aber nur wenige sind es, die an sich selbst Hand anlegen und nicht nur Appelle an andere richten wollen. Es genügt nicht, die wichtigen Probleme eines gemeinsamen Marktes in Europa zu diskutieren. Europa braucht vielleicht mehr noch ein gemeinsames Konzept, um die Vielfalt in der Einheit zu erkennen und in der Einheit die Vielfalt nicht zu unterdrücken. Mit anderen Worten: Europa braucht ein geistiges Antlitz.

Mit Nachdruck sei auf die elementare Bedeutung der Familie hingewiesen, auf den Schutz des menschlichen Lebens von seinem Beginn bis zum Ende, auf die Verantwortung der Lehrer in der Erziehung der Jugend; sei erinnert an die moralische Verantwortung einer sich überstürzenden Forschung. All das steht in Verbindung mit einem christlichen Welt- und Menschenbild, das an der geistigen Einheit Europas schon einmal so entscheidend mitgebaut hat.

Die Geschichte Europas mit seinen christlichen Wurzeln legt immer noch den stärkeren Akzent auf das „Mehr sein" als auf das „Mehr haben". Die Realität einer einseitigen Wirtschaftsgemeinschaft bleibt nicht selten weit hinter der geistigen Dimension eines erhofften künftigen Europa zurück.

Das Verschwinden des Eisernen Vorhangs stellte uns die Macht und den Einfluss der Medien drastisch vor Augen. In jenen aufregenden Stunden 1989/90 sind von den Medien Signale ausgegangen, die Hoffnung weckten und Europa in den Mittelpunkt der Aufmerksamkeit stellten. Die Welt der Medien, die in einem neuen Europa immer mehr Kommunikation und Verbindung schaffen, wird als sensibles Instrument der Meinungsbildung von allen ein großes Verantwortungsbewusstsein verlangen. Die Gute Nachricht der Christen steht hier vor der Möglichkeit neuer Kanzeln, für die sie noch nicht gerüstet sind.

Der Weg nach Europa führt über Mitteleuropa

Im größeren Europa wird es darum gehen, den Weg Mitteleuropas oder Zentraleuropas nach dem ganzen Europa zu überlegen und zu verstehen. Denn die Situation der neuen Nachbarn konnte sich der westliche Teil Europas nicht aussuchen. Nachbarschaft bedeutet aber nicht nur wohlwollendes Interesse, sondern wann immer es notwendig ist praktische Hilfe und Unterstützung. Es wird aber auch darum gehen, das Verhältnis von Staat und Kirche neu zu überlegen. Denn der Gesprächspartner wird in Zukunft nicht mehr der Staat allein, sondern der Kontinent sein.

Europa, das alles daransetzt, um seinen Weg zu finden, steht vor der großen Herausforderung seine politischen Konzepte zu überdenken, seine wirtschaftlichen Probleme in den Griff zu bekommen, um in einem raschen Prozess der Globalisierung bestehen zu können. Dabei darf aber Europa nicht eine Festung werden, wie es der Vertrag von Schengen zu signalisieren scheint.

Dieses Europa muss auch bedenken, dass Politik und Wirtschaft letztlich im Dienste des Menschen mit all seinen gesellschaftlichen und kulturellen Verflechtungen stehen; jeder Mensch besteht aus Leib und Seele. Der anspruchsvolle Bereich des materiellen Wohlbefindens kann nicht losgelöst werden von seinem seelisch-geistigen Lebensbereich.

Die christliche Botschaft, in Verbindung mit der Gottesfrage, wurde das Fundament der europäischen Geschichte, des europäischen Weges. Europa muss, wird aus seiner Geschichte lernen, um damit seinen eigenen Weg noch besser zu finden und zu gehen.

Aus österreichischer Sicht ergeben sich seit dem offiziellen Beitritt zur EU neue Fragen. Österreich ist durch seine Geografie und seine Geschichte eng mit Zentral- oder Mitteleuropa verbunden. In Österreich kennt man besonders deutlich die Schwierigkeiten einer östlich-westlichen Spannung und ist daher auf der Suche, Wege der Verbindung zu finden.

Bereits im Jahr 1964, im noch zweigeteilten Europa, ergab sich durch die Gründung der Stiftung Pro Oriente eine Möglichkeit, aus mitteleuropäischer Sicht Brücken nach dem Osten zu bauen. Diese Wiener Stiftung erfolgte ohne Auftrag des Vatikans, wohl aber in einer beständigen Verbindung mit ihm. Die geografische und geschichtliche Position Wiens – einer Stadt, deren Name noch immer einen guten Klang im Osten Europas hat – sollte so für das ökumenische Gespräch, für ökumenische Begegnungen mit der Orthodoxie genützt werden. Später ergaben sich solche Möglichkeiten auch in Verbindung mit den altorientalischen orthodoxen Kirchen des Ostens (Kopten, Syrer, Armenier, Äthiopier, Syromalabaren). Der Name Pro Oriente war daher gut gewählt.

Kürzlich hat Patriarch Bartholomaios I. von Konstantinopel darauf hingewiesen, dass durch Pro Oriente ein „Dienst der Versöhnung“ geleistet werde, und wenn der Patriarch von Moskau und ganz Russland, Aleksij II., von „hundertfältiger Frucht“ durch die Tätigkeit von Pro Oriente sprach, dann ist damit die Brückenfunktion von Pro Oriente aus östlicher Sicht sehr gewürdigt worden. Wenn Huntington von einer „historischen Scheidelinie“ spricht, die „seit Jahrhunderten die christlichen Völker des Westens“ von den „muslimischen und orthodoxen Völkern“ trennt, so hat die Stiftung Pro Oriente als eine der Ersten durch ihre ökumenische Arbeit in Mitteleuropa Brücken für das größere Europa gebaut.

Westeuropa ist nicht Europa, sondern nur ein Teil, und kann nicht durch Geld und wirtschaftliche Dominanz allein den Weg Europas bestimmen. Der Wunsch und Wille der osteuropäischen Staatengruppe in die europäische Union aufgenommen zu werden, ist für die Zukunft Europas von großer Wichtigkeit. Wenn daher in Westeuropa die Finanzminister allein entscheiden und die Bedingungen für die Aufnahme vorschreiben, so kann das eine tiefe Enttäuschung und Abkehr Osteuropas von Europa fördern.

Die Geschichte Zentraleuropas ist noch immer eine Kraft, die Staaten und Nationen in der Mitte Europas in besonderer Weise verbindet. Was in der Zeit der Habsburgermonarchie in Mitteleuropa aufgebaut wurde, besteht immer noch als ein Gefühl gegenseitiger Verbundenheit, über alle geschichtlichen Ereignisse hinweg. Österreich hat hier eine große Aufgabe – alte europäische Brücken wieder aufzubauen.

Für Österreich ergibt sich daher die Notwendigkeit, das Interesse an den slawischen Sprachen im mittleren Europa zu wecken und zu fördern; es liegt nahe, der jungen Generation in Österreich zu empfehlen eine slawische Sprache zu lernen.

Aus allen diesen Gründen führt für Österreich der Weg nach Europa über Mitteleuropa, denn hier an der östlichen und südlichen Grenze Österreichs begegnen sich Christen verschiedener Konfessionen und Sprachen, germanische, slawische und romanische, die für die Geschichte Europas von besonderer Bedeutung waren und bleiben. Dies ist ein kultureller Reichtum, der in seiner Bedeutung für das künftige Europa heute in Westeuropa noch nicht ausreichend erkannt wird.

Europa sucht Menschen und Christen

Wieder schlage ich das Buch der Kirchengeschichte auf: Der Apostel Paulus schrieb an die Christengemeinde in Kleinasien (Galater 6,7): „Täuscht euch nicht: Gott lässt keinen Spott mit sich treiben. Was der Mensch sät, wird er ernten." Was unsere Väter, unsere europäischen Vorfahren, im Verlauf des 18. bis hinein ins 20. Jahrhundert gesät haben, aus dem Geiste eines oft nicht mehr christlichen Humanismus – ich denke an Rationalismus und Nationalismus, oft in extremen Formen: Mussten wir nicht das alles ernten in den schrecklichen Jahren der beiden Weltkriege wie auch in den Gefängnissen und Konzentrationslagern des Kommunismus? Es war eine „civitas terrena", die sich zum Ziel gesetzt hatte, die „civitas christiana" umzubauen und abzubauen.

Das christliche Welt- und Menschenbild Europas verbindet große Zeiträume. Johannes Chrysostomos, Patriarch von Konstantinopel und Zeitgenosse des jungen Augustinus, spricht erstaunlich aktuell zu den jungen und frei gewordenen Christengemeinden des oströmischen Reiches. Er tut es auch für uns Heutige; ich zitiere aus einem seiner Kommentare zu den Paulusbriefen: „Leuchtet wie Licht in der dunklen Welt ... Man brauchte so etwas nicht zu sagen, wenn unser Leben wirklich leuchtete. Es brauchte keine Belehrung, wenn wir Taten sprechen ließen. Es gäbe keine Heiden, wenn wir wahre Christen wären, wenn wir die Gebote Christi hielten ... Aber: Dem Geld huldigen wir genauso, wie sie (d. h. die Heiden), ja, noch mehr als sie. Vor dem Tod haben wir Angst wie sie. Armut fürchten wir wie sie. Krankheit ertragen wir schwerer als sie ... Wie sollen sie vom Glauben überzeugt werden? Durch Wunderzeichen? Wunder geschehen nicht mehr. Durch unser Verhalten? Das aber ist schlecht. Durch Liebe? Keine Spur davon ist zu sehen. Darum werden wir auch einst nicht nur über unsere Sünden, sondern auch über den Schaden Rechenschaft ablegen müssen, den wir angerichtet haben."

Was Chrysostomos am Beginn eines christlichen Europa gesagt hat, gilt auch heute unverändert für unseren neuen Weg in ein Europa der Zukunft. Das Entscheidende ist letztlich immer der Mensch und das, was er tut. Schöne Worte allein genügen nicht.

[Beitrag zu: W. Schüssel (Hrsg.), Austria, Zur 1. EU-Präsidentschaft Österreichs 1998]

Auch das ist Europa

Wohin steuert Europa heute – zwischen Skepsis und Zuversicht? Das ist eine Frage, die viele bewegt, aber auch viele verunsichert.

Am 6. und 7. September dieses Jahres kam Johannes Paul II. zum zweiten Mal nach Ungarn, um die Benediktinerabtei von Pannonhalma, nicht weit von der österreichischen Grenze, aus Anlass ihrer tausendjährigen Geschichte zu besuchen; einer Geschichte, die 996 ihren Anfang nahm und für das Schicksal des Christentums in Mittel- und Osteuropa bedeutsam war.

Dort wo der Eiserne Vorhang in unmittelbarer Nähe der österreichisch-ungarischen Grenze über vierzig Jahre eine unüberschreitbare Trennungslinie war, ist heute eine Zone des Misstrauens geblieben, die einen Gegensatz zwischen einem Europa des Ostens und des Westens markiert. An der Schwelle eines neuen Europa ist hier noch immer eine Bruchlinie. Der Papst, der aus dem Osten kommt, war immer bemüht eine Brücke zu bauen zwischen einem östlichen und einem westlichen Europa, ein Zeichen für Einheit zu setzen.

Auch die Papstmesse im benachbarten Györ (Raab) mit großer Beteiligung der Bevölkerung machte großen Eindruck in der ungarischen Öffentlichkeit. Der Mann mit seiner Botschaft, mit seinem Hinweis auf Solidarität und menschliche Würde, um aus den Schwierigkeiten herauszufinden, und mit seinem Appell an die Zukunft zu glauben, hat uns beeindruckt.

Der postkommunistische Osten – zum Beispiel Ungarn – hörte respektvoll und interessiert hin; der satte Westen mit seiner großen Sorge um materielle Signale des Marktes hatte bereits Wochen vorher begonnen, gegen den Papstbesuch in Frankreich zu demonstrieren.

Zur selben Zeit, das heißt, vom 6. bis 8. September, waren die österreichischen Bischöfe zur „Wallfahrt der Vielfalt" nach Mariazell gereist, um miteinander die Vielfalt der Wünsche und Meinungen seit dem Kirchenvolksbegehren – in zahlreichen Foren und Gesprächskreisen diskutiert –, die verschiedenen Vorstellungen von Kirche mit dem Hinweis auf die Grundlagen des Glaubens zu klären. Auch dieses Ereignis hatte über die Grenzen Österreichs hinweg Beachtung gefunden. Obwohl der Wunsch einer österreichischen Kirchenversammlung sich zunächst nicht als realistisch erwies, hat man nach dem Sonntagsgottesdienst von Mariazell von einem „Klimawechsel" gesprochen, in einer zuvor spannungsgeladenen Vielfalt der Meinungen.

Diese Wallfahrt hat unter anderem – und auch das soll festgehalten werden – Themen aufgegriffen, die weit über den Anlass selbst hinausreichen und in die weitere europäische Zukunft weisen: Ich meine etwa die Professoren Metz und Zulehner mit ihrem Hinweis auf das verblassende Gottesbild in unserer säkularisierten Welt. In einer provozierenden Formulierung hieß es: „Marx ist tot, es lebe Nietzsche." Oder mit anderen Worten: Religion ja, Gott nein, im Sinne eines bekannten Schlagwortes: Religion gehört nicht in die Öffentlichkeit, sondern in die Privatsphäre, richtet sich ausschließlich nach dem eigenen subjektiven Befinden. Auf der anderen Seite ist vor einer säkularisierten öffentlichen Meinung im europäischen Bereich die Frage nach Gott, aber auch nach Christus in der jungen Generation aufgebrochen. Eine Flucht in sekundäre Themen nützt hier wenig.

Wenn etwa Einstein in seinen Schriften erklärt, dass er keiner Religionsgemeinschaft angehört, aber von Ehrfurcht ergriffen sei angesichts der Ordnung und Gesetzmäßigkeit im Universum, vom Atom bis in die astronomischen Weiten; wenn Stephen W. Hawking, der an den Rollstuhl gefesselte Professor für Physik an der Universität Cambridge, in seiner *Kurzen Geschichte der Zeit* sich aufmacht, um nach der Urkraft des Universums zu suchen, mit der provokanten Frage nach dem „Computer des Schöpfers", dann erhält die Gottesfrage ganz neue Dimensionen. Und wenn ich etwa den Psalm 100 aufschlage: „Jauchzt vor dem Herrn, alle Länder der Erde, und dient dem Herrn mit Freude, kommt vor sein Antlitz mit Jubel. Erkennt: Der Herr allein ist Gott. Er hat uns geschaffen und wir sind sein Eigentum" – so spüren wir, wie armselig und naiv unser Reden über Gott heute ist. Wir ahnen damit das Defizit einer einseitig-rationalisierten Generation inmitten eines gemütlichen Wohlstands. Kein Wunder wenn sich die junge Generation dagegen auflehnt. Die Kritik richtet sich hier nicht gegen die Jugend, sondern gegen uns, die ältere Generation.

Während seines Aufenthalts in Ungarn nahm Johannes Paul II. Bezug auf den hl. Martin, der aus der Gegend von Pannonhalma stammt, als römischer Soldat nach Frankreich kam, dort Christ wurde und später als Bischof von Tours in der dortigen Kathedrale begraben liegt. Der zehn Tage später beginnende Papstbesuch in Frankreich sollte am Grab des hl. Martin seinen Anfang nehmen.

Aber während der Papst noch in Ungarn war, gab es in Frankreich bereits eine heftige Diskussion, scharfe Proteste gegen den geplanten Abschlussgottesdienst in der Stadt Reims, wo vor 1500 Jahren der Merowingerkönig Chlodwig nach seinem Sieg über die Alemannen die Taufe empfing und sich dem römischen Christentum anschloss. Damit war das Schicksal des Arianismus der Westgoten in Gallien besiegelt. Heute aber, vor dem Hintergrund der Aufklärung und im Gefolge der Französischen Revolution, wird vom antiklerikalen laizistischen Frankreich dieser Ursprung der französischen Nation, die französische Identität, die mit der Taufe in Reims begonnen haben sollte, heftig bekämpft.

Der fünfte Papstbesuch in Frankreich fand am Sonntag, dem 22. September, mit einer feierlichen Papstmesse im Reims und unerwartet großer Beteiligung seinen Abschluss. Im Gegensatz dazu fand die schon vorher angekündigte Gegendemonstration in Paris, am gleichen Tag und zur selben Stunde, statt. Sie war von einem „Réseau Voltaire" mit über sechzig antikirchlichen und laizistischen Organisationen vorbereitet worden, hatte aber, den Berichten zufolge, nur geringe Beteiligung.

Damit stellt sich die Frage: Wieso kam es in Frankreich bereits Wochen zuvor zu heftigen Diskussionen und geradezu aggressiven Stellungnahmen gegen den angekündigten Papstbesuch? Alle großen Tageszeitungen und Wochenblätter brachten wiederholt, manche fast täglich, pointierte Diskussionsbeiträge und kritische Stellungnahmen, die fast das ganze Land alarmierten. Schlagzeilen, Plakate, in einem zum Teil provokanten Stil, erregten auch im Ausland die Neugierde: Was geht hier vor in Frankreich, welche Emotionen kommen da hoch?

Frankreich schien sich geradezu in zwei Teile zu spalten. Staatspräsident Jacques Chirac, ein katholischer Christ, der seine Teilnahme beim Abschlussgottesdienst in Reims bereits angekündigt hatte, zog diese wieder zurück. In verschiedenen Diözesen verlangten aufgeregte Franzosen ihren Namen aus dem Taufregister zu streichen. Noch am Tag der Ankunft von Johannes Paul II. in Tours (am 19. September) beim Grab des hl. Martin veröffentlichte die bekannte französische Tageszeitung *Le Monde* angesichts der erregten Debatte eine achtseitige Beilage mit der Überschrift „Chlodwig, die Kirche und die Republik", um damit nicht nur über die verschiedenen Standpunkte zu informieren, sondern auch in der Absicht den „Krieg der beiden Frankreich" nicht anzuheizen, sondern an das gemeinsame Erbe zu erinnern und zur Versöhnung zu mahnen.

Vordergründig ging es um das französische Staatsgesetz des Jahres 1905 mit der offiziellen Trennung von Kirche und Staat, wobei die Kirche nicht nur den Einfluss auf die Gesellschaft, sondern auch das Eigentumsrecht ihrer Gebäude einschließlich ihrer Kirchen verlor. Das laizistische und antiklerikale Frankreich war immer wieder in Sorge, dass dieses Gesetz von 1905 durch eigenwillige Interpretationen Schaden leiden könne.

Die Erinnerung an die Taufe Chlodwigs vor 1500 Jahren schien auch jetzt den Argwohn zu nähren, als hätte jenes Ereignis von Reims im Jahr 496 ganz Frankreich zu einer katholischen Nation gemacht, als könne die katholische Kirche wieder versuchen sich der französischen Geschichte zu bemächtigen, um an das Verhältnis von Kirche und Staat in den Jahrhunderten vor der Französischen Revolution zu erinnern. Die Papstmesse in Reims könnte, so meinte man, solchen Bestrebungen einen Aufschwung geben.

Dies verdeutlichte außerdem eine Meldung, derzufolge am gleichen Sonntag der Papstmesse und zur selben Zeit tausend französische Freimaurer einen Protestmarsch organisierten, um „für einen säkularisierten Staat und für die Republik" zu demonstrieren. Die katholische Kirche und die französische Nation seien keinesfalls identisch, wurde in verschiedenen Variationen wiederholt; ja, ein Gerichtsurteil verbot, öffentliche Gelder für den Papstbesuch zu verwenden.

Der Papst selbst befand sich während seines viertägigen Besuches in einer guten gesundheitlichen Verfassung. Nach dem Besuch in den katholisch geprägten Landesteilen der Vendée und Bretagne und während des Abschlussgottesdienstes in Reims ging er mit keinem Wort auf die vorausgegangene heftige Debatte ein, meinte nur, dass die Taufe eine individuelle Angelegenheit sei und nicht auf eine ganze Nation bezogen werden könne. Er versuchte eine Bilanz der spirituellen Geschichte der französischen Seele zu ziehen, sprach zu Aidskranken, Behinderten und Ausgegrenzten über die Notwendigkeit der Brüderlichkeit und Solidarität, wies hin auf die Bedeutung der Laien in der Kirche von heute; er betonte angesichts des Wohlstands in einer Gesellschaft, die so viel für Freiheit und Menschenrechte getan habe, die Notwendigkeit eines einfachen Lebensstiles und des Maßhaltens. Die sogenannten kirchlichen Reizthemen wurden während dieser Reise in keiner Weise berührt. – So endete ein mit negativen Vorzeichen belasteter Papstbesuch für die Kirche in Frankreich sowie für Johannes Paul II. mit einer eindrucksvollen positiven Bilanz.

Mir scheint, dass die drei geschilderten Ereignisse im Monat September, nämlich der Papstbesuch in Pannonhalma, die Wallfahrt der Vielfalt mit den österreichischen Bischöfen in Mariazell sowie der Papstbesuch „besonderer Art" in Frankreich, Signale aussenden, die nicht nur das Gestern und Heute angehen, sondern in eine gemeinsame Zukunft weisen. Ich möchte das so interpretieren:

Die Spannung zwischen einem nationalen und übernationalen Kirchenbild ist für Frankreich charakteristisch, weist aber über Frankreich hinaus; weist hin auf einen noch ausstehenden geschichtlichen Wandel der Staat und Kirche betreffenden nationalen Ideen aus dem 19. Jahrhundert.

Das Vatikanische Konzil mit seinen Vorstellungen von der Kirche in der Welt von heute – mit dem Hinweis auf die getrennten Bereiche von Kirche und Staat, mit der Betonung der Religionsfreiheit, der Menschenrechte sowie der Würde der menschlichen Person –, das alle Formen eines Totalitarismus ablehnt, ist nicht nur in Frankreich unbekannt. Dass hier die Rezeption des Konzils noch einen langen Weg hat, das haben die oben geschilderten Begleitumstände des Papstbesuches gezeigt.

Wir sehen, wie verschiedene, einander widersprechende Vorstellungen die öffentliche Meinung beherrschen: Kleruskirche, ökumenischer oder interreligiöser Dialog, Meinungsfreiheit und Dialog, Autorität und Freiheit. Die Anwesenheit von Bischof Gaillot bei der Papstmesse war vielleicht ein Hinweis, dass es verschiedene Wege gibt.

In zusammenfassenden Berichten bekannter Journalisten in Frankreich heißt es: Von der Kirche erwarte man, dass sie sich im Sozialbereich engagiere und nicht in den Bereich der persönlichen Moral des Einzelnen eingreife; oder wörtlich: „Wenn die Kirche heute in Konflikte gerät, so berührt das nicht das Verhältnis von Kirche und Staat, sondern vielmehr ihre Einflussnahme auf die ‚private Moral'." Solche, wohl von der französischen Laizität (laïcité) beeinflusste Vorstellungen von den Aufgaben der Kirche sind heute europaweit und amerikaweit zumindest ansatzweise vorhanden.

Das alles hängt wohl zusammen mit der sogenannten „Krise der Gottesvorstellung", der Frage nach Christus und der Vorstellung von der Kirche als komplexe Wirklichkeit aus einem göttlichen und menschlichen Element. Wenn zum Beispiel offizielle Vereinigungen, wie die Freidenker in Frankreich, erklären, dass man früher den „Klerikalismus“ als Feind ansah, heute aber der Monotheismus diese Stelle eingenommen habe, so ist dies eine sehr aufschlussreiche Feststellung, die ebenfalls in die europäische Zukunft weist.

Ein zukünftiges Europa mit einer Staatsräson eines laizistischen Hintergrundes nach dem Beispiel Frankreichs steht heute vor großen Schwierigkeiten: Der Islam mit seiner Ablehnung einer Trennung von Kirche und Staat, die vielen Sekten mit ihrer Forderung nach Einfluss, das neue Interesse der jungen Generation an den religiösen Fragen gibt sich nicht zufrieden mit einer Religion, die Privatsache ist. – Die Spannungen und Auseinandersetzungen zwischen Staat und Kirche in der Geschichte des christlichen Abendlandes haben Europa geprägt, sind aber außerhalb Europas schwer verständlich.

Die Ideen der Aufklärung und der Französischen Revolution haben in Europa eine zutiefst christliche Theologie in eine humanistische Anthropologie umgewandelt. Die damit verbundenen Ideen eines neuen Menschenbildes haben mitgeholfen, das Fundament eines atheistischen Marxismus-Leninismus sowie eines religionsfeindlichen Nationalsozialismus mit zu begründen. Damit begann jener entwurzelte Typus sich auszubreiten, den wir kennen: der sinnentleerte Mensch, der in seinem Leben seinen Weg nicht kennt; der wertfeindliche Mensch, der über Ideale nur müde lächelt; der apathische Mensch, dem das geistige Rückgrat gebrochen wurde; der aggressive Mensch, der seine Spannung und geistige Not an anderen abreagiert.

Wenn ein künftiges Europa darauf verzichten muss, an die geistigen Dimensionen des Menschen zu appellieren, dann werden die Rechnungen in den nächsten Jahrzehnten allen präsentiert werden.

[Beitrag für die SÜDDEUTSCHE ZEITUNG, Oktober 1996]

Demokratie

Kirche und Demokratie

Es ist für mich eine Freude, auf Einladung Ihres Diözesanbischofs, Kardinal Korec, in Nitra zu sein, um Ihnen meine Gedanken zum Thema Kirche und Demokratie vorzulegen. Bevor ich mich aber direkt meinem Thema zuwende, möchte ich eine Bemerkung vorausschicken und auf einige Gesichtspunkte hinweisen, die mich in dieser Stunde besonders beschäftigen.

Es bewegt mich sehr hier zu jungen Menschen zu sprechen, die sich zum Großteil in der Zeit des Widerstandes gegen den Kommunismus entschieden haben für den Weg ins Priestertum, um so der Heimat und der Kirche ein Leben lang zu dienen. Ich hoffe und wünsche, dass Sie damit auch mithelfen werden, dass das Salz der Kirche seine Würzkraft nicht verliere, damit die Kirche in ihrer göttlichen und menschlichen Kraft erstarke. Ich wünsche und hoffe, dass Ihr Leben auch mithilft, jenes Licht auf dem Berge zu stärken, damit Ihr Einsatz die leuchtende Kraft der Kirche im Dienste der Menschen, auch über die Grenzen Ihres Landes hinaus, bezeuge.

Es freut mich, dass ich die Gelegenheit habe, durch meinen Besuch meine Wertschätzung für Kardinal Korec, seine vielen Dienste für Kirche und Heimat zum Ausdruck zu bringen. Sein Name wurde mir bereits in der Zeit des Kommunismus, in der Zeit des Freiheits- und Abwehrkampfes der Slowakei, bekannt. Als Priester und Ordensmann im Gefängnis, in der Unterkirche, als Tankstellenarbeiter, hatte er Hervorragendes als Seelsorger geleistet – trotz der schwierigen und widrigen Umstände von damals. Vor Jahren also schon ist sein Name und seine vielfältige Seelsorgearbeit über den Eisernen Vorhang hinweg immer wieder bei uns genannt worden. Mein Besuch in dieser Stadt soll daher ein Zeichen menschlichen und christlichen Respekts sein, für das, was der Priester, der Bischof und Kardinal Korec in seinem Land geleistet hat und in Wort und Schrift noch immer leistet.

Als Österreicher und als Priester der Kirche bin ich persönlich am Aufbau einer neuen europäischen Gemeinschaft interessiert, denn ich glaube, dass die Kirche in solchen Zeiten nicht abseits stehen kann. Dieses Europa ist heute, so wie früher, ein geografisch und geschichtlich vielschichtig gegliedertes Gebilde. Hier, in Mitteleuropa, im Gebiet der Donau, verbindet uns eine gemeinsame, leidvolle Geschichte des Nationalitätenhaders, der schon im frühen 19. Jahrhundert begann und durch den Ersten Weltkrieg zwar beendet, aber nicht gelöst wurde. Diese Tatsache sollte uns, so meine ich, tiefer zusammenführen zu gemeinsamer Überlegung, wie nationale, sprachliche, kulturelle Vielfalt nicht Anlass zu Streit und Konflikten geben sollte, sondern zu gegenseitiger Bereicherung und Ergänzung beitragen kann, um dadurch ein Beispiel zu geben, wie vielfältig die Wege zu Frieden und Völkerverständigung sind.

Das grenzüberschreitende Denken der Kirche hatte im Mittelalter eine Völkergemeinschaft mit den gotischen Domen und Theologischen Summen aufgebaut, das „Corpus Christianum“. Was einmal war, kann heute wieder werden. – Diese Hinweise wollte ich, unabhängig von meinem Vortrag, Ihnen heute ans Herz legen, ehe ich mich jetzt dem Thema „Kirche und Demokratie“ zuwende.

In den letzten Jännertagen des Jahres 1990 – also wenige Wochen nach dem Zusammenbruch des kommunistischen Imperiums – legte der damalige polnische Regierungschef Mazowiecki gemeinsam mit dem ungarischen Ministerpräsidenten dem Europarat in Strassburg ein Gesuch vor, mit der Bitte um Aufnahme in dieses europäische Gremium. Mazowiecki sprach damals vor der Strassburger Versammlung – ich zitiere zur Illustration einen Bericht aus der *Zürcher Zeitung* von damals: „... Mit vornehmer Zurückhaltung, aber mit sichtbarer Ergriffenheit, hat er (Mazowiecki) von Polens Rückkehr nach Europa, von der Renaissance Europas überhaupt, gesprochen. Denn Europa hat ohne seine mittel- und osteuropäischen Glieder während der vergangenen Jahrzehnte gar nicht mehr voll existiert. – Der Neuanfang nach dem Zusammenbruch bedeutete daher für jenen Teil Europas Rückkehr in das ganze Europa, vom Atlantik bis zum Ural.“

Auf die Euphorie der ersten Monate des Jahres 1990 folgte aber in kurzer Zeit eine Enttäuschung; man fragte sich: Wo ist der Triumph der Demokratie, von der man sich so viel erwartet hatte?

Das östliche Europa war enttäuscht; das westliche Europa war verwirrt und schwieg. Der Westen verstand nicht, dass in den Staaten nach dem kommunistischen Zusammenbruch ein langwieriger, sehr schwieriger Prozess eines gesellschaftlichen und menschlichen Neuaufbaues beginnen müsse – und dies nicht nur in materiellem Sinne, sondern ebenso in seelischer und geistiger Hinsicht. Auf eine materielle und vor allem moralische Unterstützung hat sich der Westen leider erst spät besonnen. Der Osten war zudem enttäuscht, weil er die vermeintlichen Segnungen des westlichen Wohlstandes, in Verbindung mir einem demokratischen Staatsgefüge, nicht einfach mit dem Verschwinden des Eisernen Vorhangs erreichen konnte. So schuf der Zusammenbruch im östlichen Europa jene Perplexität und Verwirrung, die eine Zeitlang fast alles lähmte.

Wie sollte man jetzt eine neue demokratische Ordnung aus dem Boden stampfen? – Ebenso wenig war es möglich, die Passivität gegenüber Freiheit und Verantwortung über Nacht zu ändern; der Westen wartete ab, der Osten verzweifelte. Kein Wunder, dass die große Hoffnung auf ein neues Europa mit gemeinsamer demokratischer Verfassung sich bald in Skepsis wandelte. Mit dem Wort „Demokratie" verband sich zur Zeit des Kommunismus immer die Hoffnung auf Freiheit, Grundrechte und menschliche Würde.

Ich will hier nicht auf die Geschichte des Wortes „Demokratie" als politische Staatsform eingehen, sondern mich auf einen Teil Ihres Gesamtthemas beschränken, nämlich auf das Verhältnis zwischen Kirche, das heißt, katholischer Kirche, und Demokratie. Das Wort, der Begriff „Demokratie" begegnete bis ins 19. Jahrhundert im Bereich der katholischen Kirche immer wieder einem gewissen Misstrauen. Die Vorstellung von Demokratie war nicht einheitlich, weil verschiedene philosophische, sozialpolitische und revolutionäre Ideen sich mit demokratischen Vorstellungen in der einen oder anderen Weise verbunden hatten. – Die Heilige Schrift als Glaubensbuch nimmt zur Frage demokratischer Staatsformen nicht Stellung. Die oft zitierte Stelle Mt 22,21 – „Gebt dem Kaiser, was des Kaisers ist und Gott, was Gottes ist" – weist im Grunde nur auf die Unterscheidung eines diesseitigen und jenseitigen Bereiches hin.

Von einer verständlichen Neigung kirchlicher Kreise zur Form eines Obrigkeitsstaates (im Sinne von „Thron und Altar“ in historischen Zusammenhängen) abgesehen, beginnt mit Leo XIII., Pius XII. und fortgesetzt vom Zweiten Vatikanum wie auch von Papst Johannes Paul II. ein steigendes Interesse für demokratische Staatsformen aus der Sicht der Kirche.

Papst Pius XI. erklärte in seiner Weihnachtsansprache am 24. 12. 1944 vor dem Hintergrund eines zusammenbrechenden Nationalsozialismus einerseits, andererseits angesichts der sich verfestigenden kommunistischen Diktatur, dass die Kirche keine Regierungsform ablehnt, wenn sie geeignet ist, dem Wohl der Staatsbürger zu dienen und die menschliche Würde zu schützen. Johannes XXIII. sprach sein „Ja“ zur Demokratie als Staatsform, ohne damit sagen zu wollen, dass sie die beste sei. Das Vatikanische Konzil fasste das Verhältnis der Kirche zur Demokratie (ohne das Wort „Demokratie“ zu gebrauchen) zusammen und meinte (LG, Nr. 75): „Die politische Gemeinschaft und die Kirche sind auf je ihren Gebieten voneinander unabhängig und autonom. Beide dienen, wenn auch mit verschiedener Begründung, der persönlichen und gesellschaftlichen Berufung des gleichen Menschen.“ Wenn auch der direkte Hinweis auf Demokratie als Staatsform vom Konzil nicht gemacht wird, so ist dies indirekt doch deutlich der Fall.

Dieser Hinweis ist so zu verstehen, dass im Konzil die Meinung bestand, in einem demokratischen Gemeinwesen bestünden die besseren Voraussetzungen für den Schutz menschlicher Grundrechte. Der Konzilstext fügt noch hinzu, dass jene politischen Formen, die einer Demokratie entgegenstehen, abzulehnen sind, weil sie „die staatsbürgerliche und religiöse Freiheit schmälern und daher die Opfer politischer Leidenschaften und Verbrechen vermehren, die Ausübung der staatlichen Gewalt nur zum Eigennutz einer bestimmten Partei oder gar der Machthaber selbst missbrauchen und daher zum Schaden des Gemeinwohles sind“. Das Konzil hebt anerkennend jene Nationen hervor, „in denen ein möglichst großer Teil der Bürger am Gemeinwesen beteiligt ist“ (Nr. 31). Besonders deutlich wird der Blick auf die demokratische Staatsform durch die Aufforderung des Konzils, „vom Recht und von der Pflicht der freien Wahl Gebrauch zu machen zur Förderung des Gemeinwohles“.

Papst Johannes Paul II. hat in seinem großen Rundschreiben „Centesimus annus" ausführlich auf die Bedeutung der Demokratie hingewiesen und das Verhältnis von Kirche und Demokratie folgendermaßen charakterisiert: „Die Kirche weiß das System der Demokratie zu schätzen, insofern es die Beteiligung der Bürger an den politischen Entscheidungen sicher stellt und den Regierten die Möglichkeit garantiert, sowohl ihre Regierungen zu wählen als auch zu kontrollieren. Eine wahre Demokratie ist nur in einem Rechtsstaat und auf der Grundlage einer richtigen Vorstellung vom Menschen möglich." (Nr. 46)

Dazu gehört im Sinne von „Centesimus annus" notwendigerweise die Schaffung von Strukturen für eine Beteiligung an der Mitverantwortung. Dazu aber gehört wieder das Festhalten an vorgegebenen Werten und Grundsätzen, die nicht erst durch Mehrheitsbeschlüsse gefunden werden. „Eine Demokratie ohne Werte verwandelt sich, wie die Geschichte beweist, leicht in einen öffentlichen oder hinterhältigen Totalitarismus." Aus diesem Grunde macht Papst Johannes Paul II. aufmerksam auf die Gefahr des Fanatismus oder Fundamentalismus „derer, die glauben, im Namen einer angeblichen Wissenschaft oder religiösen Ideologie den anderen Menschen ihre Auffassung aufzwingen zu können, von dem, was wahr und gut ist" (Nr. 46).

Daher wird der Christ „im Dialog mit anderen Menschen jedem Beitrag an Wahrheit und Werten Achtung zollen, soweit er ihnen in der Lebensgeschichte und in der Kultur der Einzelnen und der Nationen begegnet. Er wird aber nicht darauf verzichten, all das zu vertreten, was ihn sein Glaube und der rechte Gebrauch der Vernunft gelehrt haben" (Nr. 46).

Es sind nicht zuletzt die geschichtlichen Erfahrungen der jüngsten Zeit, die das Interesse der Kirche an demokratischen Staatsauffassungen verdeutlichen. „Nach dem Zusammenbruch des kommunistischen Totalitarismus", so der Papst, „und verschiedener anderer totalitärer Regime, einer sogenannten ‚Nationalen Sicherheit', erleben wir heute – wenn auch nicht unbestritten – ein Überwiegen demokratischer Vorstellungen; besonders auch deswegen, weil sie verbunden sind mit einem lebendigen Bewusstsein und einer Sorge für die Menschenrechte." Besonders wichtig scheint mir der Hinweis zu sein auf jene Völker, „die ihre innere Ordnung jetzt neu gestalten“, weil sie durch eine ausdrückliche Anerkennung solcher Rechte der Demokratie eine glaubwürdige und solide Grundlage schaffen. (Solche Gedanken finden sich bereits in „Redemptor hominis“, Nr. 17.)

In Wien fand vor zwei Jahren eine große, internationale Konferenz zum Thema der Menschenrechte statt. Bei den Gegensätzen und großen Schwierigkeiten, die damals sichtbar geworden sind, scheinen mir zwei Gesichtspunkte besonders wichtig zu sein:

Erstens ist nur eine demokratische Staatsform bereit und imstande, die Universalität der Menschenrechte anzuerkennen; das heißt, dass alle Menschen – unabhängig von Rasse, Sprache, Kultur – gleich sind.

Zweitens muss man die der staatlichen Ordnung vorgegebenen, nicht von staatlichen Beschlüssen abhängigen Rechte anzuerkennen bereit sein. Dies ist zu verstehen als Hinweis auf die Familie, auf Freiheit und Würde des Einzelnen; dazu gehören der Schutz des Lebens sowie das Recht auf Leben.

Wenn man weder den ersten noch den zweiten Punkt annimmt, ist ein Gespräch über universale Menschenrechte sinnlos. Daher sind demokratische Strukturen, so sagte der Vatikan-Vertreter auf der Menschenrechtskonferenz in Wien, ein gewisser Schutz gegen die Verletzungen der Menschenrechte. Wer Menschenrechte von Kulturen oder staatlichen Traditionen abhängig sein lässt, der relativiert sie, leugnet ihre allgemeine Gültigkeit.

Dies ist ein kurzer Hinweis auf das positive Verhältnis von Kirche und Demokratie, wie es sich seit Pius XII., Johannes XXIII., dem Zweiten Vatikanum und besonders Johannes Paul II. entwickelte.

Das Verhältnis von Kirche und Demokratie wurde stark beeinflusst durch die schmerzlichen Erfahrungen, die die katholische Kirche selbst in den bekannten Diktaturen machen musste. Es ist der Kirche in diesem Zusammenhang sehr deutlich geworden, welche Bedeutung persönliche Freiheit, menschliche Würde, elementare Grundrechte für Kirche und Demokratie haben.

Im Folgenden versuche ich noch mit einigen Hinweisen auf die Schwierigkeiten aufmerksam zu machen, die sich für die Kirche im östlichen Europa ergeben, in der Zeit des Übergangs nach dem

Zusammenbruch des Kommunismus in eine neue bessere, demokratische Ordnung.

In den Diktaturen war das Wort „Demokratie" zu einem Zeichen der Hoffnung geworden. Ein Zeichen der Hoffnung, frei und unabhängig zu sein, als Einzelmensch und als Gesellschaftswesen.

Die Enttäuschungen im östlichen Europa angesichts der egoistischen Haltungen des westlichen Europa haben aber, wie bereits festgestellt, den Begriff Demokratie auf den Prüfstand östlicher Skepsis gestellt. Dem prüfenden Blick des Staatsbürgers im östlichen Europa, der sich des schmerzlichen Übergangs von der absolutistischen Diktatur zu einer demokratischen Ordnung bewusst ist, tauchen im Bezug auf Demokratie, wie sie uns der freie Westen bietet, zwei Defekte auf: Einmal ist es die rückläufige Tendenz gemeinsamer außer Streit gestellter Werte für das demokratische Zusammenleben. Zweitens ist es die Permissivität, die sich in der Demokratie westlicher Prägung breit macht, sie verängstigt zum Teil den Staatsbürger des Ostens.

Demokratie im freien Westen betont immer mehr die Freiheit und schiebt die mit Freiheit verbundene Verantwortung beiseite. Im Namen demokratischer Freiheit nimmt Pornographie in TV und Medien überhand, wächst die Brutalität, die Entwürdigung und Schändung der Frau, nimmt Lüge und Verleumdung überhand; in Verbindung mit Drogen, Jugendbanden, Zerstörung der Familie scheint das christliche Welt- und Menschenbild ohne Einfluss auf eine demokratische Wertordnung zu sein.

Dies bedeutet, dass Demokratie auch immer in Gefahr ist, das gemeinsame und verbindende „Bonum commune" immer mehr einzuschränken und Egoismus bzw. Willkür an die Stelle des Gemeinsamen und Verbindenden zu setzen. Aufgabe der Kirche ist es – und dies muss heute mehr als früher bedacht werden – die gesunde, demokratische Ordnung gegenüber allen Verfallserscheinungen zu verteidigen.

Im Neuaufbau demokratischer Staaten im östlichen Europa ist das Bewusstsein einer christlichen, europäischen Überlieferung, eines frei gewordenen christlichen Lebens und Bekenntnisses noch stärker vorhanden. Aber mit dem Blick auf die Freiheitsordnung westlicher Demokratien hört man im Osten die Frage: Ist denn das alles die Frucht einer kraftlos und haltlos gewordenen Demokratie, im Bereich der Gesellschaft sowie der Familie?

Dazu die weitere Frage: Wie soll sich die Kirche in der Zeit des Neuanfangs im Osten auf das Verhältnis von Demokratie und Kirche einstellen? Im Hintergrund taucht hier noch eine andere Schwierigkeit auf: Ende der Sechzigerjahre, der Zeit der sogenannten Studentenrevolte, machte sich unter den 68ern das Schlagwort von einer Demokratisierung aller Lebensbereiche breit. Demokratie also auch in der Kirche.

Kein Wunder, wenn in Kreisen derer, die für die Kirche Verantwortung tragen, zur Vorsicht gegenüber dem Westen, dem westlichen Europa gemahnt wird: Vorsicht angesichts einer morsch gewordenen demokratischen Gesellschaft; Vorsicht vor einem überbordenden Subjektivismus in Glaubensfragen der Kirche und einer liberalen Theologie des Westens; Vorsicht vor dem, was als „nachkonziliare Kirche" uns aus dem Westen als Reifeprozess kirchlichen Lebens nahegelegt wird.

Das sind schwierige und heikle Fragen, auf die ich kurz zu antworten versuche:

Demokratie ist gewiss nicht die beste Staatsform unter den möglichen, aber wie aus den angeführten Stellungnahmen seitens der Kirche, des Konzils und des gegenwärtigen Papstes Johannes Paul II., zu ersehen ist, besteht bei einer demokratischen Staatsform die größere Chance für die Achtung von Freiheit, menschlicher Würde sowie Religionsfreiheit. Eine Demokratie ist aber auch immer in Gefahr durch einzelne politische Parteien, wirtschaftliche Gruppen und nicht zuletzt durch die Medien manipuliert zu werden. Nicht das politische Konzept einer Demokratie ist schwach und daher auch immer reformbedürftig; es liegt letztlich immer an den Menschen, die in den politischen Lebensvorgängen einer Demokratie Verantwortung oder Mitverantwortung tragen. Ihre Aufgabe ist es, das Gemeinwohl nicht ausschließlich durch die Brille einer politischen Partei oder wirtschaftlichen Gruppe zu sehen.

Es ist aber auch nicht Aufgabe der Kirche, durch Bischöfe und Priester politische Parteien leiten und führen zu wollen. Aufgabe der Bischöfe und Priester ist es immer wieder, katholische Laien, vor allem auch jüngere Frauen und Männer, auf Grund des christlichen Welt- und Menschenbildes einzuladen in den Dienst des Gemeinwohls zu treten. Aufgabe der Bischöfe und Priester ist es, auf die Grundsätze der christlichen Soziallehre ohne Unterlass hinzuweisen und so katholische Laien zum Dienst im demokratischen Staat zu ermuntern und auf diese Weise auf die Grundsatzfragen einer Demokratie hinzuweisen. Diesen Dienst selbstlos und im Großen und Ganzen gut zu leisten, ist nicht leicht und bedarf einer ständigen Ermutigung.

Die Aufgabe des Klerus ist es gewiss nicht, in die tägliche Arbeit der politischen Parteien und Tagesentscheidungen einzutreten. Nicht die demokratischen Strukturen stehen für die kirchliche Hierarchie im Vordergrund, sondern die Freiheit und Verantwortung des Menschen im Bereich für diese Welt und für seinen Weg als Christ in Verbindung mit seiner kirchlichen Gemeinschaft. Demokratie einseitig nur mit Freiheit zu verbinden, führt in die Irre. Freiheit schließt immer Verantwortung für sich und andere mit ein. Freiheit und Gleichheit sind immer zu sehen im Lichte des abendländischen Humanismus und der christlichen Wert- und Weltordnung. Das ist kein Widerspruch, denn das christliche Menschenbild ergänzt und erhöht das humanistische.

Das Schlagwort von der „Demokratisierung der Kirche“ stammt nicht aus den Dokumenten des Zweiten Vatikanums. Wohl aber war es dem letzten Konzil ein Anliegen, in seinem Dokument über die Kirche wie über das Laienapostolat den Akzent einer einseitigen Klerikerkirche zurechtzurücken durch die Verbundenheit von Priestern und Laien im wandernden Gottesvolk. Das manchmal einseitige Kirchenbild einer sogenannten „Zweiklassengesellschaft“ in der Kirche – die höhere Klasse wäre der Klerus, das dienende Element die Laien – sollte durch ein erneuertes Kirchenbewusstsein korrigiert und für die Zukunft der Kirche ausgerüstet werden. Das heißt, Klerus und Laien arbeiten zusammen zum Wohle der einen Kirche Christi. Dabei ist die Komplexität von sichtbaren und unsichtbaren Strukturelementen zu beachten. Das „Priesteramt des Dienstes“ der Priester ist in eine richtige Verbindung zu setzen zum „gemeinsamen Priestertum aller Gläubigen“.

Daraus ergibt sich die grundsätzliche Bedeutung und Einschätzung des Laienapostolates für die Zukunft der Kirche. „Lumen gentium“, Nr. 30 sagt dazu: Die Behandlung des Laienapostolates, in Verbindung mit der Kirche, sei wichtig geworden „wegen der besonderen Verhältnisse unserer Zeit“ und „... weil die geweihten Hirten sehr wohl wissen, wie viel die Laien zum Wohl der ganzen Kirche beitragen“. LG, Nr. 33 fügt dann hinzu: „Die Laien sind besonders dazu berufen, die Kirche an jenen Stellen und in den Verhältnissen anwesend und wirksam zu machen, wo die Kirche nur durch sie Salz der Erde werden kann. So ist jeder Laie, kraft der ihm geschenkten Gaben, zugleich Zeuge und lebendiges Werkzeug der Kirche selbst.“

In der Geschichte der Kirche war es übrigens das erste Mal, dass ein solches Thema auf einem ökumenischen Konzil behandelt wurde. Aber am 18. November 1965, zirka drei Wochen vor Konzilsschluss, wurde dieses Dokument nach langen Beratungen und vielen Änderungsvorschlägen mit 2340 Ja-Stimmen und nur zwei Nein-Stimmen feierlich verabschiedet.

Das Konzil wollte damit auch ausdrücken, dass Laien nicht nur Lückenbüßer im Falle des Priestermangels sind, sondern dass sie auf Grund von Taufe und Firmung am allgemeinen Priestertum der Kirche teilhaben.

Dies bedeutet keine Demokratisierung der Kirche im Sinne der staatlich-politischen Strukturen; wohl aber bedeutet es eine Wiederbesinnung im Sinne der Schrift und der Väterzeit auf die Fülle ihres inneren Reichtums, mit menschlichen und göttlichen Strukturelementen – aber auch mit dem Blick auf die Erfordernisse der Zukunft.

Demokratie und Kirche gehen in der nachkonziliaren Zeit verstärkt aufeinander zu. Aufgabe der Kirche ist es dabei vor allem den Menschen zu sehen, im Sinne eines christlichen Welt- und Menschenbildes. Dieser Dienst der Kirche für die Menschen wird nicht zuletzt ein wichtiger Dienst auch für die Demokratie der Zukunft sein.

[Vortrag in Nitra, 2. März 1995]

Das Subsidiaritätsprinzip – ein Schlüssel zur Gemeinschaft

Im Maastrichter Vertrag zur Europäischen Union vom 7. 2. 1992 wurde das „Subsidiaritätsprinzip" im Artikel 3b mit verwendet, wurde im Abschnitt „Grundsätze" des Vertrages als eine Leitidee dem Vertragswerk inkorporiert. Darin sehen Experten ein „Struktur-Merkmal"; ein Mitglied der europäischen Kommission meint, dieses Prinzip sei ein „Schlüsselbegriff" im Bauprozess der europäischen Gemeinschaft, einer europäischen Ordnungsvorstellung.

Ohne auf die bereits begonnene Diskussion, die Kommentare und Interpretationen dieses Prinzips auf der Europaebene einzugehen, will ich aus christlicher Sicht feststellen: In einem päpstlichen Dokument wurde dieses Prinzip als Bauprinzip der menschlichen Gesellschaft zum ersten Mal von Pius XI. in seinem päpstlichen Rundschreiben „Quadragesimo anno" (1931) erwähnt. In Nr. 79 dieses Dokumentes heißt es: „Wie dasjenige, was der Einzelmensch aus eigener Initiative und mit seinen eigenen Kräften leisten kann, ihm nicht entzogen und der Gesellschaftstätigkeit zugewiesen werden darf, so verstößt es gegen die Gerechtigkeit, das, was die kleineren und untergeordneten Gemeinwesen leisten und zu einem guten Ende führen können, für die weitere und übergeordnete Gemeinschaft in Anspruch zu nehmen; denn es ist überaus nachteilig und verwirrt die ganze Gesellschaftsordnung. – Jedwede Gesellschaftstätigkeit ist ja ihrem Wesen und Begriff nach subsidiär; sie soll die Glieder des Sozialkörpers unterstützen, darf sie aber niemals zerschlagen oder aufsaugen."

Das Prinzip der Subsidiarität stammt ursprünglich aus der katholischen Soziallehre. Dass dieser Grundsatz in einem Europa-Dokument von so großer Tragweite aufgenommen wurde, ist anzuerkennen und zu begrüßen.

In „Quadragesimo anno" der Dreißigerjahre ging es gewiss nicht darum, namens der Kirche, angesichts der damaligen Konfrontation von Kapitalismus und Kollektivismus, einen dritten eigenen Weg zu gehen, sondern es ging darum, auf einen allgemein gültigen Bauplan für alle hinzuweisen, der auf einem klaren ethischen Grundsatz ruht und in der Lage ist, den Verantwortlichen in Gesellschaft und Wirtschaft eine zuverlässige Orientierung zu geben.

Das Subsidiaritätsprinzip ist daher nicht ein Teil der katholischen Glaubenslehre, sondern es wurzelt in der menschlichen Vernunft, stammt aus der Tradition des christlichen Sozialdenkens.

Das Anliegen selbst aber tauchte schon früher im Zusammenhang mit Überlegungen zu Demokratie und Regierungsform auf. So stellte zum Beispiel Abraham Lincoln seinerzeit als Präsident der Vereinigten Staaten Amerikas fest, ohne das Prinzip selbst zu erwähnen: „Die Regierung hat für die Bevölkerung das zu besorgen, wonach die Menschen ein Bedürfnis haben, was sie aber selbst überhaupt nicht tun können – oder doch, auf sich selbst gestellt, nicht ebenso gut tun können. In all das, was die Menschen ebensogut selber tun können, hat die Regierung sich nicht einzumischen." – In der Zeit des deutschen Kulturkampfes hat Bischof Ketteler Ähnliches gemeint: Vernunft und Wahrheit sagen uns, das Volk habe das Recht, „das, was es selbst tun kann, in seinem Haus, in seiner Gemeinde, in seiner Heimat, auch selbst zu besorgen und zu vollbringen". Noch deutlicher sagte er dies in seinen Schriften an einer anderen Stelle: Erst wo das niedere Glied dieses Organismus nicht mehr imstande ist, seine Zwecke selber zu erreichen oder die seiner Entwicklung drohende Gefahr selbst abzuwenden, tritt das höhere Glied für es in Wirksamkeit."

Solche Überlegungen können aus der Sicht der christlichen Tradition noch verdeutlicht werden.

Der Mensch ist auf Grund seiner Anlagen zur Selbstverwirklichung fähig und verpflichtet. Das aber geschieht nicht im Alleingang des Einzelnen, sondern strebt naturgemäß zu einer Vielfalt von zwischenmenschlichen Begegnungen, gesellschaftlichen Gebilden (Familie, Gemeinde; Volk, Staat).

Weil der Einzelne viele zwischenmenschliche Verbindungen braucht, auf sie angewiesen ist, ist es notwendig, dass die einzelnen gesellschaftlichen Gebilde (von der Familie angefangen) ihre Eigenart und ihre Eigenständigkeit bewahren können. Nur so können sie das tun, wozu sie bestimmt sind. – Und das meint das Subsidiaritätsprinzip: Was der Mensch in seiner Eigenverantwortung leisten kann, das darf an keine höhere Gemeinschaft abgegeben, überwiesen werden. Und das was die kleine Gemeinschaft leisten kann, das darf nicht von übergeordneten Strukturen abgenommen werden. Das alles setzt die grundlegende Einsicht voraus, dass gesellschaftliche Einrichtungen kein Selbstzweck sind, sondern immer auf den Dienst am Menschen selber hingeordnet sind.

Das Subsidiaritätsprinzip enthält das lateinische Wort „subsidium", das heißt Hilfestellung, Dienstleistung. Und dies will besagen, die Gemeinschaft hat dem Einzelnen hilfreich Beistand zu leisten. Der einzelne Mensch aber hat grundsätzlich Vorrang vor der Gemeinschaft, Gesellschaft, denn er ist nach dem Bild und Gleichnis Gottes geschaffen. Auf Grund des christlichen Welt- und Menschenbildes ist der Mensch Ziel aller gesellschaftlichen Einrichtungen. Daraus folgt weiter, dass die jeweils übergeordnete gesellschaftliche Struktur der untergeordneten ihre Aufgabe nicht wegnehmen, wohl aber ihr alle Unterstützung zukommen lassen soll, damit sie ihre spezifische Eigenleistung erbringen kann.

Auf Folgendes ist allerdings noch zu achten: Wenn der einzelne Mensch und die Gruppen die Vielfalt ihrer Interessen verfolgen, so ist damit keineswegs das Wohl aller gesichert. Um also Konflikte der divergierenden Interessen zu vermeiden, braucht es die politische Ordnung des Staates: Seine Aufgabe ist es durch Recht und Wohlfahrtsordnung die einzelnen gesellschaftlichen Gebilde zu koordinieren, sie in ihrer Tätigkeit zu unterstützen – und dafür zu sorgen, dass sie die ihr eigene Aufgabe dabei eigenständig wahrnehmen. Daher ist zum Prinzip der Subsidiarität das Prinzip des „Gemeinwohls" anzufügen: Es ist Aufgabe des Staates dafür zu sorgen, dass es nicht nur einigen, sondern allen in dieser großen Gemeinschaft gut geht.

Das Gemeinwohl ist daher ein orientierender Grundsatz für den Menschen als soziales und geschichtliches Wesen. Es erinnert zusätzlich daran, dass das Schicksal des Einzelmenschen vom Wohl des Gemeinsamen abhängig ist. In der Entfaltung seiner selbst braucht der Einzelne die Gemeinschaft. Ohne Gemeinschaft ist der Mensch nicht lebensfähig. Ohne eine solche Zusammenarbeit kann er als Mensch nie ganz das werden, was er werden soll. Aber noch einmal: Der Einzelne hat immer Vorrang vor der Gesellschaft.

Das Prinzip des Gemeinwohles wird gefährdet durch die beiden Extreme des individualistischen Liberalismus sowie des Kollektivums eines marxistischen Kommunismus. Eine Orientierung am Gemeinwohl ist daher eine notwendige Ergänzung des Subsidiaritätsprinzips auch auf europäischer Ebene.

Auf die Ebene der europäischen Gemeinschaft übertragen, würde das jetzt heißen: Die EU-Gemeinschaft als übergeordnete Gemeinschaft kann nur dann tätig werden, wenn erstens auf der Ebene der Mitgliedstaaten Ziele nicht ausreichend erreicht werden können; und zweitens wenn solche auf der EU-Gemeinschaftsebene besser erreicht werden können.

Das heißt weiter: Die Zuständigkeit der Mitgliedstaaten hat Vorrang; die Zuständigkeit der übergeordneten EU-Gemeinschaft ist subsidiär, tritt helfend in Aktion, wenn die Mitgliedstaaten es allein nicht schaffen können, wenn ihre Maßnahmen nicht ausreichen und wenn so die Ziele auf der übergeordneten Gemeinschaftsebene besser erreicht werden können. Der Hinweis auf das Gemeinwohl kann hier immer hilfreich sein. Die praktische Durchführung kann allerdings je nach Lage der Themen Schwierigkeiten mit sich bringen, bis eine klare Ordnung der Zuständigkeit gegeben ist.

Die Vertreter Europas haben gerade in Maastricht betont, dass das neue Europa nicht nur als wirtschaftlicher, sondern als ein umfassender Gesellschaftsprozess anzusehen sei. Der Präsident der Kommission sprach von einem „Modell der europäischen Gesellschaft", das es zu verwirklichen gelte. Dieser Prozess, so hieß es, verlange „einzigartige Institutionen, die mit nationalen Institutionen nicht verglichen werden können". Und damit wird allerdings weiter gesagt: Die demokratisch verfassten Staaten Europas reichen in ihrer bisherigen Form – auch unter Zuhilfenahme des europäischen Parlamentes – nicht aus, in unmittelbarer Trägerschaft den Prozess der Einheit Europas voranzutreiben. Dazu sind neue Organe – auch aus der Sicht der Subsidiarität – notwendig, die aber ihre letzte Zuständigkeit von den demokratisch verfassten Staaten herleiten; in ihrer Tätigkeit beanspruchen sie daher auch ein hohes Maß an Autorität und Autonomie.

Die Sicherung des Friedens und eine Vermehrung des Wohlstands sind nicht die einzigen, aber sie sind wesentliche Ziele der Europäischen Gemeinschaft. Um den Frieden zu sichern, wird eine politische Stärkung nach innen und eine gemeinsame Politik nach außen anzustreben sein, „die einen Krieg unmöglich machen".

Johannes Paul II. formulierte in seiner Sozialenzyklika „Centesimus annus" einen Satz, der in diesem Zusammenhang darüber hinausgeht und zum Nachdenken anregt: „Frieden und Wohlstand sind Werte, die dem ganzen Menschengeschlecht gehören" (Nr. 27), und er fügt hinzu: „Man wird die Prioritäten und Werteskalen, auf Grund derer die wirtschaftlichen und politischen Entscheidungen getroffen werden, neu definieren müssen" (Nr. 28).

„Europa wird nicht im Frieden leben können, wenn die vielfältigen Konflikte, die als Folge der Vergangenheit aufbrechen, sich durch wirtschaftlichen Niedergang, geistige Unzufriedenheit und Verzweiflung verschärfen." – Darin ist ein Hinweis zu sehen auf jenen Vorhang des Misstrauens zwischen einem östlichen und einem westlichen Europa.

In der Deklaration von Edinburgh stellte daher die Europäische Gemeinschaft fest: „Der europäische Rat bemüht sich um eine engere Assoziation mit den Ländern Mittel- und Osteuropas." Das heißt wohl, die Europäische Gemeinschaft wird zu keiner Festung, die sich gegen den Osten und gegen den Süden abschirmen will. Denn dies wird immer deutlicher: Friede und Wohlstand können in Zukunft nur mehr im weltweiten Verbund gesehen und gesichert werden. Der Ausbau einer „Weltautorität" (Gaudium et spes, Nr. 82) nach demokratischen und föderalistischen Prinzipien braucht unbeschadet der Subsidiarität genügend Macht und Kompetenz zur Lösung der Weltprobleme, ohne die Gefahr einer möglichen Machtkonzentration außer Acht zu lassen.

Professor Schasching von der Universität Gregoriana in Rom, ein Mitarbeiter bei wichtigen vatikanischen Dokumenten, hat die Entstehungsgeschichte von „Quadragesimo anno" ausführlich untersucht und kommt zu der Feststellung: Die Neugestaltung der Gesellschaft verlange zweifellos tiefgreifende Strukturreformen. Es müssen Organe geschaffen werden, welche die neu zu errichtende Ordnung stützen. Eine bloße Änderung der Strukturen und die Schaffung neuer Organe genügen nicht. Denn der Hinweis auf die

Grundsätze der Subsidiarität und auch Solidarität besagen noch nicht, dass die Menschen auch dazu bereit wären, die mit einer solchen Gesellschaftsreform verbundenen Verpflichtungen zu übernehmen. Dies hängt alles davon ab, ob es gelingen wird, die geplante Strukturreform mit einer ebenso tief greifenden Bewusstseinsreform zu begleiten. Es sei daher beachtlich zu sehen, wie sich die Verfasser der Entwürfe zu „Quadragesimo anno" bereits mit solchen Fragen auseinandersetzten. Und der endgültige Text der Enzyklika meinte gegen Schluss eindeutig: Die Strukturreform „kann nur den Streitstoff sozialer Konflikte aus der Welt schaffen; die Herzen innerlich zu verwandeln vermag sie nicht" (Nr. 137). Dazu bedürfe es der Kräfte des christlichen Glaubens, um jene Bewusstseins- und Gesinnungsreform zu erreichen, als Voraussetzung und Begleitung der notwendigen Strukturreformen. Das Subsidiaritätsprinzip, so heißt es weiter, ist erst dann ein brauchbarer gesellschaftlicher Schlüsselbegriff, wenn es mit ethischem Gehalt und ethischem Verhalten verbunden bleibe.

Die europäische Gemeinschaft ist sich daher heute wohl bewusst, dass der europäische Markt und ein europäisches Parlament allein noch kein Europabewusstsein erzeugen können.

Jacques Delors formulierte am 24. September 1992 seine Gedanken zum Maastrichter Vertrag: „Die europäische Einigung wird uns nicht ausschließlich auf Grund juristischer Geschicklichkeit oder wirtschaftlichem Sachverstand gelingen ... der tiefere Sinn der europäischen Einigung wird zu einer der beherrschenden politischen Fragen." Und als Schwierigkeiten, die er selbst sieht, nennt er: „Materialistische Einstellung, kulturelle Mittelmäßigkeit, nationale Engstirnigkeit, Motivationsschwäche."

Das sind die großen Schwierigkeiten, die auch auf europäischer Ebene klar zu sehen sind und die eine freie und demokratische Welt zur Kenntnis nehmen muss: Es ist dies der Egoismus als Selbstsucht des Einzelmenschen sowie jener der gesellschaftlichen, politischen und wirtschaftlichen Gruppen. Auf die genannten drei wichtigen Gemeinwesen, nämlich Familie, Staat und Völkergemeinschaft, bezogen heißt dies: Der Egoismus der Eltern bzw. der Kinder gefährdet das Wohl der Familie und damit indirekt das Wohl der Familienmitglieder selbst. Der Egoismus der Bürger, Verbände und Parteien gefährdet das nationale Gemeinwohl und damit letztlich deren eigenes Wohl. Der nationale Egoismus der Staaten gefährdet das internationale Gemeinwohl mit dem Grundwert des Friedens und damit indirekt das nationale Wohl. So wird deutlich, dass ein egoistisches Verfolgen der eigenen Ziele, unter Missachtung der gemeinsamen Existenzgrundlage, des gemeinsamen Existenzrahmens, allzu leicht zum Wettbewerb der Egoismen und damit zur Zerstörung der gemeinsamen Existenzgrundlage führt.

Aber das egoistische und von Misstrauen erfüllte Gegeneinander kann durch ein subsidiäres Miteinander, im Interesse der gemeinsamen Sache, zurückgedrängt, ja sogar überwunden werden.

Mit dem Blick auf den Europa-Vertrag von Maastricht, 1992, ergibt sich aus christlicher Sicht zusammenfassend folgende Überlegung: Erstens: Von der österreichischen wie von der deutschen Bischofskonferenz sollte anerkennend festgestellt werden, dass das Prinzip der Subsidiarität in das EU-Vertragswerk aufgenommen worden ist. Zweitens: Dieses Prinzip der Solidarität hat allerdings auch eine doppelte Funktion: Es soll die unteren sozialen Einheiten vor Überfremdung schützen, das heißt, gegen eine Übermacht des Handelns auf der übergeordneten Gemeinschaftsebene. Diese aber soll mithelfen, dass die untergeordneten Gemeinschaften ihre eigene Aufgabe auch wirklich wahrnehmen können. Es ist allerdings auch die Gefahr zu sehen, durch einen Missbrauch der Subsidiarität die Europäische Gemeinschaft lahm zu legen. Drittens: Der in Maastricht begonnene Weg sollte in der öffentlichen Meinung stärker befürwortet werden.

Subsidiarität meint daher immer auch eine Verpflichtung: Die Gemeinschaft und Sinn stiftenden Kräfte Europas sollten sich noch viel stärker in ihrer gemeinsamen Verantwortung sehen. Das gilt nicht zuletzt auch ganz besonders für die ökumenische Gemeinschaft des Christentums in Europa.

[Beitrag für Karl Habsburg, August 1998]

Menschenrechte

Menschenrechte – im Schutz der „Goldenen Regel“

Vor drei Jahren, am 25. Juni 1993, ging die Weltkonferenz über Menschenrechte in Wien zu Ende. Menschenrechte spielen heute, wie wir wissen, in der Gesellschaft und im Staat, vor allem auch in den internationalen Beziehungen eine immer größere Rolle. Menschenrechte werden nicht erworben, sondern sind dem Menschen auf Grund seines Menschseins gegeben; sie sind unveräußerlich und unantastbar. Weder der Staat noch die gesellschaftliche Ordnung hat ein Recht, sie zu beeinträchtigen.

Die Anerkennung der Menschenrechte hat seit Ende des Zweiten Weltkriegs – wohl auch unter dem Eindruck der furchtbaren Geschehnisse von damals – rasche und große Fortschritte gemacht. Von großer Bedeutung war „die allgemeine Anerkennung der Menschenrechte durch die Vereinten Nationen“ vom 10. 12. 1948. Ferner die „Konvention der Mitgliedstaaten des Europarates zum Schutze der Menschenrechte und Grundfreiheiten“ vom 4. 11. 1950. Die Errichtung eines Europäischen Gerichtshofes für Menschenrechte 1959 unterstrich die Wichtigkeit dieser Verträge. Ähnliches gilt für die beiden Menschenrechtspakte aus dem Jahre 1966.

Die „Wiener Erklärung“ und das „Aktionsprogramm“ der vor drei Jahren abgeschlossenen Wiener Weltkonferenz für Menschenrechte legt eine umfangreiche Dokumentation über den Ausbau und den Schutz der Menschenrechte vor.

Am Beginn (Nr. 1) dieses Dokuments wird festgestellt, dass „Menschenrechte und Grundfreiheiten das Geburtsrecht aller Menschen seien“. Die Wiener Weltkonferenz bekräftigt die Verpflichtung zur Förderung der Grundrechte für alle Menschen. „Der universale Charakter dieser Rechte und Freiheiten steht außer Frage“ – so heißt es im Schlussdokument.

Die feierlichen Bekenntnisse zur Wahrung und zum Schutz der

Menschenrechte bringen aber an verschiedenen Stellen auch sehr konkrete und lebensnahe Beispiele. Ich verweise auf Nr. 30 des Dokumentes. Hier heißt es: Die Weltkonferenz bringe ihren Abscheu und ihre Verurteilung darüber zum Ausdruck, „dass schwere und systematische Menschenrechtsverletzungen den vollen Genuss aller Menschenrechte ernstlich behindern". Nach wie vor würden sich solche Dinge in den verschiedenen Teilen der Welt ereignen.

Als solche Verletzungen der Menschenrechte werden genannt: Folterungen, grausame, unmenschliche und erniedrigende Behandlungen und Bestrafungen; zu beklagen sei das spurlose Verschwinden von Menschen, alle Arten von Rassendiskriminierung, fremde Besatzung, religiöse Intoleranz, Terrorismus.

In Nr. 18-20 finden sich noch besondere Hinweise auf die „Menschenrechte der Frau und der minderjährigen Mädchen, auf sexuelle Belästigung und Ausbeutung derselben". Wörtlich: „Die Menschenrechte der Frauen und der minderjährigen Mädchen sind ein unveräußerlicher, integraler und unabtrennbarer Bestandteil der allgemeinen Menschenrechte" (vgl. Nr. 32 und Nr. 36). Oder: „Die Weltkonferenz über die Menschenrechte bringt ihren Abscheu zum Ausdruck angesichts der massiven Verletzungen der Menschenrechte, vor allem in Form von Genozid, ethnischen Säuberungen und systematischen Vergewaltigungen von Frauen in Kriegssituationen. Dadurch entsteht ein Massenexodus von Flüchtlingen und Vertriebenen. Die Weltkonferenz verurteilt solche abscheulichen Praktiken mit größter Schärfe und wiederholt gleichzeitig die Forderung, dass die Urheber solcher Verbrechen bestraft und diese Praktiken sofort eingestellt werden."

Dies sind einige Beispiele für drastische Verletzungen der Menschenrechte, wie sie im Gesamtdokument ausführlich geschildert werden.

Dass solche Überlegungen aber auch die christlichen Kirchen – unabhängig von Weltkonferenzen über Menschenrechte – bereits früher beschäftigt haben, dazu erlauben Sie mir ein Beispiel aus den Texten des Zweiten Vatikanischen Konzils (Gaudium et spes, Nr. 29) zu nennen. Hier hieß es bereits vor dreißig Jahren (1965): „Jede Form einer Diskriminierung in den gesellschaftlichen und kulturellen Grundrechten der Person, sei es wegen des Geschlechtes oder der Rasse, der Farbe, der gesellschaftlichen Stellung, der Sprache oder der Religion, muss überwunden und beseitigt werden; dies widerspricht dem Plane Gottes. – Es ist eine beklagenswerte Tatsache, dass jene Grundrechte der Person noch immer nicht überall unverletzlich gelten: Wenn man etwa der Frau das Recht der freien Wahl des Gatten und des Lebensstandes verweigert – oder die gleiche Stufe der Bildungsmöglichkeit und Kultur ihr versagt, wie sie dem Mann zuerkannt wird."

Solche Überlegungen entstammen einer langen Tradition in Bezug auf ein christliches Welt- und Menschenbild. Die Quäker, amerikanische Friedenskirchen, arbeiten in dieselbe Richtung.

Nochmals zurück zum zweiten Teil der „Wiener Erklärung", genannt „Aktionsprogramm". Hier wird eine lange Reihe von Empfehlungen ausgesprochen, wie die Vereinten Nationen durch eine bessere Zusammenarbeit einen wirksameren Schutz der Menschenrechte garantieren könnten oder sollten. „Die Weltkonferenz ersucht daher den Generalsekretär der Vereinten Nationen" – so heißt es immer wieder – dieses und jenes zu veranlassen, oder man ersucht den Generalsekretär und die Generalversammlung, „dem Zentrum für Menschenrechte ausreichende menschliche, finanzielle und andere Ressourcen zur Verfügung zu stellen, um eine erfolgreiche und rasche Erfüllung dieser Aufgaben zu ermöglichen". Dazu wird trotz der bekannten finanziellen Probleme der Vereinten Nationen „die Schaffung der Position eines Hochkommissärs der Vereinten Nationen für die Menschenrechte" vorgeschlagen. – Oder: „Die Weltkonferenz ersucht alle Staaten, die Bestimmungen der Erklärung über die Beseitigung aller Formen der Intoleranz und Diskriminierung – aus religiösen oder weltanschaulichen Gründen – in die Tat umzusetzen."

Eine andere beachtenswerte Feststellung im Text (Nr. 36): „Die Weltkonferenz über die Menschenrechte fordert mit Nachdruck, dass die Frauen in den vollen und gleichberechtigten Genuss aller Menschenrechte gelangen mögen und dass dies für die Regierung und für die Vereinten Nationen ein prioritäres Ziel sein möge."

Es ist leider zu befürchten, dass der große bürokratische Apparat der Vereinten Nationen damit etwas überfordert ist, wie uns die laufenden Berichte über schwere Verletzungen der Menschenrechte in den Medien zeigen.

Immerhin sind die Menschenrechtskonventionen der Vereinten Nationen aber in der Folge von über fünfzig Staaten aus verschiedensten Kulturkreisen ratifiziert worden.

In der Fachliteratur wird heute die Frage gestellt, ob die Denkweise verschiedener Kulturen (zum Beispiel des Buddhismus) ein Bekenntnis zu den Menschenrechten in unserem Sinne zulasse. Aber die Bedeutung des Beitritts auch solcher Staaten und Kulturkreise zu den vorliegenden Menschenrechten liegt gerade darin, dass auf eine solche Weise der Gedanke der Menschenrechte auch dort erörtert wird, wo die Grundorientierung etwas anders gewichtet ist.

Lassen Sie mich dazu noch einige praktische Überlegungen anfügen: Die Idee der Menschenrechte, wie sie uns heute vorliegt, entspringt, wie wir alle wissen, dem abendländischen Kulturkreis und hat dort ihr spezifisches Gepräge erhalten.

Die Wurzel dieser Rechte findet sich bereits in der „Goldenen Regel“ der Bergpredigt des Neuen Testaments: „Alles, was ihr also von anderen erwartet, das tut auch ihnen!“ (Mt 7,12) Die Goldene Regel widerspricht dem Gedanken der Vergeltung und der Rache. Damit ist aber nicht nur eine innere Gesinnung gemeint, sondern es geht gleichzeitig um eine konkrete Verwirklichung im Leben der menschlichen Gemeinschaft.

Dazu ein praktisches Beispiel aus Österreich: Der Internationale Versöhnungsbund, die älteste ökumenische christliche Friedensbewegung, wurde 1914 in Wien begründet und wirbt seither für die Idee der gewaltlosen Konfliktlösung im Sinne der allgemeinen Menschenrechte. In ihrem kürzlich erschienenen Buch *Weltgestaltung durch Feindesliebe* schildert Dr. Hildegard Goss-Mayer die Gründungsgeschichte der durch ihren Vater ins Leben gerufenen Friedensbewegung und verweist auf die weitreichende Auswirkung dieser besonderen Form eines Friedensdienstes in unserer Zeit. Die Erinnerung an die Berliner Mauer, an das Brandenburger Tor sind zusätzliche Beispiele, welche moralischen Kräfte solche gemeinsamen Überzeugungen in Bewegung setzen können. Der lautlose Zusammenbruch des Kommunismus war, wie wir heute wissen, eine Folge davon.

Heute verlangen die allgemeinen Menschenrechte, in Zusammenarbeit mit dem Völkerrecht, die Ablehnung jeder Form von Gewalt in den internationalen Beziehungen. Hier liegt meines Erachtens die große Aufgabe der Erziehung der jungen Generation für ihre Zukunft; hier liegt auch die zu wenig genutzte Chance der Medien, die öffentliche Meinung in einem solchen Sinne zu beeinflussen.

Es geht heute darum, den anderen, andere Volksgruppen und Nationen, nicht als Gegner, sondern als gleichwertigen Menschen zu sehen und entsprechend auf ihn zuzugehen, im Wissen, dass wir nur miteinander, nicht gegeneinander eine gerechte Welt aufbauen können. Wir sind heute mehr denn je aufeinander angewiesen. Die eigene Sicherheit ist heute nur noch zusammen mit der Sicherheit der anderen gegeben. Die Menschenrechte stärken so unser Verantwortungsbewusstsein und unsere gemeinsame Sicherheit.

Das alles kann allerdings nur in Verbindung mit einem umfassenden Friedensethos Wirklichkeit werden. Das heißt, die gewaltlose Lösung von Konflikten, im Großen wie im Kleinen, ist heute die gemeinsame Aufgabe im Dienste des Friedens. Das setzt Verständnis für den Andersdenkenden voraus und die bleibende Bereitschaft zum Dialog: Das heißt, wir müssen lernen, die Furcht vor dem anderen oder dem Fremden zu überwinden, unseren Egoismus unter Kontrolle zu halten; denn jede Begegnung mit dem anderen kann zu einer Bereicherung führen. Im Sinne der „Goldenen Regel" der Bergpredigt dürfen wir nicht immer zuerst vom anderen erwarten, dass er auf uns zukomme, sondern wir sind damit selbst aufgefordert, von uns aus die Initiative zu ergreifen.

Damit schließlich noch ein Hinweis auf die Bedeutung von Amnesty International und der Menschenrechte.

Immer wichtiger wird heute die Aufgabe, die Menschenrechte nicht nur bewusster zu machen, sondern sie wirklich zu schützen und ihre Verletzungen an Ort und Stelle rasch festzustellen, Sanktionen einzuleiten. In diesem Sinne ist die Gründung von Amnesty International (ai) von providenzieller Bedeutung. Sie geht zurück auf einen Aufruf des britischen Rechtsanwaltes Peter Benenson vom 28. Mai 1961, man möge an die „vergessenen Gefangenen" denken. Bereits im ersten Jahr nach der Gründung wurden 210 Fälle betreut, dreißig Jahre später waren es bereits 38 000 Fälle.

Unterschrift gegen die Todesstrafe: Metropolit Michael Staikos, Kardinal Christoph Schönborn, Kardinal Franz König und Nuntius Donato Squicciarini

Die Mitglieder von Amnesty International verteilen sich auf 150 Länder und zählten dreißig Jahre nach der Gründung bereits an die 700 000. In der Londoner Zentrale arbeiten 260 Mitarbeiter aus vierzig Ländern.

Was die Arbeitsweise angeht, so wird größter Wert darauf gelegt, dass jede Information auf Wahrheitsgehalt und rechtliche Fundierung geprüft werden kann; aus diesem Grunde veröffentlicht Amnesty International nur dann Verletzungen der Menschenrechte, wenn zwei verschiedene und unabhängige Quellen darüber berichten.

Die Grundlage für die Arbeit von ai ist die Allgemeine Erklärung der Menschenrechte der Vereinten Nationen sowie der Internationale Pakt über die bürgerlichen und politischen Rechte. Das gibt Amnesty International die Möglichkeit, sich für gewaltlos agierende politische Gefangene einzusetzen, für sie das Recht auf ein faires Gerichtsverfahren zu urgieren und gegenüber Folter und Mord durch staatliche Kräfte öffentlich Protest zu erheben. Frühzeitig hatte sich Amnesty International bereits auch für die Abschaffung der Todesstrafe eingesetzt.

Dem letzten mir vorliegenden Jahresbericht von ai aus dem Jahr 1990 entnehme ich zum Beispiel folgende Zahlen: Im Jahre 1989 gab es in 71 Ländern politische Gefangene. In 96 Ländern wurden Gefangene gefoltert und misshandelt; in vierzig Ländern starben Gefangene infolge von Folterungen; in vierzig Ländern kam es zu ungesetzlichen Hinrichtungen. In zwanzig Ländern sind Gefangene verschwunden, das heißt, ihre Inhaftierung ist nie offiziell bestätigt worden. Wir haben leider Grund zur Befürchtung, dass sich die Situation seither nicht verbessert hat.

Solche Hinweise machen Folgendes deutlich: Ohne ein Dokument über Menschenrechte und ihre Verletzungen, wie es die letzte Weltkonferenz in Wien erstellt hat, wäre die Arbeit von Amnesty International in vielfacher Hinsicht noch viel schwieriger.

Ohne die erfolgreiche, rasche und verlässliche Arbeit von Amnesty International blieben viele Erklärungen über Menschenrechte und ihre Verletzungen bloße Appelle. Aus einer solchen Sicht verdient Amnesty International daher unsere besondere Anerkennung, unseren Dank und jedmögliche Förderung. Jeder von uns ist dazu aufgerufen, wie ein schöner Text des hl. Franz von Assisi zeigt:

„Herr, mach mich zu einem Werkzeug des Friedens,
dass ich liebe, wo man hasst;
dass ich verzeihe, wo man beleidigt;
dass ich verbinde, wo Streit ist;
dass ich die Wahrheit sage, wo Irrtum ist;
dass ich Licht entzünde, wo Finsternis regiert;
dass ich Freude bringe, wo Kummer wohnt.
Herr, lass mich trachten, nicht, dass ich getröstet werde,
sondern dass ich tröste."

[Rede im Parlament, 25. Juni 1996]

Interreligiöser Dialog als Basis der Toleranz

Entsprechend der an mich ergangenen Einladung, eine kurze Einführung vorzulegen zu der Forumsdiskussion zum Thema „Interreligiöser Dialog als Basis der Toleranz", sehe ich meine Aufgabe darin, aus der Sicht eines katholischen Christen einige Leitpunkte für das Gespräch vorzulegen. Ich setze Ihr Verständnis voraus, wenn ich zuerst auf das viel gebrauchte Wort „Dialog" in Verbindung mit dem Zweiten Vatikanischen Konzil hinweise. Ich erinnere damit an das kurze, aber bedeutende Konzilsdokument „Nostra aetate" mit dem Hinweis: „Das Verhältnis zu den nichtchristlichen Religionen" verlange von Seiten der kirchlichen Versammlung eine besondere Aufmerksamkeit. Zum ersten Mal findet sich in einem Konzilsdokument ein solcher Hinweis; zudem mache ich aufmerksam auf die Existenz eines Vatikanischen Sekretariates oder päpstlichen Rates für den interreligiösen Dialog, von Paul VI. 1964, also zur Zeit des Konzils, eingerichtet. Weiters weise ich hin auf jene Begegnung der Weltreligionen in Assisi im Herbst 1986, zu der Johannes Paul II. selbst eingeladen hatte. – Aus diesen drei Gesichtspunkten ergibt sich die Frage, wie unser heutiges Verständnis von Toleranz durch den interreligiösen Dialog beeinflusst wird oder beeinflusst werden kann.

Wie sich aus den Texten ergibt, hat das letzte Konzil dem innerkirchlichen Dialog ganz allgemein, dem ökumenischen Dialog, dem Dialog mit dem Judentum sowie der Religionen und dem Dialog mit der Welt, eine große Bedeutung beigemessen. „Es ist", so in „Christus Dominus" Nr. 13, „Pflicht der Bischöfe, zu den Menschen zu gehen und das Gespräch mit ihnen zu suchen und zu fördern ..." Es ist dies der sogenannte „Heilsdialog", als Heilsauftrag der Kirche zu verstehen.

Die Notwendigkeit des interreligiösen Dialoges wurde vom Konzil in der Einleitung zu „Nostra aetate" mit den Worten begründet: „In unserer Zeit, da sich das Menschengeschlecht von Tag zu Tag enger zusammenschließt ... erwägt die Kirche mit umso größerer Aufmerksamkeit, in welchem Verhältnis sie (d. h. die katholische Kirche) zu den nichtchristlichen Religionen steht." (Nostra aetate, Nr. 1, Einleitung). Damit sollte auch zum Ausdruck kommen, dass Wahrheitsfindung ganz allgemein in der Kirche dialogisch gesehen werden muss.

Bei einem so verstandenen Dialog dürfen weder äußere Überlegenheit noch Zwang des Mächtigen eine Rolle spielen. Daraus folgt: Das Bemühen, den Standpunkt des Gesprächspartners zu verstehen,

Christentag 1999 in Wien – Symposium „Erlassjahr 2000": Gottfried Mernyi, Martina Neuwirth, Kardinal Franz König und Metropolit Michael Staikos

ihn ernst zu nehmen, ja, von ihm selber zu lernen, um den eigenen Standpunkt präzisieren zu können, darf nicht mit Standpunktlosigkeit verwechselt oder als Verlust der eigenen Identität angesehen werden.

Der interreligiöse Dialog

Die in unserer Zeit fast selbstverständlich gewordenen Begegnungen der verschiedenen Religionen und Kulturen durch eine globale Kommunikation veranlassten das letzte Konzil in einer eigenen „Erklärung über das Verhältnis der Kirche zu den nichtchristlichen Religionen" auf die Notwendigkeit des Dialogs mit anderen Religionen hinzuweisen, Ziele und Aufgaben zu benennen: „Nichts von alledem, was in diesen Religionen wahr und heilig ist", wird von der katholischen Kirche abgelehnt; ja, sie lassen vielmehr „einen Strahl jener Wahrheit erkennen, die alle Menschen erleuchtet". Man müsse mit „aufrichtigem Ernst" die Begegnung mit Menschen nichtchristlicher Religion suchen, „Gespräch und Zusammenarbeit" im Dialog werden daher begleitet vom „Zeugnis des christlichen Glaubens und Lebens" (Nostra aetate, 2). Der so bezeichnete interreligiöse Dialog ist daher nicht nur eine Theorie, sondern er schließt das gesamte menschliche Zusammenleben sowie den Dienst der Liebe und den Dienst des Zeugnisses ein, was ohne Vertiefung und Festigung des eigenen Standpunktes kaum möglich sein wird.

Im Jahre 1991 publizierte die zuständige päpstliche Kommission einige ergänzende Hinweise auf die Art dieses Dialoges. So zum Beispiel: Es soll ein „Dialog des Lebens" sein, der das nachbarschaftliche Zusammenleben, Freud und Leid, alle Schwierigkeiten und Beschwernisse miteinander teilen hilft. Ein „Dialog des Handelns" soll der gesellschaftlichen Entwicklung und Orientierung der Menschen dienen, ein „Dialog des dialogischen Austausches" soll das Verständnis für die gegenseitigen Werte vertiefen und schätzen helfen und ein „Dialog der religiösen Erfahrung" den Dialogpartnern helfen, ihre eigene Religiosität zu vertiefen.

Das Zusammentreffen verschiedener Vertreter der großen Religionen in Assisi 1986 hatte seinerzeit Verwunderung ausgelöst und den Papst selbst in manche Schwierigkeiten gebracht. Er hatte damals vor seinen geladenen Gästen festgestellt: „Die Herausforderung des Friedens, wie sie sich gegenwärtig jedem menschlichen Gewissen stellt, übersteigt die religiösen Differenzen. Es geht um das Problem einer angemessenen Qualität des Lebens für alle, um das Problem des Überlebens für die Menschheit, um das Problem von Leben und Tod ... mehr vielleicht als je zuvor in der Geschichte ist die innere Verbindung zwischen einer aufrichtigen religiösen Haltung und dem großen Gut des Friedens allen deutlich geworden." – Die einzelnen Vertreter der Religionen hatten damals im Sinne der Friedensaufgabe der Religionen jeweils ein Friedensgebet gesprochen.

Der interreligiöse Dialog verlangt daher gegenseitige Toleranz, das heißt, Duldung der Meinung und des Standpunktes eines anderen. Er führt zur Koexistenz des Miteinander-Lebens und Handelns, wie es etwa das Gemeinwohl in einem demokratischen Zusammenleben erfordert. Durch eine tolerante Einstellung und offene Haltung soll die Verschiedenheit bewältigt und das vorhandene Konfliktpotential miteinander aufgelöst werden. Ein praktisches Beispiel ist hierfür die friedliche Koexistenz von sprachlichen, nationalen, religiösen Minderheiten und Mehrheiten in einem Staat.

Im Katechismus der katholischen Kirche wird der Begriff „Toleranz" in folgender Weise beschrieben: „Zum menschlichen Umgang miteinander gehört immer die Haltung der Toleranz. Sie verlangt, dass ein Mensch darauf verzichtet, den anderen auf etwas festzulegen, was dieser nicht anerkennen kann. Toleranz gönnt dem anderen sein Anderssein, sie erträgt dieses Anderssein und schützt es gegenüber der Bedrohung durch Macht und Gewalt. Deshalb ist Toleranz besonders dort am Platze, wo Minderheiten ihre berechtigten Ansprüche nur ungenügend in die Öffentlichkeit einbringen können. In der Haltung der Toleranz gibt der Christ keineswegs die im Glauben erkannte Wahrheit auf, aber er respektiert die Würde der Person des anderen in dessen persönlicher Überzeugung, die er selbst nicht teilt." (Erwachsenenkatechismus II, 246)

Für den praktischen Gebrauch wird in der Regel zwischen einer formalen und einer inhaltlichen Toleranz unterschieden. Eine formale Toleranz nimmt die Meinung, den Standpunkt des anderen widerspruchslos zur Kenntnis, ohne nach dem Warum zu fragen, ohne gegenseitig Vorurteile abzubauen, das gegenseitige Verständnis im Gespräch zu fördern. Das heißt, Vorurteile und Widersprüche bleiben bestehen. Die Gefahr der Überheblichkeit oder der einfachen Ausgrenzung liegt nahe. Eine inhaltliche Toleranz besteht in einer freien Anerkennung verschiedener und gegensätzlicher Meinungen und Standpunkte, im Gespräch voneinander zu lernen, Vorurteile abzubauen und aus Gründen des Respekts vor der menschlichen Freiheit und Würde, vor den menschlichen Grundrechten zu akzeptieren.

In einer „Erklärung über die Religionsfreiheit" stellt das letzte Konzil fest (Nr. 2), dass die menschliche Person das Recht auf religiöse Freiheit hat. Diese Freiheit besteht darin, dass alle Menschen frei sein müssen von jedem Zwang, sowohl von Seiten Einzelner wie gesellschaftlicher Gruppen, besonders jeglicher menschlichen Gewalt: „In religiösen Dingen kann niemand gezwungen werden, gegen sein Gewissen zu handeln, kann auch nicht daran gehindert werden, privat und öffentlich, als Einzelner oder in Verbindung mit anderen, nach seinem eigenen Gewissen zu handeln." Und der Text fügt am Schluss noch hinzu: „Dieses Recht der menschlichen Person auf religiöse Freiheit muss in der rechtlichen Ordnung der Gesellschaft so anerkannt werden, dass es zum bürgerlichen Recht wird." (Nr. 2) – Der Respekt vor der menschlichen Würde, vor seinem Gewissen sowie vor den unverletzlichen Menschenrechten begründet die sogenannte religiöse Toleranz im Sinne der katholischen Kirche von heute.

DANK NACH DER AUSZEICHNUNG

Toleranz ist aber nicht nur ein Begriff, eine begriffliche Feststellung, sondern ein menschliches Verhalten, das durch ein besonderes Training zu erreichen ist. In diesem Zusammenhang erinnere ich an die alte Tradition der Kardinalstugenden: die Klugheit, die fähig macht, sich ein Urteil über Folgen seines eigenen Handelns zu bilden; die Gerechtigkeit als Grundhaltung, jedem das Seine zu geben; die Tapferkeit als Bereitschaft, Zeugnis zu geben; und das Maßhalten als Selbstbeherrschung und ein Finden des rechten Maßes. – In der Welt von heute fügen wir noch ergänzend weitere vier Begriffe hinzu, die für das menschliche und ethische Verhalten maßgebend sind: Es sind dies Toleranz und Ehrfurcht, Solidarität und Friedensliebe.

[Zur Verleihung des Toleranzpreises der Europäischen Akademie, Salzburg, 25. September 1999]

KUNST UND KULTUR

Kunst und Religion

Meine Herren Bischöfe, Herr Landeshauptmann, geschätzte Mitglieder der Landesregierung, Herr Bürgermeister der Stadt St. Pölten im Glanze der Landeshauptstadt, illustre Festgäste!

Es freut mich, dass Sie mich zu diesem festlichen Anlass eingeladen haben, denn damit kehre ich wieder einmal zurück in jene Stadt, in der ich als Kaplan an der Domkirche, als Studentenseelsorger und Religionsprofessor das Ende des Krieges mit allen Schrecken miterlebt habe, was mich mit dem Schicksal dieser Stadt besonders verbunden hat. Wenige Jahre später bin ich als Bischof-Koadjutor mit dem Recht der Nachfolge zurückgekehrt, um mich in der Schule Bischof Memelauers auf die Übernahme der Diözese vorzubereiten. Aber das alte Sprichwort „Der Mensch denkt und Gott lenkt" traf damals auch auf mich zu. Und so kehre ich nur als Gast wieder in meine Stadt St. Pölten zurück, die sich heute anschickt, ihr neues FestSpielHaus zu eröffnen.

Bei diesem Anlass heute über Kunst oder die Beziehungen zwischen Mensch und Kunst zu sprechen liegt nahe. Wenn ich mich auch in keiner Weise als Fachmann zu diesem Thema äußern kann, so scheint die zusätzliche Frage nach dem Verhältnis von Religion und Kunst von nicht geringer Aktualität zu sein.

In eine ähnliche Richtung weist auch die moderne Psychotherapie mit ihrer existenziellen Durchforschung des Unbewussten im Menschen. Ich denke hier etwa an Viktor Frankl und sein Buch *Der unbewusste Gott.* Gestatten Sie mir daher, aus dieser Perspektive die Themenstellung „Der Mensch und die Kunst" zu erweitern durch die religiöse Dimension, die mir in diesem Zusammenhang aufschlussreich zu sein scheint.

Aus diesem Grunde versuche ich als Vertreter des Christentums im Sinne der Ökumene einige Überlegungen zu diesem Thema zu skizzieren und Ihnen vorzulegen. Obwohl die Meinungen und Auffassungen in Bezug auf künstlerisches Schaffen sehr unterschiedlich sind, ergibt sich trotz aller menschlichen Zerrissenheit ein Einblick in die gleichbleibenden Wurzeln der menschlichen Existenz, die aus dieser vergänglichen Welt hinausweisen in das Unvergängliche und Bleibende. So sind Kunstwerke und ist künstlerisches Schaffen immer auch ein Spiegel der menschlichen Seele und dessen, was den Menschen im Tiefsten bewegt. Dazu gehört auch die Frage nach Sinn und Ziel des menschlichen Lebens.

Damit wende ich mich zunächst einer Frage der sprachlichen Verständigung zu: Was meint man, wenn man heute von Kultur und Kunst ohne Unterscheidung spricht?

Kultur und Kunst oder Kunst und Kultur werden heute oft unterschiedslos gebraucht, so als ob beide Ausdruck des Gleichen wären und das Gleiche meinen, als ob es nur zwei Namen für dieselbe Sache wären. Und doch sind Kunst und Kultur nicht identisch, hängen wohl zusammen und haben Zonen der Berührung.

Wenn ich zunächst von Kultur spreche, so meine ich damit alles, was in der dem Menschen vorgegebenen Welt und Zeit, durch vereinzeltes oder gemeinsames Bemühen, verändert oder verbessert werden kann; und das sowohl in materieller wie in zivilisatorischer Hinsicht. Kultur umfasst somit alles, was mit Hilfe von Wissenschaft und Technik das Leben des Menschen in unserer Welt, in individueller sowie gesellschaftlicher Hinsicht verbessert hat und verbessern kann; was dem Menschen die Möglichkeit gibt, sein Leben weiter zu entfalten und zu verändern, bis hinein in die Bereiche von Gesellschaft und Politik, der Information und des Staates. Der geschichtliche und gesellschaftliche Aspekt der Kultur ergibt einen sehr deutlichen Hinweis auf den Pluralismus, auf die Vielfalt der Kulturen.

Kunst hingegen versucht nicht die Welt, sondern den Menschen in die Mitte zu stellen; Kunst versucht einen Dialog mit dem Menschen und seiner Welt, durch Zeichen und Bilder, durch Architektur und bildende Kunst, durch Literatur, Theater und Musik – und dies alles in einer bewegten Geschichte von Generationen.

Mit der dem Menschen eigenen Wort- und Zeichensprache, seinen Ausdrucksformen, mit seinem Fragen und Suchen nach Sinn und Ziel des Lebens steht der Mensch mitten in seiner Welt und Kultur und reicht aber zugleich damit darüber hinaus. Ein weites Spektrum menschlicher Schöpfungen begleitet den Menschen und seine Geschichte.

Kultur prägt daher die Spuren menschlichen Veränderns und Umgestaltens in die vorgegebene Schöpfung und Natur hinein; Kunst hingegen setzt in diese materielle Welt des Menschen und seine Zivilisation das menschliche Herz mit seiner Unruhe und seinem Fragen in den Mittelpunkt.

Geschichtlich gesehen gibt es für das europäische Abendland – und darauf nehme ich hier in erster Linie Bezug – eine Fülle von Kunstschätzen aus der Zeit der Antike, des Mittelalters bis in die Neuzeit. Es geht um die von Menschen geschaffenen Werke, in unseren Museen, Archiven, Bibliotheken gesammelt, in kunstgeschichtlichen Sammelwerken erläutert und in ihrer geschichtlichen Vielfalt geordnet. In diesem Zusammenhang erinnere ich an Cetium, heute St. Pölten, eine der elf österreichischen Römerstädte mit seinen geschichtlichen und kunstgeschichtlichen Spuren aus der Römerzeit.

Aber je weiter wir zurückblicken in die Geschichte, desto mehr fällt auf, wie sehr menschliches und künstlerisches Schaffen mit Religion, dem religiösen Kult der vorchristlichen und christlichen Zeit durch Zeichensprache und Symbolik und Texte, der Welt der religiösen Vorstellungen diente. Das gilt in besonderer Weise für die Geschichte des abendländischen Christentums. Motive und Themen der Kunst von damals waren weithin die Inhalte des christlichen Glaubens. Die damals noch ungeteilte christliche Kirche galt als Protektorin der Künste. Im Mittelalter, ich denke an die Zeit der Romanik und der Gotik, inspirierten religiöser Glaube und Kirche die Kunst. Kunst und Religion verbanden sich, um religiöses Wissen und Glaubensgut weiterzugeben, denken Sie etwa an die biblischen Zyklen, die Heiligenleben, die damals nach Art einer Bilderbibel, aber auch als Wandschmuck den Menschen der Zeit nicht zuletzt Wege wiesen und ihnen halfen, auf Grund altüberlieferten Wissens ihr Leben zu bewältigen. Mit großem Interesse und Staunen entdecken wir auch heute immer wieder aufs Neue mittelalterliche Fresken, die nicht nur den Kunsthistoriker betreffen, sondern uns allen als Botschaft einer geeinten Welt gelten können.

Daher kann man mit Recht die Frage stellen: Was bliebe von der europäischen Kunstgeschichte, wenn man alle religiösen Themen, die gesamte christliche Inspiration aus diesen großen Epochen herausnähme? Religiöser Glaube, Glaubensvorstellungen und Kunst sind aber nicht nur im Christentum in enger Verbindung, wie uns die Geschichte der Religionen der Menschheit zeigt. Der Mensch und seine Religion sind immer Nährboden und Prägekraft künstlerischen Schaffens in den verschiedenen Epochen und Kulturkreisen gewesen.

In der abendländischen Geschichte haben dann Aufklärung, der Glaube an die Macht der Wissenschaft und des technischen Fortschritts den Menschen losgelöst von seinen religiösen Bindungen und damit von allen göttlichen Mächten. Er vertraut allein auf sein eigenes Können, wird autonom, der Einzelne ebenso wie auch die

Gesellschaft. Religion und Leben, Religion und Gesellschaft, Religion und Kunst, Kirche und Kunst entfernen sich voneinander. Ein tiefer Graben entsteht. In die Mitte des künstlerischen Schaffens rückt ausschließlich der Mensch als Herr der Schöpfung. Der Mensch in seiner Größe und in seinem Elend – wie Pascal ihn beschrieben hat. Der autonome Mensch mit seinem Leid und seinem Forschen nach dessen Sinn, mit seiner Sehnsucht nach Glück und dem Gelingen des Lebens sucht damit neue Antworten auf alte Fragen.

Die Welt des Menschen wurde säkularisiert und die Kritik an Christentum und Religion im Allgemeinen führte in der Folge zu einem gespannten Verhältnis voll von Misstrauen. Das hatte natürlich seine Auswirkungen auch auf den Bereich der Kunst und das damit verbundene Menschenbild. Es gelte, so hieß es, die Wahrheit und Tiefe der menschlichen Natur und Welt auszuloten; dazu gehören auch die menschlichen Abgründe. Eine säkularisierte Kunst, in Theater und Literatur, in der bildenden Kunst wie im Film, begann den Menschen aller romantischen Verklärung zu entkleiden, seine Angst und Verzweiflung, die Absurdität des Lebens in seinem Bild zu vertiefen. Auch die Darstellung des Bösen in verschiedenen Formen und Gestalten, so meinten die Gestalter, gehöre zu den Aufgaben einer autonomen Kunst. Denn, so hieß es, das Böse sei eine Wirklichkeit, deren Ausmaß gerade in unserem Jahrhundert und in unserem Kontinent bis an die äußersten Grenzen erfahren wurde.

Sogar Papst Johannes Paul II. meinte in seiner Rede vor Vertretern der Kunst in München (1980): Gegen die Darstellung des Bösen in seinen verschiedenen Formen und Gestalten sei auch im Namen des christlichen Glaubens nichts einzuwenden: „Das Böse ist eine Wirklichkeit, dessen Ausmaß gerade in unserem Jahrhundert und in unserem Kontinent bis an die äußersten Grenzen erlebt und erlitten wird. Ohne die Wirklichkeit des Bösen ist auch die Realität des Guten, der Erlösung der Gnade und des Heils nicht ganz zu ermessen." Dann aber fährt er fort: „Solche Überlegungen können allerdings nicht als Freibrief für das Böse verstanden werden. Daher erhebt sich gelegentlich auch die bange Frage, ob der Spiegel des Negativen in der Vielfalt der heutigen Kunst nicht doch zum Selbstzweck geworden ist oder werden kann. Steht nicht im Hintergrund etwa die Freude an der Zerstörung und am Untergang? Kann der damit verbundene Zynismus nicht in Menschenverachtung ausarten?“

Das Böse in der Kunst kann, darf daher niemals Selbstzweck werden. Wenn die Realität des Bösen gezeigt, dargestellt wird, dann kann der Sinn nur sein, das Furchtbare als furchtbar aufzuzeigen und zu erschüttern. Seine Darstellung kann nicht zum Ziel haben, dass das Böse das letzte Wort behält, sondern dass heilende Gegenkräfte geweckt werden.

Solche Gedanken werden aber nicht nur von der Religion in die Kunst hineingetragen, sondern die heilende und helfende, die deutende und reinigende Kraft der Kunst, wie dies schon in den griechischen Dramen deutlich wurde, gehört zur tiefen menschlichen Wurzel jeder Form von Kunst, soll ein Versuch sein, Sinn im Leid und Hoffnung im Bösen zu sehen. Gerade solche Gedanken dürfen der gegenwärtigen Kunst – um ihrer selbst willen, aber auch um des Menschen willen – nicht verloren gehen.

Mit anderen Worten: Es ist die Religion – auch der vorchristlichen Zeit –, die über das Elend des Menschen hinausweist, die mit ihrer nie verstummenden Frage nach dem Sinn der menschlichen Existenz eine andere Dimension eröffnet, aus der Welt des Vergänglichen ins Unvergängliche. Wenn dem Menschen die Dimension des Religiösen verloren gegangen ist, dann ergibt sich auch ein menschliches Defizit. Lassen Sie mich dafür ein Beispiel anführen:

C. G. Jung, ein Psychotherapeut mit viel Lebenserfahrung, berichtete aus seiner Praxis Folgendes: „Seit dreißig Jahren habe ich eine Klientel aus allen Kulturländern der Erde. Viele Hunderte von Patienten sind durch meine Hände gegangen: Es waren in der Großzahl Protestanten, in der Minderzahl Juden und nicht mehr als fünf bis sechs praktizierende Katholiken. Und unter allen meinen Patienten jenseits der Lebensmitte ist nicht ein Einziger, dessen endgültiges Problem nicht das der religiösen Einstellung wäre. Ja, jeder krankt in letzter Linie daran, dass er das verloren hat, was lebendige Religionen ihren Gläubigen zu allen Zeiten gegeben haben; und keiner ist wirklich geheilt, der seine religiöse Einstellung nicht wieder erreicht, was mit Konfession oder Zugehörigkeit zu einer Kirche natürlich nichts zu tun hat.“ – Soweit C. G. Jung, Zeitgenosse Freuds und einer der Begründer der Tiefenpsychologie, der aus einer allgemein menschlichen Erfahrung besagen wollte, wie weit die religiöse Frage durchschnittliche Menschen beschäftigt. Und weiters berichtet er: „Unter meiner internationalen Klientel, die ausnahmslos den gebildeten Kreisen entstammt, habe ich eine nicht unbeträchtliche Anzahl von Fällen, die mich aufgesucht haben, nicht etwa, weil sie an einer Neurose litten, sondern weil sie in ihrem Leben keinen Sinn fanden oder weil sie sich mit Problemen quälten, für die sie keine Antwort fanden."

Dass es sich in einem solchen Falle nicht nur um ein religiöses, sondern auch um ein menschliches Defizit handelt, zeigt uns ein anderes Beispiel. Friedrich Nietzsche war ausgezogen, um Gott zu töten und den Menschen an seine Stelle, an die Stelle Gottes, zu setzen. Er, der seine Hände beschwörend gegen Gott erhoben hatte, der es aufgegeben hatte, Gott zu suchen oder zu beten, er bekennt in seiner *Fröhlichen Wissenschaft* nun seine menschliche Einsamkeit:

„Du wirst niemals mehr beten, niemals mehr anbeten,
niemals mehr im endlosen Vertrauen ausruhen.
Du versagst es dir, vor einer letzten Weisheit,
letzten Güte, letzten Macht stehen zu bleiben,
um deine Gedanken abzuschirren.
Du hast keinen fortwährenden Wächter und Freund
für deine sieben Einsamkeiten.
Du lebst ohne den Ausblick auf ein Gebirge,
das Schnee auf dem Haupte und Glut in seinem Herzen trägt.
Es gibt für dich keinen Vergelter,
keinen Verbesserer letzter Hand mehr.
Es gibt keine Vernunft in dem mehr, was geschieht,
keine Liebe zu dem, was dir geschehen wird.
Deinem Herzen steht keine Ruhestatt mehr offen,
wo es nur zu finden und nicht mehr zu suchen hat.
Du wehrst dich gegen irgendeinen letzten Frieden,
Mensch der Entsagung, in alledem willst du entsagen?
Wer wird dir die Kraft dazu geben?
Noch hatte niemand diese Kraft."

Auch Fjodor Dostojewski stellt in seinem Großinquisitor fest: „Was soll man denn viele Worte machen? Man kann ja gar nicht Mensch sein, ohne sich vor irgendetwas beugen zu müssen. Ein solcher Mensch, der sich nicht selbst beugen kann, kann sich selber auch gar nicht ertragen; und es gibt auch gar keinen solchen Menschen."

Das alles sind beachtliche Feststellungen – und zwar nicht von Vertretern der Kirchen – über die vielseitige und weitreichende Verbindung, die zwischen dem Menschsein und der religiösen Frage in ihrer Vielfalt besteht. Das heißt, wenn ich Religion zur Seite schiebe oder sogar bekämpfe, ergibt sich eine Form menschlichen Vakuums.

Die allgemeine Religionswissenschaft hat mit der überwältigenden Fülle von Material gezeigt, dass Religion nicht ein Nebenprodukt menschlicher Entwicklung ist, sondern von Anfang an als Wesensbestandteil des Menschen überall Spuren hinterlassen hat. Wenn Augustinus zur Zeit der Völkerwanderung in seinen *Bekenntnissen,* in seinem Gottsuchen, bekennt: „Tibi loquitur cor meum" – „Mein Herz sprach immer schon mit dir", so könnte man dies auch aus heutiger Sicht als eine unbewusste Gottverbundenheit des Menschen verstehen.

Das Zweite Vatikanische Konzil mit seiner Einladung zum Dialog über alle Grenzen hinweg weist auf die großen Fragen hin, die damals wie heute die Herzen der Menschen im Tiefsten bewegen: „Was ist der Mensch? Was ist Sinn und Ziel unseres Lebens? Was ist das Gute, was die Sünde? Woher kommt das Leid und welchen Sinn hat es? Was ist der Weg zum wahren Glück? Was ist der Tod, das Gericht und die Vergeltung nach dem Tod? Und schließlich: Was ist jenes letzte und unsagbare Geheimnis unserer Existenz, aus dem wir kommen und wohin wir gehen?" – Solche Fragen betreffen den ganzen Menschen, die er wegschieben, an denen er aber letztlich nicht vorbeigehen kann.

Solche und ähnliche Fragen stellt aber auch die Kunst, die – wie ein Seismograph – die Ratlosigkeit der Menschen von heute aufspürt. Die Orientierungslosigkeit unserer Zeit, wo Angst und Unsicherheit die Zukunft des Menschen bedrohen, braucht menschliche Solidarität. Ich zitiere nochmals den wortgewaltigen Nietzsche: „Das Eis, das uns noch trägt, ist dünn geworden. Wir fühlen alle den unheimlichen Atem des Tauwindes. Wo wir gehen, da wird bald niemand mehr gehen können." Und ich frage: Wie lange trägt es uns noch?

Die Geschichte der Menschen, auch die Geschichte des Abendlandes sagt uns, dass wir nicht nur den Menschen, eingewurzelt nach unten, suchen müssen, sondern jenen, der nach oben weist, in der Kraft, die tröstet und erhebt. Ich habe versucht zu skizzieren, dass der säkularisierte Mensch und eine säkularisierte Kunst wieder eine Ergänzung brauchen durch die Kraft des Religiösen. Das große Thema Ihres neuen FestSpielHauses ist der Mensch und die Kunst. Zeigen Sie uns also den Menschen in seinem Elend, aber führen Sie ihn auch heraus und zeigen Sie ihn uns in seiner Größe!

[Zur Eröffnung des neuen FestSpielHauses, St. Pölten, 1. März 1997]

Jedermanns Ruf – eine Mahnung

I.

Die Salzburger Festspiele waren nach dem Ersten Weltkrieg, auf den Trümmern des zerstörten Österreich, ein erstes Zeichen der Hoffnung und eines Neubeginns. Oswald Spenglers *Untergang des Abendlandes* fiel als dunkler Schatten auch über Österreich. Jedermanns Stimme vom Sterben des reichen Mannes ertönte 1920 zum ersten Mal vor der Domkirche, wandte den Blick nach innen und gab zugleich auch Hoffnung und Zuversicht. Hugo von Hofmannsthal, der einige Jahre zuvor *Das Salzburger große Welttheater* im Stil von Calderón verfasst hatte, und der große Regisseur Max Reinhardt waren die eigentlichen Geburtshelfer der Festspiele. Heuer, sechzig Jahre nach den Ereignissen der nationalsozialistischen Machtergreifung in Österreich, ist es eine schmerzliche Pflicht, an die dramatischen Auswirkungen jener Ereignisse auf die Festspiele zu erinnern. Die bereits genannten Namen, Hofmannsthal, Reinhardt und viele andere, die die österreichische Kultur symbolisierten, standen damals plötzlich auf der Verbotsliste der nationalsozialistischen Rassenprogramme. Viele Träger dieser Namen wurden nicht nur verfemt, sie fielen auch physisch dem Hass und der Vernichtung der neuen Machthaber zum Opfer.

Als die Nacht der Diktatur vorüber war, wurden die Festspiele wieder zu einem österreichischen Ereignis besonderer Art, das, über Österreich hinaus, in europäische Dimensionen gewachsen ist.

Und auch heuer, im Jahre 1998 mit dem folgenden 1999, an der Schwelle eines neuen, eines dritten Millenniums, stehen wir wieder am Beginn dieser festlichen Tage. Diese Zeitenwende sendet unruhige Signale aus, das lässt sich nicht übersehen und nicht überhören; leise, aber auch eindringlich steht die Frage vor uns: In welcher Welt leben wir? Wohin geht unser Weg? Wohin führt uns fragende und suchende Menschen mit einem erstaunlichen Wissen und Können ein solcher Weg?

Deutlich spüren wir an einer Zeitenwende zu stehen. Endzeitliche Ideen, die den Anbruch einer neuen Heilszeit melden wollen, die es zu nützen gelte, beunruhigen, wecken aber auch neue Hoffnungen. Ein neues Weltbild, ein neues Denken mit Bewusstseinserweiterung sollte uns vorbereiten auf etwas Unbekanntes und Neues. Vielleicht, so sagen die einen, stehen wir am Beginn einer neuen Heilszeit, die es in Verbindung mit den Stimmen eschatologischer Prophezeiungen zu nützen gelte; von einer kosmischen Zeitenwende sprechen die anderen.

Wieder andere spüren in der modernen Kunst als Seismograph die Ratlosigkeit unserer Zeit, die Bedrohung unserer Zukunft, der Zukunft des Menschen durch Angst und Unsicherheit. Ist ein solcher Pessimismus berechtigt? Haben wir nicht doch Gründe, unseren Weg ins neue Jahrtausend mit mehr Mut und Zuversicht zu gehen? Ich möchte es hoffen, es fällt allerdings schwer angesichts einer Welt, die immer kälter wird; angesichts unruhiger Zeichen am Horizont mit dem fahlen Licht neuer atomarer Versuche, die die Welt verändern; angesichts der noch immer bestehenden Krisenherde in unserer einswerdenden Welt; angesichts zunehmender Verunsicherung des Einzelnen, was einen steigenden Egoismus und den Verlust der gegenseitigen Verantwortung in der Gemeinschaft zur Folge hat. Die Familie als kleinste und vitale Zelle der Gesellschaft gerät zusehends in Bedrängnis und Gefahr.

In unserem zu Ende gehenden Jahrhundert, in dem viele von uns den Zusammenbruch moderner Irrwege und Ideologien erlebt haben – ich denke an das nationalistisch-rassistische Weltbild sowie an das marxistisch-kommunistisch orientierte Bild vom neuen Menschen –, halten wir auf den zurückgebliebenen Ruinen Ausschau nach einer neuen, einer besseren Welt.

Einem solchen Szenario gegenüber zeichnet Johannes Paul II., der Inhaber des Petrusamtes als Zeichen christlicher Einheit, ein anderes Bild in seinem bereits vor einiger Zeit veröffentlichten Rundschreiben „Tertio millennio adveniente“ – „An der Schwelle des dritten Jahrtausends“. Auch der Papst beschäftigt sich mit der bevorstehenden Jahrtausendwende: Es ist eine Art Vision einer christlichen Heilsgeschichte; gleichzeitig aber werden weltgeschichtliche Konturen sichtbar. Solche Umrisse, in den Stürmen einer zweitausendjährigen Geschichte erprobt, enthalten Hinweise auf alte und neue Zusammenhänge. Es war vor 2000 Jahren, damals „als die Zeit erfüllt war, sandte Gott seinen Sohn, geboren von einer Frau“, wie es in der Heiligen Schrift der Christen im Brief an die Galater (4,4) heißt.

Das genannte päpstliche Dokument erinnert damit auch an das Zweite Vatikanische Konzil, das vor rund dreißig Jahren zu Ende ging. Dieses hatte in diesem Kontext eine Vorreiterrolle. Es war – so der Papst – „gleichsam eine Ankündigung neuer Zeiten“ (Nr. 19) gewesen. Bei keinem anderen Konzil hatte man mit einer derartigen Klarheit von der Einheit aller Christen gesprochen; der römische Pontifex spricht ausdrücklich vom „gemeinsamen Erbe der Katholiken, der Orthodoxen, der Anglikaner und Protestanten“ und vom Dialog mit den großen nichtchristlichen Religionen. So gesehen war auch jene vom Papst im Jahre 1986 in Assisi erfolgte Einladung der Vertreter der großen Religionen zum Friedensgebet ein Appell in diesem Sinne. Am Ende des zweiten Jahrtausends erkennen wir noch besser die Bedeutung der Einheit und Frieden stiftenden Aufgabe der Weltreligionen.

Vor zweitausend Jahren hat eine christliche Zeitrechnung jene des Römischen Reiches abgelöst, weil damals, so hieß es, etwas ganz Neues begann. Als äußeres Zeichen jenes „Neuheitserlebnisses“ zählt seit damals unser Kalender die Jahre vor und nach der Geburt Christi, nicht nur in Europa, sondern in der ganzen Welt. Damit sollte aber auch zum Ausdruck kommen, dass sich die Weltgeschichte nicht in kosmischen Zyklen einer ewigen Wiederkehr wiederhole, sondern dass sie ein Ziel hat und den Weg dorthin sucht.

Mit den Jahreszahlen 1998/99 stehen wir wieder vor einer Zeitenwende. Damit stehen auch die alten Fragen wieder vor uns, wie sie seit eh und je die Herzen der Menschen tief bewegen und eine Antwort fordern auf die ungelösten Rätsel des menschlichen Daseins: „Was ist der Mensch? Was ist Sinn und Ziel unseres Lebens? Was ist das Gute, was ist die Sünde? Woher kommt das Leid und welchen Sinn hat es? Wo ist der Weg zum wahren Glück? Was ist der Tod, das Gericht und die Vergeltung nach dem Tode? Und schließlich: Was ist jenes letzte und unsagbare Geheimnis unserer Existenz, aus dem wir kommen und wohin wir gehen?" (Nostra aetate, 1)

In solchen Fragen liegt aber auch das Ahnen, dass Welt- und Zeitgeschichte auf einen großen Plan hinweisen. Für Christen ist es Gottes Plan, wohl geordnet vom Atom bis zu den Lichtjahren der Sterne mit einem Anfang und einem Ende des Weges.

Auch das sind Zeichen der Zeit, die am Horizont der Salzburger Festspiele 1998 auftauchen.

II.

Zum historischen Rahmen der Festspiele dieses Jahres gehört diesmal aber auch der Hinweis auf die Gründung der Erzdiözese Salzburg vor 1200 Jahren. Damals, im Jahre 798, erhob Papst Leo III., auf Wunsch Karls des Großen, des Kaisers und Pater Europae, Diözese und Stadt Salzburg zur Würde eines Erzbistums. Salzburg wurde dadurch zum Zentrum des heutigen bairisch-österreichischen Donauraumes; sein Einfluss wuchs damit auch weit hinein in den pannonischen Bereich.

Der damalige erste Salzburger Erzbischof Arno erhielt das Pallium, das Zeichen seiner Metropolitanwürde, unmittelbar aus der Hand des Papstes. Zwei Jahre später, zur Jahrhundertwende des Weihnachtsfestes im Jahre 800, war Erzbischof Arno wieder in Rom als Zeuge der Kaiserkrönung Karls des Großen. Mit gutem Grund nimmt man heute an, dass Erzbischof Arno an der Vorbereitung jenes weltgeschichtlichen Ereignisses mit beteiligt war. Denn durch jene Kaiserkrönung wurden die Umrisse einer Civitas Dei sichtbar, die als abendländisches christliches Imperium aus den germanischen, romanischen und slawischen Volksstämmen jene neuen Fundamente legte, die in Richtung eines künftigen Europa wiesen. Damals fragte man nicht nach Werten, sondern man lebte sie, in einer kraftvollen Verbindung von Glauben und Leben. Drei Jahre nach der Kaiserkrönung in Rom, das heißt, im Oktober 803, war Kaiser Karl in Salzburg, empfing hier den Gesandten des Patriarchen von Jerusalem, bestätigte die Rechte der Salzburger Kirche und ermunterte zur Verbreitung des Christentums im südöstlichen und pannonischen Gebiet.

So wurde das Jahr 798 – vor 1200 Jahren – für Stadt und Land Salzburg zum Grundstein eines gefestigten, kirchlich und politisch geordneten Gebietes im heutigen bairisch-österreichischen Raum, das Bestand hatte bis in die Gegenwart. Das Stift St. Peter und das Frauenkloster auf dem Nonnberg trugen bereits damals benediktinisches Gepräge. Was Rupert begann, Virgil erfolgreich fortsetzte, erhielt durch Erzbischof Arno eine bleibende Grundlage. Eine Ausstellung seltener Kunstwerke im Dommuseum macht heute die Spuren sichtbar, die uns in den verschiedenen Zeiträumen durch eine Verbindung von Religion und Kunst, von Religion und Leben erhalten geblieben sind.

Die Unruhen der Völkerwanderung waren im Abklingen, als Glaubensboten aus dem Westen, iroschottische Mönche, aber auch der Angelsachse Bonifaz mit großen Plänen aus ihrer Heimat aufgebrochen waren, um die christliche Botschaft als eine Frohe Botschaft, als ein christliches Welt- und Menschenbild, zur Grundstruktur des staatlichen, gesellschaftlichen und kirchlichen Lebens zu machen, Fundamente, die bis heute tragen.

Warum, so fragen heute manche in unserer säkularisierten, religiös gleichgültigen Umwelt, warum sind damals iroschottische Mönche, warum ein Bonifatius aus dem Westen aufgebrochen, um verschiedene Volksstämme in unserem Donaubereich zu Christen zu machen? Sie standen gewiss nicht im Dienst von Herrschern oder Fürsten, sondern konnten sich nur auf das Zeugnis des Lebens berufen. Dabei riskierten sie oft ihr eigenes Leben, wie es etwa bei St. Bonifaz der Fall war.

Der christliche Glaube wird nicht durch große Reden und philosophische Argumente weitergegeben, sondern nur durch das Zeugnis des Lebens, das wie ein Samenkorn hineingesenkt wird in den

Bereich der Kultur und des Lebens. Die Bibel selber erklärt uns den Grund christlichen Glaubens und Lebens durch ein Gleichnis (Mt 13,45f.) mit dem Hinweis auf einen Kaufmann, der wertvolle Perlen suchte und „als er eine besonders wertvolle Perle fand, verkaufte er alles, was er besaß, und kaufte sie".

So können wir mit Recht feststellen: Was damals vor 1200 Jahren geschah, war auch eine Zeitenwende, deren Auswirkungen bis an die Schwelle eines neuen Europa spürbar bleiben.

III.

Zum geschichtlichen Umfeld der Festspiele gehört auch der bereits begonnene Aufbruch unseres Landes in Richtung eines neuen Europa. Nach dem letzten Weltkrieg 1945 war unser Kontinent zerrissen und zerstört durch den Eisernen Vorhang, aufgeteilt zwischen Amerika und einem kommunistischen Imperium. Heute ist Europa nicht mehr nur eine Erinnerung an das, was es einmal war, sondern der noch offene Weg zu dem, was sein soll, als gemeinsame Aufgabe. Was sein soll, ruft nach Architekten, die Pläne und Ziele vorlegen. Österreich hat sich für Europa entschieden, im Bewusstsein der Notwendigkeit, aber auch im Bewusstsein der vielen Schwierigkeiten dorthin. An unserem kleinen Land mit seiner großen Geschichte liegt es, mit allen Kräften mitzuhelfen, dass nicht nur der Euro, das heißt, die größeren wirtschaftlichen Vorteile das letzte Wort haben, sondern auch – und nicht zuletzt – die Sorge um das geistige Antlitz, das als Ziel uns allen vorgegeben sein soll.

Das alte Europa ruhte auf dem Erbe des Römerreiches, aber auch auf dem festen Fundament christlicher Märtyrer und Missionare, wie Rupert und Bonifatius aus dem Westen, wie Cyrill und Methodios aus dem Osten. Jahrhunderte hindurch bestand zwischen Europa und dem Christentum eine wechselhafte, aber dauernde Verbindung. Es war kein Zufall, dass die Kirche auch als weltweite Gemeinschaft eine europäisch geprägte Kirche zu bleiben schien; ja, als identisch angesehen wurde. Es hat lange Zeit gedauert, bis sich in der katholischen Kirche selbst die Erkenntnis durchsetzte, dass die Kirche Jesu Christi mit ihrem Auftrag: Geht hinaus in die ganze Welt!, mehr sei als nur eine europäische Kirche.

Weder der einseitige Glaube an Wissenschaft und Technik, noch

Rationalismus und Aufklärung, weder der Furor des Nationalismus und des marxistischen Kommunismus mit den Folgen einer religiösen Gleichgültigkeit und des Säkularismus konnten das Fundament jenes Europa zerstören, das aus christlichen Quellen stammte.

Daher gilt es heute, das Interesse der Christen zu wecken und zu fördern, gemeinsam für ein zukünftiges Europa tätig zu werden.

Wir wollen und müssen aus der Geschichte lernen: Europa ist zugrunde gegangen durch einen extremen Nationalismus und Rassismus, durch einen egoistischen Kapitalismus und Materialismus; es ist zugrunde gegangen durch die Macht des Bösen, einer extremen Brutalität gegen Freiheit und Würde des Menschen, gegen die Grundrechte eines jeden Menschen. Und entscheidend ist letztlich immer der Mensch und das, was er tut.

So wie der Mensch aus Leib und Seele besteht, so muss auch der neue Kontinent den Menschen selber mit seiner Freiheit und Würde als Bewohner des neuen Hauses Europa vor Augen haben, ein christliches Welt- und Menschenbild soll in die Planmitte rücken. In dem Maß als der Mensch geistig verkümmert, der Haltlosigkeit seiner Triebe verfällt, wie es auch der Missbrauch des Internets dieser Tages sichtbar gemacht hat, in dem Maß wird er immer weniger imstande sein, seine Probleme und die Probleme seiner Umwelt zu lösen. – Die Geschichte ermuntert uns dazu, den Menschen in seiner Ganzheit ernst zu nehmen. Dazu gehört aber auch die Frage nach Sinn und Ziel seines Weges.

Heute, nach einer wechselvollen Vergangenheit, erkennen wir: Europa braucht ein neues geistiges Antlitz. Und dazu gehört nicht nur der Schutz des menschlichen Lebens von seinem Beginn bis zum Ende, sondern auch das Wissen um die elementare Bedeutung der Familie, dazu gehört die moralische Verantwortung inmitten einer sich überstürzenden Forschung; dazu gehört die Sorge um den Lebensraum für die zukünftigen Generationen. All das steht in Verbindung mit einem christlichen Welt- und Menschenbild, das an der geistigen Einheit Europas schon einmal so entscheidend mitgebaut hat.

Mit einem solchen Blick auf die belastenden, aber auch tröstenden Aspekte unserer vergangenen und auf uns zukommenden Zeit öffnen sich wieder die Pforten der Festspiele in dieser gastlichen und schönen Stadt, um damit den Menschen, den fragenden und suchenden, den glaubenden und hoffenden, in die Mitte zu stellen.

Etwas verunsichert zwar wollen wir doch Ausschau halten nach dem, was uns tröstet und erhebt: Die Vielgestalt der Musik und Kunst lädt uns ein, mit innerer Gelassenheit die Spannungen in und um uns zu lösen, das Chaos zu ordnen, das Unheil zu bannen, ein endgültiges Heil zu erahnen. Damit wird die Wurzel der religiösen Welt erfassbar, eine Welt des Vergänglichen, die in die Welt des Unvergänglichen, einer ewigen Schönheit weist.

[Eröffnungsansprache, Salzburger Festspiele 1998]

Bildung – ein Haus auf festem Grund

Vor einigen Wochen – am 17. 9. 1998 – brachte die *Neue Zürcher Zeitung* einen umfangreichen Bericht über die Zukunft der Bildung in Europa. Daraus erfährt man, dass auf Grund des Amsterdamer Vertrages die Mitgliedstaaten der Europäischen Union – nicht das Europaparlament – für den Bereich der Bildung sowohl inhaltlich wie auch in der Ausgestaltung zuständig seien. Aufgabe der Europäischen Union ist es daher, die Bildungsarbeit der Mitgliedstaaten zu unterstützen. Aus diesem Grunde hat Brüssel sogenannte Bildungsinitiativen gefördert. Es gibt ein Projekt „Sokrates", dazu gehört auch das Projekt „Erasmus", um einen europaweiten Studentenaustausch zu unterstützen; es gibt ein Projekt „Leonardo da Vinci", um die vielen beruflichen Ausbildungsmöglichkeiten zu fördern.

In diesem Zusammenhang ist es nicht uninteressant durch die *Süddeutsche Zeitung* vom 21. Oktober dieses Jahres zu erfahren, dass im ehemaligen Osten Deutschlands ungefähr die Hälfte der jungen Menschen nicht mehr den allgemein bildenden Weg einschlägt, sondern praktische Berufe und Berufsausbildung sucht. Man suche heute nicht mehr so sehr den „Magister", sondern ebenso oder noch mehr den „Meister".

Aber, so fügt der Schweizer Bericht hinzu, es fehle ein Grundkonzept, das für eine zukünftige europäische Bildungsarbeit notwendig sei. Gelegentliche Hinweise, dass im Bildungsbereich nicht das Geld oder der Markt eine letzte Entscheidung hätten, dürften nicht neu sein.

Die heute in Österreich beginnende Konferenz der Bildungsminister der Mitgliedstaaten der Europäischen Union beabsichtigt, so heißt es in Ihrer Programmankündigung, jene Rahmenbedingungen zu besprechen, zu fixieren, die junge Menschen in den Schulen und Universitäten sowie auch in der beruflichen Ausbildung instand setzen, den Herausforderungen des 21. Jahrhunderts zu entsprechen.

Wenn heute von Bildung gesprochen wird, so sind dabei drei Aspekte sehr zu beachten: Es geht zuerst um Wissensvermittlung im Sinne der verschiedenen Schulzweige, der höheren Schulen und Universitäten. Heute spricht man von einer Wissensexplosion, was bedeutet, dass sich das menschliche Wissen alle zehn Jahre verdoppelt. Dies führte zu einer großen Wissensteilung, einer damit verbundenen wachsenden Spezialisierung zwischen einem naturwissenschaftlich-technischen und einem geisteswissenschaftlich-soziologischen Bereich. Es geht aber auch um die berufsbildenden Möglichkeiten und Ausbildungswege, die eine immer größere Vielfalt und Bedeutung erlangen. Diese beiden Bereiche des Wissens und des beruflichen Könnens nähern sich allerdings in unserer Zeit der zunehmenden Spezialisierung immer mehr einander an. Daher wird ein weiterer Aspekt der Bildung immer wichtiger: die Formung, das heißt, das Reifen und Wachsen der Persönlichkeit.

In diesem Zusammenhang möchte ich noch auf einen besonderen, neuen Aspekt hinweisen: Es ist dies das Subsidiaritätsprinzip, das durch den Maastrichter Vertrag vom 7. 2. 1992 als Strukturmerkmal, als ein Schlüsselbegriff in den Bauprozess der EU inkorporiert worden ist. – Das Prinzip der Subsidiarität enthält das lateinische Wort „subsidium“, das heißt Hilfestellung, Dienstleistung und bedeutet: So wie dasjenige, was der einzelne Mensch aus eigener Initiative, mit eigener Kraft leisten kann, ihm nicht entzogen und der Gesellschaft zugewiesen werden darf, so soll die jeweils übergeordnete gesellschaftliche Struktur der vorgegebenen kleineren Gemeinschaft nicht das wegnehmen, was sie selber leisten kann oder leisten soll. Wohl aber soll die übergeordnete Organisation die kleinere unterstützen, damit sie ihre eigenen Leistungen auch wirklich erbringen kann, oder ihr dort helfen, wo diese im Grunde nicht imstande ist, ihre Aufgabe zu erfüllen bzw. eine drohende Gefahr allein nicht abwehren kann.

Für den Bau des Hauses Europa bedeutet dies: Die Europäische Union hat vereinbarungsgemäß keine Zuständigkeit für Bildungsprogramme und deren Durchführung. Denn dies liegt in der Kompetenz der Mitgliedstaaten. Aufgabe der Europäischen Union ist es, in subsidiärer Gesinnung nicht nur juristisch, sondern menschlich-flexibel überall dort zu helfen, wo der Bereich der Bildung noch Unterstützung und Förderung braucht. Das heißt, es geht um die Frage: Was leisten die einzelnen Mitgliedstaaten auf diesem Sektor bereits seit langer Zeit, wie weit ist eine Zusammenarbeit, eine Koordinierung notwendig und sinnvoll? Was kann die Europäische Union tun, wie kann sie helfen, ohne die Bildungsministerien der einzelnen Staaten bevormunden zu wollen. Wie weit dies durch Förderung von Bildungsprojekten wie „Erasmus“ oder „Leonardo da Vinci“ durch die Europäische Union bereits geschehen ist, werden Sie besser beurteilen können als ich. Es geht hier nicht nur um ein zusätzliches Wissen, eine größere berufliche Chance, es geht vor allem darum, ein gesundes Europabewusstsein zu fördern. Ein subsidiäres Denken und Planen kann vielleicht auch hier eine Reihe neuer Möglichkeiten eröffnen.

Bevor ich mich nun mit Bildung im Sinne der Persönlichkeitsbildung oder -entfaltung befasse, verweise ich kurz auf die allgemeine Situation unserer Gesellschaft an der Schwelle des dritten Jahrtausends.

Heute besteht letztlich wohl Übereinstimmung, dass in dieser Welt alles auf den Menschen hin geordnet ist. Das gilt gerade auch für unsere moderne Welt, in der die Wege offen sind für Fortschritt oder Rückschritt, für Brüderlichkeit oder Hass, für Freiheit oder Knechtschaft. Denn dem Menschen in unserer Zeit und Welt wird bewusst, dass es seine Aufgabe ist, jene Kräfte, die er selbst geweckt hat, die ihm dienen oder schaden können, richtig zu lenken: Wonach er fragt, ist er, der Mensch selbst.

Im Menschen selbst gibt es widersprüchliche Elemente. Pascal war es, der von der Größe und vom Elend des Menschen gesprochen hat. Einerseits empfindet sich der Mensch als Geschöpf vielfältig begrenzt, andererseits empfindet er sich in seinem Verlangen unbegrenzt und zu einem Leben höherer Ordnung berufen. Zwischen den vielen Möglichkeiten, die ihn herausfordern, muss er eine Wahl treffen; muss er auf dieses und jenes verzichten. Als verunsicherter Mensch tut er oft das, was er nicht will oder was er nicht tun wollte. Was er tun sollte, das tut er nicht. So leidet er an jener Zwiespältigkeit und dadurch entstehen schwere Zerwürfnisse auch in der Gesellschaft.

Gerade weil heute durch die große Zahl höherer und hoher Schulen das Wissen in unglaublicher Vielfalt vermittelt und gefördert werden kann, die beruflichen Chancen durch immer besseres Know-how kaum überschaubar geworden sind und unser ganzes Interesse in Anspruch nimmt, gerät die Bildung als Persönlichkeitsbildung, als allgemein menschliche Bildung, ganz in den Hintergrund.

Damit stehen wir nun vor der Frage: Was ist Bildung im Sinne unseres dritten Aspektes im europäischen Kontext? Nachdem ich als Österreicher und als Christ von Ihrer Konferenz eingeladen wurde, nehme ich an, dass Sie von mir zu diesem Punkt einige Überlegungen erwarten. Und in diesem Sinn ist Bildung mehr als Wissensansammlung durch Schule und Berufsausbildung.

Die Verwendung des Wortes Bildung vom Mittelalter bis in unsere Zeit ist durch eine Vielfalt historischer und philosophischer Deutungen fast unbrauchbar geworden. Die Wende von einer objektiven Ordnung des abendländischen Welt- und Menschenbildes hin zur subjektiven Deutung der menschlichen Existenz (Heidegger, Jaspers, Marcel) hat dazu geführt, dass ein Terminus „Bildung“ für Menschlichkeitsbildung praktisch nicht mehr im Gebrauch ist. Pädagogen meinen heute, das Wort Bildung könne man nicht mehr verwenden, weil es keinen eindeutigen Sinn mehr habe.

Wer heute in der pädagogischen Literatur nachschlägt, um festzustellen, was man heute unter dem Wort Bildung versteht, der findet ziemlich allgemein akzeptiert die Formel: Bildung bedeutet das, was nicht verloren gehen darf, wenn Menschsein seinen humanen Charakter bewahren soll; es meint im Grunde die immer wieder strapazierte Selbstbestimmung der Person, die nicht durch Planung oder

Machbarkeit von außen her erfolgt. Eine solche „Selbstbestimmung" der Person setzt allerdings voraus, dass ich mich erst dann in verlässlicher Weise selbst bestimmen kann, wenn ich die Welt um mich, andere Menschen um mich zur Kenntnis genommen habe, wenn ich zur Kenntnis genommen habe, dass andere Menschen um mich in ähnlicher Weise existieren.

In seiner neuesten Enzyklika vom 14. September dieses Jahres, „Fides et ratio", stellt Johannes Paul II. fest: „Je mehr der Mensch die Wirklichkeit und die Welt erkennt, desto besser erkennt er sich selbst in seiner Einmaligkeit, während sich für ihn immer drängender die Frage nach dem Sinn der Dinge und seines eigenen Daseins stellt." (Nr. 1) – Erst eine solch allgemeine Kenntnis, Erfahrung, macht es möglich in der „Selbstbestimmung" voranzuschreiten. Es ist das Staunen im Menschen über die Welt ringsum, über die Menschen um ihn, die umrisshaft die eigene Persönlichkeit erahnen lassen.

Die moderne Philosophie hat es vernachlässigt, nach diesen Wurzeln des menschlichen Seins zu fragen. Man fragt nach allem, was um den Menschen herum existiert und ihn begrenzt: Man fragt nach sozialen Strukturen, nach politischen Möglichkeiten, nach der Vielfalt menschlicher Kulturen – aber man fragt kaum nach dem Menschen und nach der Wurzel des Menschseins. Dies aber ist notwendig, um eine personale Selbstverwirklichung – um auch hier dieses oft missverstandene und missdeutete Wort zu verwenden – der menschlichen Person in rechter Weise zu begreifen. Wir wollen nicht vergessen, dass hinter der Idee der Selbstverwirklichung das Welt- und Menschenbild der Aufklärung steckt, das von der Autonomie des Menschen ausging. Der Mensch der Aufklärung lehnte damit auch eine religiöse Orientierung von außen ab. Daher setzt auch heute eine solche menschliche Selbstverwirklichung – in der Fortsetzung jener Tradition – in ihrer Unabhängigkeit von außen zwar Freiheit voraus, schließt aber eigene Verantwortung für sich und die soziale Umwelt mit ein.

Die Verantwortung des Menschen, so füge ich hinzu, steht in direkter Verbindung mit jener inneren Stimme, die als Gewissen zur Wirklichkeit der menschlichen Existenz gehört. Es ist „jene verborgene Mitte und das Heiligtum im Menschen, wo er allein ist mit seinem Gott, dessen Stimme in diesem seinem Innersten zu hören ist. ... Durch die Treue zum Gewissen sind Christen mit den übrigen Menschen verbunden." So das Konzil in seinem Dokument über Kirche und Welt, Gaudium et spes, Nr. 18.

Mit jener inneren Stimme wird uns deutlich, dass Bildung nicht nur von Begriffen und Worten, nicht nur vom Verstand abhängt, sondern auch vom Herzen. Denn im Wort „Bildung" steckt der Hinweis auf das „Bild", das Abbild, das Vorbild, an dem man sich instinktiv orientieren will und soll. Am Beginn des Christentums, am Beginn der abendländischen Geschichte, stand das Gottesbild und das Christusbild im Vordergrund. Im Buch Genesis des Alten Bundes und damit auch des Talmuds der Juden heißt es: „Gott schuf den Menschen nach seinem Bild und Gleichnis, als Mann und Frau erschuf er sie." (Gen 1,27) Der Blick auf das Gottesbild im Christusbild stellte die Gottebenbildlichkeit des Menschen in den Vordergrund und bestimmte die Formung und Erziehung des Menschen. Die religiöse Wurzel jeder Erziehung und Bildung war, so gesehen, selbstverständlich.

Diese Bildung der menschlichen Persönlichkeit nahm ihren Anfang immer in der Familie. Bildung braucht ein Vorbild und das waren nicht nur im Christentum Vater und Mutter in der Familie. So heißt es bereits im Buch der Sprichwörter (1,8): „Höre, mein Sohn, auf die Mahnung des Vaters, und die Lehre deiner Mutter verwirf nicht!" – Der deutsche Bundespräsident Roman Herzog hat in seinem soeben erschienenen Buch *Zukunft bauen. Erziehung und Bildung für das 21. Jahrhundert* wiederholt und nachdrücklich darauf hingewiesen, dass die Schule nie ersetzen kann, was das Elternhaus als elementare Bildung und Erziehung dem Kind mitgeben soll. Er sagt zum Beispiel: „Täuschen wir uns nicht: Eine gute Erziehung unserer Kinder in funktionierenden Familien trägt wahrscheinlich mehr zum inneren Frieden unseres Landes bei als Polizei und Gesetze." Hier wird meines Erachtens die Europäische Union herausgefordert, über die Familienpolitik der einzelnen Mitgliedstaaten hinaus, die Familie in Europa an die Spitze der Werteskala zu setzen.

Denn Bildung, wie wir sie verstehen, ist mehr als nur eine Ansammlung von Wissen. Bildung soll mithelfen, den rechten Weg durch das Leben zu finden, für uns und die Gemeinschaft, in der wir leben. Und das ist Europa. – Dieses Europa aber ist nicht mehr durch das Christentum bzw. durch das ökumenische Christentum allein geprägt, sondern durch jenen religiösen Pluralismus, wie er sich ergibt durch die wachsende Zahl der Moslems, die wieder entstandenen jüdischen Gemeinden sowie die neureligiösen Bewegungen und die große Zahl der Sekten.

Sofern es sich um die gemeinsame monotheistische religiöse Basis handelt, wird man in Europa auch die Stimme des Korans hören, der das Wesen der Erziehung und Bildung in der Hinführung des Menschen zu Gott sieht: „Führe uns den ge raden Weg, den Weg derer, die du begnadet hast, die nicht dem Zorn verfallen und nicht irregehen." (Koran, Sure 1, Vers 6,7)

Damit stelle ich resümierend noch einmal die Frage: Vor welcher zukünftigen Aufgabe stehen heute die Architekten und Bauleute des neuen Hauses Europa, wohin wir unterwegs sind? Was folgt für alle daraus, die sich mit dem Menschen in Europa, mit seinem Bild, das heißt, seiner Bildung, beschäftigen? Denn auch in einem neuen Europa ist es letztlich der Mensch, der entscheidet, durch das, was er tut.

Wir tragen die Last eines säkularisierten Kontinents – und das bedeutet nach der Auffassung des britischen Religionssoziologen David Martin: Anhand seiner statistischen Ergebnisse, seiner zahlreichen Untersuchungen seines Arbeitsgebietes ergebe sich, das im Verlauf von Jahrhunderten entstandene Geflecht von Religion und Gesellschaft sei aus europäischer Sicht endgültig „zerrissen". Und er folgert daraus: Europa ist der einzige wirklich säkulare Kontinent der Erde geworden. Unter dem Einfluss der Aufklärung, die in Europa ihren Anfang nahm und heute die gesellschaftliche Basis als öffentliche Meinung erreicht hat, ist im Besonderen das Christentum, aber eigentlich jede Religion im weiteren Sinne bedeutungslos geworden.

Aber eine säkularisierte Gesellschaft sieht keine klaren Wege und hat – in der Vielfalt der Angebote – kein klares Ziel vor Augen. Umso mehr erhebt sich, vor allem im Hinblick auf die Zukunft Europas, die Frage: Was ist der Mensch? Wohin geht er? Welchen Sinn hat sein Leben? Diese Fragen kehren heute mit wachsender Eindringlichkeit zurück.

Die Frage nach dem Sinn der menschlichen Existenz gehört daher zu den großen Themen unserer Zeitgeschichte und beherrscht auch das öffentliche Interesse als existenzielles Denken und Fragen mit allen Facetten einer Existenzphilosophie bis hinein in die Geschichte, die Literatur, die Psychologie und besonders auch die Theologie – von Heidegger bis Sartre, von Gabriel Marcel bis Albert Camus, von Bultmann bis Rahner.

Das Fragen nach dem Sinn der individuellen menschlichen Existenz ist vordergründig und hintergründig überall dort vorhanden, wo man heute in einer orientierungslos gewordenen Welt nach Orientierung fragt. Mit Blaise Pascal stehen wir daher vor dem Phänomen des Elends und der Größe des Menschen.

Daher ist die heute noch gültige Parole von der Selbstverwirklichung der Person als Bildungsziel nicht mehr ausreichend bzw. überholt. Die moderne Psychotherapie mit Viktor Frankl stellt nachdrücklich fest: Die Frage nach dem Sinn der menschlichen, individuellen Existenz ist zwar nicht identisch mit der Frage nach Gott, wohl aber führt sie in die unmittelbare Nähe. Und Frankl fügt in seinem Buch *Der unbewusste Gott* hinzu: Der Mensch wird nicht durch den „Trieb des Müssens", auch nicht durch die „Macht des Wollens", sondern durch Sinnfindung und Sinngebung, also durch die „Kraft des Sollens", charakterisiert. Damit weist er auch auf die bereits oben angesprochene Stimme des Gewissens hin.

Was ist das Fazit für Europa auf dem Wege zu sich selbst? Religion als Gottesfrage gehört mit dem existenziellen Denken, der psychotherapeutischen Erforschung des Unbewussten im Menschen, nicht nur zum Menschen, sondern zum Wesen des Menschen. Erst über die Gottesfrage gelangt der Fragende und Suchende zu seiner verlorenen Orientierung und von hier zur Christusfrage, zur christlichen Glaubensgemeinschaft im Spektrum der Ökumene.

Und was bedeutet das alles für Bildungsminister in einem zusammenwachsenden Europa? Ich fasse zusammen: Bildung ist mehr als viel Wissen und perfektes Können; Persönlichkeitsbildung geht über Schule und Berufsausbildung hinaus. Es geht heute nicht mehr so wie früher um eine Trennung von Kirche und Staat, um eine „laïcité" religiöser Distanz oder aufgeklärter Geringschätzung. Bei aller grundsätzlichen Eigenständigkeit von Kirche und Staat, von Religion und Politik, geht es um eine neue Orientierung als gegenseitige Wertschätzung von Religion und Staat.

Das, was ich mit meinen knappen Ausführungen sagen wollte, ist: Religion gehört zum Wesen des Menschen. Daran können Überlegungen, die nach Wesen und Ziel der Bildung fragen, nicht vorübergehen. Denn nach unserem europäischen Verständnis und im Sinne meiner Ausführungen sollte Bildung jenen Vorgang bedeuten, in dem der Mensch die eigentliche Gestalt seines Menschseins erlangt.

Was damit gemeint ist, soll eine kleine Skulptur an der Fassade der Kathedrale von Chartres deutlich machen: In einem Bilderzyklus, der die Erschaffung des Menschen darstellt, erschafft Christus als das Bild des unsichtbaren Gottes den Adam. Seine Gestalt ist schon deutlich ausgeprägt, nur sein Antlitz ist noch nicht vollendet.

Dazu Egon Kapellari in den *Anmerkungen über das Verhältnis von Glaube und Bildung:* „Der Gott-Logos hält das Haupt des Adam in Händen und streicht glättend über die Stirn des Urmenschen. Die Gestalt Gottes und die Gestalt des Adam sind einander höchst ähnlich; aber das Antlitz des Adam hat die Schönheit des göttlichen Antlitzes noch nicht erreicht. – Das ist eine der schönsten Deutungen für das, was Bildung sein soll: Erkennen der geheimen Gottebenbildlichkeit im Menschen und wachsen und reifen lassen und schließlich ans Licht bringen dessen, was im Menschen angelegt ist.“

Bildung so gesehen legt das Fundament für ein Haus auf festem Grund.

[Vortrag auf der Konferenz der europäischen Bildungsminister, Baden, 23. Oktober 1998]

Medizin

Der Mensch ist keine Kosten-Nutzen-Rechnung

Ihre Einladung, Herr Professor Lischka, bei diesem festlichen Anlass Ihrer bekannten Kinderklinik zu sprechen, habe ich gerne angenommen, weil ich darin einen Hinweis sehe, dass ethische Fragen in der modernen Medizin zunehmend an Interesse und Bedeutung gewinnen. Damit kommt zum Ausdruck, dass es in der Medizin von heute um den ganzen Menschen geht und dazu gehört auch eine der zentralen Fragen der Religion, die Frage nach dem Sinn meines Lebens. Ich sehe darin – wie im gesamten Bereich der Naturwissenschaft – mehr als früher ein Aufeinanderzugehen von Wissenschaft und Religion, im Interesse des ganzen Menschen.

Wenn ich mich nun dem mir gestellten Thema zuwende: Medizinischer Fortschritt und ethische Fragen, so bitte ich gleich eingangs um Verständnis, wenn ich damit die speziellen Anliegen der Neonatologie nicht in einem von Ihnen vielleicht erwarteten Umfang mit einbeziehen kann, da ich mit dem medizinischen Fortschritt gerade Ihres Faches zu wenig vertraut bin.

Die moderne Medizin – lassen Sie mich das als Nichtmediziner feststellen – ist heute eine Großmacht geworden, die mit ihren neuen, neuesten Möglichkeiten des Wissens und Heilens in alle Bereiche des menschlichen Lebens eingedrungen ist. Es ist gelungen, die Lebenszeit des Menschen zu verlängern, Seuchen zu bekämpfen, Krankheiten zum Verschwinden zu bringen und vorbeugende Maßnahmen im Dienste der Gesundheit gezielt einzusetzen.

Gleichzeitig aber melden sich kritische Stimmen, die darauf hinweisen, dass es eine steigende und einseitige Abhängigkeit von Heilstechniken gibt; dies gilt sowohl für den Patienten wie für den Arzt und sein Pflegeteam. Die moderne Medizin hat auf Grund des wissenschaftlichen und technischen Fortschrittes viele neue Möglichkeiten erschlossen. Auf der anderen Seite gerät die Medizin, gerät der Arzt oft in einen Zwiespalt zwischen dem, was technisch machbar und menschlich zumutbar ist. Oder: Im Bereich der Medizin gibt es heute immer wieder Fragen, die dem Arzt und seinem Team schwierige Entscheidungen abverlangen: Darf ich oder soll ich dies noch machen, soll ich eine Behandlungsmethode fortsetzen oder abbrechen? Welche Methode ist unter diesen vielen Möglichkeiten in diesem Fall die Bessere? – Nicht alles, was technisch machbar ist, kann ethisch auch vertreten werden, das heißt, die Medizin steht heute viel mehr als früher vor grundsätzlichen Fragen der Ethik.

Das Fragen nach der Ethik, das heißt, Fragen nach dem richtigen und verantwortlichen Handeln im Bezug auf andere Menschen, gehört zu den großen Themen der abendländischen Geistesgeschichte seit Sokrates. Die großen und raschen Fortschritte der Medizin mit ihren technischen Möglichkeiten, die heute bereits in den gesamten psychosomatischen Bereich des Menschen hineinreichen, können das Menschsein, das persönliche Sein, tief an der Wurzel berühren und vielleicht sogar verletzen.

Damit steht die Medizin, steht der Mediziner vor der Frage: Welche Richtschnur soll man als Grundlage für die vielen Entscheidungen verwenden, die heute im extremen Fortschrittsbereich der Medizin notwendig sind? Wo finde ich Entscheidungshilfen, um in Konfliktsituationen Orientierung zu finden? Solch schwierige Fragen stellen sich am Beginn des menschlichen Lebens ebenso wie am Ende des Lebens. Lassen Sie mich an einige Beispiele erinnern, die zeigen sollen, was mit medizinischem Fortschritt und ethischen Fragen gemeint ist: Ich erinnere Sie an Embryonen-Forschung, In-vitro-Fertilisation, an Gendiagnostik, Abortus, Euthanasie, Organtransplantationen usw. – Dazu kann man gelegentlich hören, dass die frühere Medizin eine auf den Patienten zentrierte Heilkunst war, während die neue Medizin allzu oft leider eine auf Apparate zentrierte Heiltechnik geworden sei, das heißt, nicht den Menschen, sondern mehr das apparative Können in den Mittelpunkt rückt.

Dazu möchte ich Sie noch kurz daran erinnern, dass Medizin und Ethik auch die Frage nach dem Gewissen des Menschen einschließen. Ich meine das Gewissen des Menschen als ein Wissen um das, was sein soll oder geschehen soll; denn gerade das gehört auch in den Bereich der Ethik. Das Gewissen – und dazu möchte ich einen Satz aus dem Zweiten Vatikanischen Konzil (GS 16) zitieren: „Das Gewissen ist die verborgene Mitte und das Heiligtum im Menschen, wo er allein ist mit Gott." – setzt allerdings das richtig gebildete und geformte Gewissen voraus; das heißt, auch das Gewissen hängt mit Ethik im Allgemeinen, in unserem Fall mit medizinischer Ethik im Besonderen zusammen.

Die heute europaweite Diskussion um ethische Orientierung im medizinischen Fortschritt wurde seinerzeit stark durch Amerika beeinflusst. In den Siebzigerjahren erschien dort ein Buch von Potter, *Bioethics. Bridge to the future*; dies war der Anstoß, nicht mehr so sehr von medizinischer Ethik, sondern vielmehr von

Bioethik zu sprechen. Seit dieser Zeit wurde die medizinische Ethik als Bioethik an den medizinischen Schulen und Fakultäten in Amerika stark ausgebaut.

Daher stehen wir vor der Frage: Welche Orientierungshilfe kann Medizin, kann der Arzt von der Ethik erwarten? Hier geht es vor allem und zuerst um den Grundsatz: Der Mensch, die Würde der menschlichen Person, hat immer und überall Vorrang oder Priorität. Ein solcher Grundsatz, eine Art kategorischer Imperativ im Sinne Kants in der Medizin, wird von mir als Christ ergänzt durch einen Satz aus der Genesis: „Gott schuf den Menschen nach seinem Bild und Gleichnis, als Mann und Frau erschuf er sie.“ Das heißt, der Respekt vor menschlichem Leben und menschlicher Würde wird verstärkt durch den Hinweis auf die einzigartige Würde des Menschen als Ebenbild Gottes. Und das bedeutet weiter, dass alle Menschen gleich sind, die gleiche Würde und die gleichen Rechte haben. Dazu kommt übrigens noch der Satz aus der Bergpredigt Jesu: „Alles, was ihr von anderen erwartet, das tut auch ihnen.“ – Diese Goldene Regel weist gleichzeitig auf die Universalität ethischen Handelns hin.

Ethische Grundsätze, Orientierungen anhand der medizinischen Ethik können niemandem aufgezwungen werden. Es ist dies eine Sache persönlicher Einsicht und persönlicher Entscheidung. Daher ist es heute besonders notwendig geworden, bereits die jungen Medizinstudenten mit den Grundfragen einer medizinischen Ethik vertraut zu machen. Dadurch kann das Bewusstsein der persönlichen Verantwortung für einen so schönen Beruf nur vertieft werden.

Heute ist es die Medizin selbst, die auf die Notwendigkeit grundsätzlicher ethischer Orientierung hinweist, um den Einbruch eines utilitaristischen und naturwissenschaftlichen Denkens in den gesamten Lebensbereich nicht zu einem Dammbruch werden zu lassen. Vertreter der Naturwissenschaften wie der Biowissenschaft haben noch einen besonderen Grund, auf die absolute Gültigkeit hinzuweisen, dass menschliches Leben mit seiner Würde unverfügbar, unantastbar sei: Immer wieder lauert am Horizont die Gefahr, dass politische Ideologien die öffentliche Meinung beeinflussen, um solche Grundsätze zu relativieren oder zu verwischen. Ich erinnere etwa an das Beispiel des extremen Nationalismus oder Rassismus und die Entwertung des individuellen Lebens und seiner Würde durch den marxistischen Sozialismus.

Damit versuche ich beispielhaft auf einige Grundsätze des Anwendungsbereichs medizinischer Ethik hinzuweisen: Wie weit sind Spitalserhalter oder Versicherungen verpflichtet, für die medizinische Forschung und für die steigenden Kosten in der Therapie auch die finanziellen Mittel bereitzustellen? In diesem Sinne hat die Kostenexplosion in den Krankenhäusern mancherorts – so lauten vor allem Meldungen aus England – bereits Diskussionen in Gang gesetzt, ob man nicht die steigenden Kosten für den einzelnen Patienten in Beziehung stellen sollte zu den finanziellen Möglichkeiten. Es gäbe, so heißt es, bereits Beispiele, die berechnen wollen, wie viel wohl ein menschliches Leben, auf die Gesellschaft bezogen, eigentlich wert sei. Das heißt aber: Nicht der Mensch steht als Patient im Mittelpunkt, sondern eine Kosten-Nutzen-Rechnung des Patienten bzw. des menschlichen Lebens ist oberste Norm.

Ein anderer Versuch, der, genau besehen, ebenfalls auf eine Relativierung des menschlichen Lebens hinausläuft, ist der unstillbare Drang menschlichen Forschens; der Forscher versucht immer mehr in unbekannte Regionen der Natur und des Lebens einzudringen. So wertvoll dieses Ringen um neue Erkenntnisse ist, so muss heute mehr denn je aber auch die Forschung bzw. der Forscher auf den ethischen Grundsatz aufmerksam gemacht werden, der den Forscher verpflichtet: Die Forschung kann nur im Dienste des Menschen stehen und nicht umgekehrt. Es ist eine Verletzung, die bis in den Gewissensbereich hineinreicht, wenn man mit verschiedenen Ausflüchten immer wieder versucht, den Menschen selbst in den Dienst zu nehmen, zum Objekt der Forschung zu machen. So sehr der Forscherdrang anzuerkennen ist – die moderne Medizin verdankt engagierten Forscherteams unendlich viel an Fortschritt –, so sehr muss im Sinne verantworteten Forschens darauf hingewiesen werden, dass die Achtung vor dem Leben und die Würde des menschlichen Lebens und der menschlichen Existenz von niemandem, auch nicht vom Forscher angetastet werden darf.

Die Medizin bzw. der Arzt steht oft vor der Frage: Wer entscheidet über die Länge des Lebens, wer hat das Recht, ja, wer darf über das Lebensrecht des Menschen entscheiden? Die Antwort der Ethik lautet: Niemand, auch der Arzt nicht. Damit steht der Arzt vor sehr schwierigen und einsamen Entscheidungen. In der sogenannten Grauzone ärztlichen Entscheidens darf allerdings die Stimme des Gewissens nicht überhört werden. Daher besteht auch kein Unterschied, ob solche Entscheidungen am Anfang des menschlichen Lebens oder in der letzten Lebensphase zu treffen sind.

Der Grundsatz der Ethik – mit dem Blick auf Anfang und Ende des Lebens – lautet: Der Respekt, der Schutz des menschlichen Lebens, hat immer und überall Vorrang. Dieser Grundsatz der Ethik wird de facto von der Medizin akzeptiert – aber Routine und Egoismus, Entscheidungen aus Gefälligkeit, ein gewisser allgemeiner leichtfertiger Umgang mit Werten und Grundsätzen, auch im privaten Leben, können dazu führen, dass man leise Anfragen dieser Art einfach wegschiebt, mit der Feststellung: Ich habe das eben allein zu entscheiden und damit auch zu verantworten. Dies kann aber nie richtig sein – ethische Grundsätze erlauben keine Ausnahmen oder persönliche Rücksichtnahmen.

Auf der anderen Seite können Ängstlichkeit und allgemeine Unsicherheit für den Arzt zusätzliche Probleme schaffen. Daher der Rat: So weit es möglich ist, sollte man heikle Entscheidungen nicht allein, sondern im Team treffen, was heute ja in der Intensivmedizin zum Standard gehört.

In unserer europäisch-abendländischen Geschichte ist die Würde des einzelnen Menschen immer als Säule gesellschaftlicher Ordnung und staatlichen Denkens anerkannt worden. Sie ist immer wieder in Gefahr geraten, durch moderne Heilslehren abgeschwächt zu werden, zum Beispiel durch einseitiges Klassendenken. Dass solche Versuchungen nicht wieder auftauchen, dazu kann auch eine fest etablierte medizinische Ethik ihren Teil beitragen.

Kaum ein Gebiet der Medizin, so sagt man mir, hat in den letzten Jahren so große Fortschritte gemacht wie die perinatale Medizin mit pränataler Diagnostik und pränataler Therapie und natürlich die Neonatologie. Wenn daher eine vorgeburtliche Diagnostik als eigener medizinischer Problemkreis im Sinne der medizinischen Ethik die Integrität des Embryos, des Fötus im Auge hat, auf seinen individuellen Schutz oder seine Heilung ausgerichtet ist, so kann niemand einen Einwand erheben. In diesem Sinne hat auch die Glaubenskongregation des Vatikan (Donum vitae, 1987) auf eine diesbezügliche Anfrage geantwortet, dass gegen vorgeburtliche Untersuchungen und Eingriffe dann kein Einwand bestehe, wenn sie den Zweck verfolgen, verschiedene therapeutische bzw. chirurgisch-medizinische Eingriffe vorzubereiten, die ausschließlich dem Zwecke dienen, das bereits vorhandene Leben zu stützen und zu erhalten.

In diesem Zusammenhang ist aber noch auf einen anderen Aspekt hinzuweisen: Pränatale Diagnostik ist aus Gründen medizinischer Ethik dann abzulehnen, wenn sie nur deswegen vorgenommen wird, um ein bereits vorhandenes Menschenleben wegen zu erwartender körperlicher oder geistiger Defekte oder auch um des Geschlechtes willen zu beseitigen, zu töten. – Etwas anderes ist es aber, wenn solche Diagnosen auf Grund der Erkenntnisse der Genforschung mithelfen sollen, Eltern zu beraten, die im Falle eines schweren Erbschadens die Absicht haben, auf die Zeugung weiterer Kinder zu verzichten. Dieser Entscheid muss aus eigener Verantwortung und Überzeugung der Eltern erfolgen.

Ein anderer Problemkreis: Durch Intensivbehandlungen kann heute in vielen Fällen das Leben von Neugeborenen gerettet werden, die früher trotz bester Pflege einfach nicht überleben konnten. Auch hier steht der Arzt vor der schwierigen Frage: Wo und wann aber sind diesbezügliche Grenzen zur Kenntnis zu nehmen?

Heute steht die Neonatologie vor großen Schwierigkeiten, wenn es sich um problematisch-reife Frühgeburten handelt; ja, man könnte sagen, dass die moderne Medizin paradoxerweise auf Grund ihres großen Fortschrittes dazu beiträgt, das Problem der kaum reifen Frühgeborenen noch zu verschärfen.

Vor einiger Zeit wurde mit großer Medienwirksamkeit eine Diskussion um das sogenannte „Erlanger-Baby“ geführt; dies dürfte allen bewusst gemacht haben, wie schwierig es ist, ohne Kenntnis aller Umstände zwischen einem medizinisch noch vertretbaren Rettungsversuch für das ungeborene Leben und einem medizinischen Experiment zu entscheiden.

Was die sogenannte prädiktive genetische Diagnosemöglichkeit angeht – die Frage nach einem vorhandenen oder wahrscheinlich vorhandenen Krankheitsgen und die Notwendigkeit einer Information der Betroffenen –, so gibt es hier noch keine einhellige Meinung. Im Allgemeinen ist man sich wohl einig und dem möchte ich beipflichten, dass ein Recht auf Nichtwissen aber auch respektiert werden muss. Etwas anderes ist es wiederum, wenn es sich um Menschen handelt, die wissen wollen, ob sie ein solches Krankheitsgen in sich tragen, denn die daraus sich ergebenden Folgen für die Lebensplanung betroffener Familien können enorm sein.

Wie sind daher solche Diagnosen zu beurteilen und wie weit besteht hier eine ärztliche Pflicht, dies zu sagen? – Heute gibt es bereits Selbsthilfegruppen, die sich mit diesen Fragen eingehender beschäftigen. Diese knappen Hinweise machen wohl deutlich, wie sehr in Ihrem medizinischen Bereich der Forschung sichere Erkenntnisse und offene ethische Fragen noch im Fluss sind.

Ihre Klinik, Ihre Ärzte und Ihr Pflegeteam stehen mit solchen Fragen der Neonatologie, der Geburtshilfe, am Beginn des menschlichen Lebens überhaupt und sind damit dem Wunder des Lebens besonders nahe. Die Diskussionen, die durch Medizin und Ethik in Ihre Fächer hineingetragen werden, sollen mithelfen, diesem Wunder des Lebens mit noch größerer Verantwortung und Dankbarkeit zu begegnen.

In diesem Sinne möchte ich Ihnen meine Anerkennung aussprechen für alles, was hier medizinisch und menschlich geleistet wird. Ich wünsche Ihnen, dass Sie durch eine solche bewusste Verbindung von ethischen Grundsätzen und medizinischen Leistungen dem Leben immer mehr und besser dienen können. In diesem Sinne wünsche ich auch Ihrem internationalen Symposium einen großen Erfolg und viele neue Anregungen!

[Medizinischer Fortschritt und ethische Fragen, Glanzing, 23. Juni 1995]

Psychotherapie und Religion

Psychotherapie und Religion haben mit dem seelischen Bereich des Menschen zu tun. Ein solches Nahverhältnis kann leicht zu Spannungen oder auch größeren Missverständnissen führen. Beide, Psychotherapie und Religion, wollen sich mit dem ganzen Menschen beschäftigen und stellen ihn in die Mitte ihrer Aufmerksamkeit und Tätigkeit. Hier liegen Probleme und Chancen dicht beisammen. Unser Problem sind die vielen möglichen Missverständnisse, Spannungen und möglicherweise Antipathien. Hier liegen aber auch große Möglichkeiten: Von Ihrem Kongress könnten Anregungen ausgehen, um in beiderseitigem Interesse über den gesunden und den kranken Menschen miteinander zu sprechen ohne die Grenzen zu verwischen.

Zum Thema „Religion und Psychotherapie“ aus meiner Sicht Stellung zu nehmen, ist daher nicht einfach und so will ich mich nur auf einige Feststellungen beschränken.

Psychoanalyse und Psychotherapie führten mit Sigmund Freud zu einer epochalen Revolution des Menschenbildes; ein bisher unbekanntes Tor zur tieferen Selbsterkenntnis des Menschen wurde aufgestoßen. Dies geschah in einer zeitgeschichtlichen Verbindung mit dem positivistischen Wissenschaftsbegriff von damals. Der Einfluss der Naturwissenschaften und des Empirismus verbanden sich mit einer damals skeptischen oder negativen Einstellung gegenüber der sogenannten „religiösen Frage“.

Für Sigmund Freud um und nach der Jahrhundertwende war daher Religion eine allgemeine menschliche Zwangsneurose, das heißt, die Beschäftigung mit der religiösen Frage gehört nicht notwendig zum Menschsein, gehört nicht in das Bild des seelisch gesunden Menschen.

Heute hat sich diesbezüglich vieles geändert. Wir leben in einer Zeit von Rastlosigkeit, Verwirrung und weltanschaulicher Desorientierung eines kulturellen und religiösen Pluralismus. Heute stellt sich, anders als zur Zeit Freuds, die Frage, ob eine gelebte Religion, eine gelebte Religiosität auch wesentlich in das Gesamtbild eines seelisch gesunden Menschen gehört? Ob Religion, oder die oft nur fallweise Auseinandersetzung damit, jeden Menschen angeht oder nur Spezialisten, das ist nicht eine Frage der Religionsphilosophie, des Religiös-Seins oder des Nicht-Religiös-Seins, sondern eine Frage nach dem Wesensbild des Menschen.

In einem Tagungsbericht der psychiatrischen Universitätsklinik in Basel, vorgelegt vom seinerzeitigen Klinikchef Professor Pöldinger in *Aspekte menschlichen Befindens und Verhaltens* heißt es, dass der Tübinger Theologe Hans Küng in einem Vortrag zum Phänomen der Religion im Bereiche der Psychiatrie zur Feststellung gekommen sei: Anhand der großen Handbücher und Enzyklopädien sowie der Fachliteratur im psychiatrischen Forschungs- und Arbeitsgebiet der letzten Zeit ergebe sich die Feststellung, dass das Thema Religion dort wenig Beachtung finde; das Thema würde eher im Sinne der Psychotherapie „verdrängt", was dem Stand der Beschäftigung mit religiösen Fragen in der Gegenwart nicht entspreche.

Ohne auf eine solche Feststellung näher einzugehen, würde ich aus meiner Sicht hinzufügen: Die vorherrschende Beschäftigung mit kranken Formen religiösen Lebens kann auch bei Psychotherapeuten zu Abwehrreaktionen führen. Ein summarisches Wissen um den Missbrauch der Religion in der Geschichte durch Fanatismus, Intoleranz, bis zu den Religionskriegen – ja, Zaubersprüche, Dämonenverehrung, Hexenfurcht mit merkwürdigen Praktiken, um Unheil abzuwehren – das alles aber macht es schwierig, krankhafte und gesunde Formen des religiösen Phänomens im menschlichen Leben auseinander zu halten. Allzu leicht ergeben sich Mischformen wie Angst, Zwangsvorstellungen, falsche Schuldgefühle, Rechthabereien, usw. Aber bereits der Ausdruck „krankhaft" weist nach unserem Sprachgebrauch auf die andere Seite des Normalen und Gesunden hin. Denn alle diese irre geleiteten Ausdrucksformen religiösen Lebens sind zugleich auch Sehnsucht nach einer verlässlichen Antwort auf letzte Fragen des Menschseins und auf die Unsicherheiten des eigenen Lebens.

Lassen Sie mich dazu einige Erläuterungen anführen und dazu einen Schritt weitergehen, um die Meinung eines bekannten Psychiaters und Psychotherapeuten selbst zu erfragen. Ich beziehe mich auf einen Vortrag von C. G. Jung, den er vor einigen Jahrzehnten in Strassburg zum Thema „Die Beziehungen der Psychotherapie zur Seelsorge" gehalten hat. Unter allen seinen Patienten jenseits der Lebensmitte – das heißt, jenseits fünfunddreißig – war nicht ein Einziger, dessen endgültiges Problem nicht das der religiösen Einstellung wäre. Ja, jeder krankt in letzter Linie daran, dass er das verloren hat, was lebendige Religionen ihren Gläubigen zu allen Zeiten gegeben haben; und keiner ist wirklich geheilt, der seine religiöse Einstellung nicht wieder erreicht, was mit Konfession oder Zugehörigkeit zu einer Kirche natürlich nichts zu tun hat.

An einer anderen Stelle fügt Jung dann noch hinzu: „Unter meiner internationalen Klientel, die ausnahmslos den gebildeten Kreisen entstammt, habe ich eine nicht unbeträchtliche Anzahl von Fällen, die mich aufgesucht haben, nicht etwa, weil sie an einer Neurose litten, sondern weil sie in ihrem Leben keinen Sinn fanden oder weil sie sich mit Problemen quälten, für die sie keine Antwort fanden.“ Der wahre Grund ist wohl, dass es sich in einem solchen Fall nicht nur um ein religiöses, sondern auch um ein menschliches Defizit handelt.

Wir besitzen heute eine Geschichte der Religionen, in der eine Fülle von Material gesammelt und ausgewertet wird. Was besagt eine vergleichende Religionsgeschichte mit ihren vielen Themen zur Frage des Menschen und seiner Religion? – Soweit heute ein Fazit möglich ist, lautet es etwa, dass der Mensch immer um sein Heil besorgt war und sein Heil durch göttliche Mächte suchte, in deren Hände er sein Schicksal legte. Bittend und betend, opfernd und sühnend suchte er jene göttliche Macht jenseits seines Lebensbereiches. Er versuchte, die Gottheit gütig zu stimmen, suchte Schutz vor allen Gefahren und nicht zuletzt versuchte er, diese Mächte sich selbst dienstbar zu machen. Damit durchwanderte er alle Höhen und Tiefen menschlichen Ringens und Versagens.

Im Zwiespalt der guten und bösen, der grausamen und höheren Mächte war es schwer, für sich und die Seinen den rechten Weg zu finden. Masken und Skulpturen, versunkene Jahrhunderte, nicht selten mit den Zügen des Unheimlichen und Dämonischen, vermitteln eine Ahnung, mit welcher Zuversicht, aber auch mit welchen Ängsten Stämme und Völker verschiedener Kulturen und Lebensstufen zu ringen hatten. Die Geschichte der Religionen umfasst ja nicht nur das Positive, sondern auch das Negative, seine Fehlformen und krankhaften Erscheinungen bis zum Menschenopfer an erzürnte Gottheiten.

Das Interesse an fremden Religionen hat in Europa seinen Ausgang genommen: Neue Disziplinen außerhalb der theologischen Fakultäten etablierten sich im westlichen Europa am Beginn unseres Jahrhunderts, wie: Religionsgeschichte, Religionsphilosophie, Religionsphänomenologie, Religionssoziologie und Religionspsychologie. Unter dem Einfluss der Aufklärung und des Rationalismus nahmen diese neuen Disziplinen eine kritische Haltung gegenüber dem Christentum insgesamt ein. In diese Zeit und in diese Umgebung gehört auch Freud mit seinem neuen Menschenbild.

In den letzten Jahrzehnten ist die Religionswissenschaft angesichts eines immer umfassenderen religionsgeschichtlichen Materials und eines tieferen Eindringens in die Quellen und Ausdrucksformen religiösen Glaubens auch zu neuen Einsichten gelangt. Heute weiß man, dass Religion ein organisches Ganzes ist, in das man nur mühsam eindringen kann, um sich dort einigermaßen zurechtzufinden. Man kann nicht Teilaspekte herauslösen und sie mit anderen Religionen vergleichen beziehungsweise durch psychische Mechanismen erklären.

Die Religionssoziologie etwa hat die gesellschaftlichen Zusammenhänge, die gesellschaftlichen Aspekte von Religion und Kultur bewusst gemacht. Religion hat ihren jeweiligen Sitz im Leben und kann nicht wie ein Museumsstück betrachtet werden. Für frühere Generationen war es selbstverständlich, dass religiöser Glaube, dass Religion im Menschen wurzelt. Religion ohne Mensch ist etwas Totes, ist wie ein leeres Haus ohne Bewohner.

Hinterlassene Spuren müssen mit dem in Verbindung gebracht werden, von dem sie stammen – und das ist der Mensch. Heute sagt man: Die Wissenschaft der Religion ist eine Wissenschaft des religiösen Menschen. Wenn daher die persönliche Erfahrung in der eigenen Religion fehlt, ist die große Fülle religionsgeschichtlichen oder religionswissenschaftlichen Wissens oft ein totes Wissen. Nur in Verbindung mit persönlicher religiöser Erfahrung kann all das zu einer großen Bereicherung werden. So vermittelt eine vergleichende Religionswissenschaft nicht nur eine tiefere Erkenntnis des Menschen in den verschiedenen Zeiten und Kulturen, sondern führt auch zum Staunen über den Reichtum von Bildern, Formen in den Religionen vergangener Zeiten, die in der Geschichte des Menschen, der Völker und Kulturen ihren Ausdruck gefunden haben und noch immer finden.

Die Frage, was der Mensch ist, steht heute – auch als Ergebnis der allgemeinen Religionsgeschichte – wieder neu vor uns: Worin besteht sein Lebensziel, sein Lebenssinn, seine Verantwortung? Dies wird so zu einem Hinweis auf das schwer Ergründbare der menschlichen Existenz. Das heißt, es ist ein Fazit dieser Wissenschaft: Abhängig zu sein, auf dem Weg zu sein zu einer jenseitigen Macht (Gott oder göttliche Mächte) gehört zur Wurzel menschlichen Seins. Die Frage des Todes, die Frage nach dem Woher und Wohin, ist mit dem Menschen in allen Zonen und Zeiten verbunden, ist hineingeschrieben in die Vielfalt menschlicher Kulturen, umkleidet vom bunten Wechsel menschlicher Lebensformen. Sie begleitet den Menschen vom Anfang seiner Geschichte, so weit unsere heutige Kenntnis reicht.

Das Zweite Vatikanische Konzil, das durch seine Öffnung zur Welt von heute größere Beachtung gefunden hat, stellt in seinem Dokument über das Verhältnis der katholischen Kirche zu den nichtchristlichen Religionen (Nostra aetate) einleitend fest: „Alle Völker sind eine einzige Gemeinschaft, sie haben denselben Ursprung. ... Die Menschen erwarten von den verschiedenen Religionen Antwort auf die ungelösten Rätsel des menschlichen Daseins, die heute wie eh und je die Herzen der Menschen am tiefsten bewegen: Was ist der Mensch?; Was ist Sinn und Ziel unseres Lebens?; Welchen Sinn hat das Leid?, Was ist der Weg zum wahren Glück?, Was ist der Tod?, ... Was ist jenes letzte und unsagbare Geheimnis unserer Existenz, aus dem wir kommen und wohin wir gehen?“ Aus meiner Erfahrung füge ich hinzu: Sich der Frage zu verschließen nach jenem unsagbaren Geheimnis, aus dem wir kommen und wohin wir gehen, bedeutet ein menschliches Vakuum zur Kenntnis zu nehmen, das heute als Rastlosigkeit, Nervosität, Verwirrung oder als weltanschauliche Desorientierung größten Ausmaßes bezeichnet wird.

Und damit stellt sich die Frage nach dem Sinn, dem Sinn des Lebens oder des Daseins. Erst der Verlust des Sinnes hat zu dieser Frage geführt. Heute gehört die Sinnfrage zu den häufigen Themen der Philosophie, der modernen Literatur sowie der Psychiatrie. Die sinnzentrierte existenzanalytische Psychotherapie Viktor Frankls hat in der Logotherapie eine neue Richtung begründet.

Die Frage nach dem Sinn des Daseins ist nicht identisch mit der Frage nach Gott, wohl aber führt sie in diese Nähe. Der Fragende kann sich nicht aufmachen, um irgendeinen Sinn zu finden, sondern er muss in der Lage sein, den Sinn für sich selber zu finden.

In welcher Weise die Frage nach dem Sinn auch zur religiösen

Frage, zur Frage nach Gott führen kann, zeigt Viktor Frankl in seinem Buch *Der unbewusste Gott.* Die Existenzanalyse des Menschen lasse innerhalb der „unbewussten Geistigkeit des Menschen" auch eine „unbewusste Religiosität" im Menschen erkennen. Damit verbinde sich eine oft „latent bleibende Beziehung zum Transzendentalen".

Und wenn Augustinus zur Zeit der Völkerwanderung in seinen „Bekenntnissen", in seinem Gottsuchen bekennt: „Tibi loquitur cor meum" – „Mein Herz sprach immer bereits mit dir", so könnte man dies auch aus heutiger Sicht als eine unbewusste Gottverbundenheit des Menschen als solche verstehen.

Überall dort, wo man die Frage nach dem unsagbaren Geheimnis des Menschen radikal ausklammert, taucht das Gespenst der „Sinnlosigkeit" menschlichen Lebens auf. Das war wohl auch der Anstoß für Freud jenes Tor zu öffnen, das zur großen Entdeckung des Unbewussten im Menschen geführt hat.

Die Beschäftigung mit einer der tiefsten existenziellen Fragen des Menschen, jener nach seiner religiösen Transzendenz, steht heute unerwartet und mit neuen Motiven vor uns. Die Frage nach dem Sinn, nach dem Weg, nach Transzendenz klopft neu und stark an die Tür unserer säkularisierten, postchristlichen Welt. Das kulturelle Kleid des Menschen ändert sich, es wird heute vielfach durch die Medien bestimmt; aber der Mensch mit seinen Fragen aus existenzieller Tiefe bleibt immer der Gleiche.

In unserer sehr mobil gewordenen Welt stellt die Begegnung verschiedener Kulturen, die kulturelle und religiöse Pluralität, ganz neue Fragen: Das Ringen um den Frieden in unserer pluralen Welt, der religiöse Weg als Heilsfrage, die Wahrheitsfrage im interreligiösen Dialog – mit allem gegenseitigen Respekt – deuten auf eine neue Wende: Das bedeutet Religion und Frieden, Religion nicht nur als Wissen, sondern als Leben.

Religion und die letzten Fragen menschlicher Existenz in Richtung Transzendenz und persönliches Heil werden in unserer europäischen Umwelt durch den religiösen Dialog auf eine neue Weise lebendig gemacht. Das begonnene Gespräch, der religiöse Dialog, der interreligiöse Dialog hat eine neue und weltweite Bedeutung gewonnen. Heute geht es nicht nur darum, eventuelle Spannungen und Gegensätze, Kämpfe in Verbindung mit Politik und Macht zu eliminieren – ein neuer Gesichtspunkt ist aufgetaucht: Das Gespräch, der Dialog der Religionen kann in unserer unruhigen Welt dem Frieden neue Möglichkeiten eröffnen.

Das Gespräch der Religionen im Sinne des Monotheismus beschränkt sich nicht nur auf Europa, sondern ist heute weltweit geworden. Der interreligiöse Dialog dient einerseits der gegenseitigen Verständigung, andererseits dem Abbau von Missverständnissen, Vorurteilen und Spannungen. Ein solcher Dialog bedarf des Respekts gegenüber der religiösen Welt des Gesprächspartners sowie der Aufrichtigkeit. Eine praktische Folge ist nicht eine Vermischung der Religionen, sondern vielmehr ein Ansporn, die eigene Religion besser und tiefer zu verstehen.

Eine überraschende Ausweitung erfuhr der interreligiöse Dialog durch eine persönliche Einladung Johannes Pauls II., des Oberhauptes der katholischen Kirche, an die großen Religionen der Welt zu einem Gebet für den Weltfrieden in Assisi. Damit sollte zum Ausdruck kommen, dass der Friede nicht nur eine Sache der Diskussion, der Konferenzen ist, sondern vor allem eine Sache der Gesinnungsreform des Herzens, die durch die Religion Ausdruck findet und im Gebet als Signal bewusst gemacht werden sollte. Auch das ist ein Weg zu einer vertieften Selbsterkenntnis, in Verbindung mit einem aufrichtigen und klugen Dialog.

Dies ist zu verstehen als Appell an die vielen, die sich als Christen oder als Angehörige anderer Religionen der versöhnenden, Frieden stiftenden Macht ihrer Religion bewusst sein sollen. Das hat wohl mit Psychiatrie nichts zu tun; es sollte aber als Hinweis verstanden werden, dass religiöse Kräfte – im Gegensatz zu unserer säkularisierten, postchristlichen Welt – heute neue Aufgaben vor sich haben und eine neue Bedeutung gewinnen.

Und schließlich noch ein abschließender Hinweis auf ein – für beide Seiten – schwieriges Kapitel: Nach Ansicht von Freud und Nietzsche gehört der in den drei monotheistischen Religionen, im Christentum besonders ausgeprägte Begriff von „Schuld und Sünde“ inmitten eines Meeres von unverschuldetem Leid zu den krank machenden, den Menschen erniedrigenden Faktoren (nach Freud „Triebschicksal“). Dazu kann man oft den Vorwurf, speziell gegenüber dem Christentum, hören, dass dieses die Frohbotschaft zu einer Drohbotschaft gemacht habe. Psychoanalyse und Psychotherapie hätten daher heute gerade in diesem Zusammenhang eine erlösende, heilende Aufgabe zu erfüllen.

Die allgemeine Religionswissenschaft – (ich verweise auf die Werke von Pettazzoni und Ricoeur) – weist heute ebenso auf ein umfassendes Material hin, aus dem hervorgeht, dass Schuld und Sünde ein gesamtmenschliches Phänomen umschließt. In der großen Vielfalt von Mythen und Erzählungen finden sich bei allen Völkern und in allen Kulturen ausführliche Deutungsversuche über Ursprung und Heilung von Schuld und Sünde, sowohl in der Welt der Götter wie der Menschen.

Der Schuldbegriff in seiner kosmologischen, aber auch individuellen, ichsüchtigen Verflochtenheit steht in einer geheimnisvollen Weise mit der unheilvollen Urangst menschlicher Existenz in Verbindung.

Im Neuen Testament trägt Paulus viel dazu bei, dass der Begriff „Befreiung von der Angst vor den versklavenden Mächten" von einer Befreiung vom Tode zu einer Frohen Botschaft wird. Schuld und Sünde führen gerade im Christentum weiter zur Frage der Wiedergutmachung und der Vergebung.

In der Welt des christlichen Glaubens gewinnt mit dem Bewusstsein der Verantwortung in Freiheit das Gewissen als eine Zwischeninstanz eine immer größere Bedeutung. Das Zweite Vatikanische Konzil stellt dazu fest: „Das Gewissen ist die verborgene Mitte und das Heiligtum im Menschen, wo er allein ist mit Gott, dessen Stimme in diesem seinem Innersten zu hören ist. Im Gewissen erkennt man in ausgezeichneter Weise jenes Gesetz, das in der Liebe zu Gott und dem Nächsten seine Erfüllung hat. Durch die Treue zum Gewissen sind die Christen mit den übrigen Menschen verbunden im Suchen nach Wahrheit und zur wahrheitsgemäßen Lösung all der vielen moralischen Probleme, die im Leben der Einzelnen wie im gesellschaftlichen Zusammenleben entstehen."

Wenn aber die Seele krank ist, dann ist auch die orientierende Funktion des Gewissens beeinträchtigt. Die vielen Formen krankhaften Schuldbewusstseins stellen den Psychotherapeuten vor vielfältige und schwierige Aufgaben. Hier wird die unterschiedliche

Sicht des Begriffes „Seele“ deutlich. Für den Psychotherapeuten steht der psychische Mechanismus, den man kennen muss, im Vordergrund. Der Theologe in der Seelsorge kann die Seele immer nur in ihrer unvergänglichen Dimension, in der Welt des Glaubens und in Verbindung mit Gott sehen.

Meine Frage ist es daher: Sollten nicht hier, an diesem besonders kritischen Punkt, Psychotherapie und Religion einander begegnen, zusammenarbeiten und im Interesse des leidenden und unglücklichen Menschen einen Dialog beginnen? Psychotherapie und Religion können viel voneinander lernen: die Religion von der Psychotherapie die vertiefte und erweiterte Kenntnis von den inneren Mechanismen und Lebensvorgängen; die Psychotherapie von der Religion die Grenzen menschlichen Könnens und Heilens.

Es konnte hier nicht meine Aufgabe sein, über das Fachgebiet der Psychotherapie zu sprechen. Meine Aufgabe sollte es sein auf die Bedeutung der Religion auch für den Arbeitsbereich der Psychotherapie aufmerksam zu machen. Denn Religion geht alle Menschen an, nicht nur Spezialisten. Das Phänomen der Religion gehört zum vernetzten Urgrund menschlicher Existenz; es geht um existenzielle Antworten auf letzte Fragen, um Sinn und Ziel des Weges. Eine vertiefte, in die Tiefe führende Selbsterkenntnis stößt auf den nicht immer wahrgenommenen Urgrund menschlichen Leides und menschlicher Sehnsucht. Aber die Seele des Menschen ist ein weites, schwer ergründbares Land, dessen Größe und Schönheit sich erst im religiösen Glauben ganz erschließt.

Teresa von Avila, die spanische Karmelitin und spätere Kirchenlehrerin aus dem 16. Jahrhundert, hat in ihrer Schrift *Seelenburg* mit geradezu psychiatrischem Geschick die Wege und Umwege der menschlichen Seele auf ihrer Wanderung zu Gott beschrieben. „Ich finde nichts“, so schreibt sie um das Jahr 1577, „mit dem sich die große Schönheit einer Seele, ihre Weite und ihre hohe Befähigung vergleichen ließe. Und wahrlich, unsere Einsicht und unser Verstand – so scharfsinnig sie sein mögen – reichen schwerlich aus sie zu begreifen, genauso wenig wie sie Gott sich auszudenken vermögen; denn er selbst sagt, dass er uns schuf nach seinem Bilde.“

[Rede auf dem Psychotherapiekongress, Wien, 3. Juli 1996]

„Die Jugend und das dunkle Haar sind Windhauch ...“

Die Tatsache, dass die Gemeinde Wien vor fünfzehn Jahren als eine ganz neue Aufgabe in ihren weitreichenden Sorgebereich die Errichtung und den Ausbau eines Pflegeheimes und eines Geriatrischen Tageszentrums im Sozialmedizinischen Zentrum Ost in Angriff genommen hat, ist dem Durchschnittswiener nicht sehr bekannt und wird – so weit man davon nicht betroffen ist – wohl kaum gebührend beachtet. Der Entschluss Ihrer kollegialen Leitung, jetzt die breite Öffentlichkeit darüber zu informieren, was hier in verhältnismäßig kurzer Zeit gewachsen ist, scheint mir besondere Anerkennung zu verdienen; eine besondere Anerkennung auch deswegen, weil im städtischen Bereich eine wachsende Zahl chronisch Kranker und vor allem auch alter Menschen registriert wird, die weder Verwandte noch Nachbarn haben, die sich um sie kümmern können, kümmern wollen und die so in gesellschaftliche Isolierung versinken und damit das soziale Großklima auch belasten.

Anerkennung verdient dieses Vorhaben aber auch deswegen, weil Sie in der Vielfalt neuer Wege des Helfens auch Anregungen geben, um Hilfe zur Selbsthilfe zu vermitteln. Das Angebot vieler neuer Heil- und Hilfsmöglichkeiten in Ihren neuen Stationen mit je fünfzig Heimbewohnern ist erstaunlich. Dies reicht bis zu einem Abholdienst und einer gezielten Beratung der Angehörigen im Geriatrischen Tageszentrum.

Wenn Sie mich dankenswerterweise zu diesen festlichen Tagen in Ihr Zentrum eingeladen haben, so möchte ich auf Grund meiner persönlichen Erfahrung einige Gedanken vorlegen über das späte Alter, das auch einen Teil der chronisch Erkrankten mit einschließt. Ich betrachte diesen Lebensabschnitt als eine besondere Aufgabe für jeden Menschen und ich möchte damit auf meine Weise mithelfen, das Alter aus der isolierten Statik eines abgesonderten Lebensabschnitts herauszunehmen und es hineinzustellen in den Rhythmus eines ganzen Lebens, mit seinem immer möglichen Scheitern, aber auch mit allen seinen Chancen.

Wenn uns heute gelegentlich gesagt wird: Alle wollen alt werden, aber niemand will alt sein, so scheint hier etwas schief zu liegen. Ältere Menschen verdrängen oft ihre Angst vor dem Altwerden; sie wollen, so scheint es manchmal, jung bleiben um jeden Preis. Es gibt entsprechende Operationen und man legt immer größeren Wert auf Komplimente wie: „Sie sehen so jung aus!" – Selbst hinter solchen Komplimenten ist man sich kaum bewusst, dass hier auch die Angst oder das Ablehnen des Alters eine Rolle spielen.

Ich möchte daher mit dem gebotenen Nachdruck darauf hinweisen, dass jeder Lebensabschnitt seine Chance und seine spezifischen Möglichkeiten hat. Das späte Lebensalter allerdings besitzt in dieser Hinsicht eine Eigentümlichkeit – als Vorzug, aber auch als Last –, wie es keinem anderen Lebensabschnitt gegeben ist.

Das heute etwas schiefe Bild des alten Menschen in unserer Gesellschaft ein wenig zurechtzurücken, ist nicht nur im Interesse des alten Menschen selbst, sondern auch im Interesse aller, nicht zuletzt der jungen Generation.

Das Geheimnis des Altwerdens ist schlicht und einfach Teil vom Geheimnis des Lebens. Der Weg des Altwerdens beginnt bereits mit dem Anfang des Lebens, ist in das Leben hineingezeichnet, ist ein lebenslanger Veränderungs- und Entwicklungsprozess, der zur Auseinandersetzung mit sich selbst und der Welt auffordert. Das Ziel des Lebens ist es, zur Fülle und zur Vollendung zu gelangen.

Die Gerontologie, damit meine ich nicht nur das medizinische Fach der Beschäftigung mit dem Alter, macht uns heute darauf aufmerksam, dass jeder Mensch nicht nur ein chronologisches, ein biologisches Alter durchmisst, sondern dass er ebenso durch das psychologische Alter bestimmt wird; das heißt, man ist so alt wie man sich fühlt. Denken Sie etwa an Ludwig van Beethoven: Er komponierte bis zum Ende seines Lebens, obwohl er während der letzten fünfzehn Jahre bereits völlig taub war. Dieses Beispiel zeigt, von welcher Bedeutung es für den älteren Menschen ist, nicht nur das chronologische Alter zur Norm seines Handelns und Fühlens zu machen.

Was die Schwierigkeiten des Alters angeht, so ist es oft die Gesellschaft selbst, die dem alt werdenden Menschen zusetzt. Die Zahl der älteren, der alten Menschen, ihr Anteil an der Gesamtbevölkerung, war noch nie so hoch wie heute. Infolge der höheren Lebenserwartung erleben immer mehr Kinder und Jugendliche, dass ihre Eltern alt werden; denn viele Erwachsene im mittleren Alter haben noch einen oder beide Elternteile.

Andererseits aber kann das Leben heute in größeren Zeitspannen geplant werden. In diesem Zusammenhang ist darauf hinzuweisen, dass nach Ausweis der Statistiken nur ein verhältnismäßig geringer Teil eine über das normale Maß hinausreichende soziale oder staatliche Hilfe in Anspruch nimmt. Die große Mehrheit der älteren Menschen lebt im eigenen Haushalt und will dort auch bleiben. Daher geht die Forderung an unsere Gesellschaft in Richtung des bekannten Subsidiaritätsprinzips: Hilf so, dass der andere sich selber helfen kann. Dementsprechend können heute etwa Dreiviertel aller Pflegefälle durch ein Netz helfender Hände in häuslicher Umgebung versorgt werden.

Andererseits ist unser heutiger Sozialstaat – trotz aller in zunehmendem Maße diskutierten Probleme – mit seinen Hilfeleistungen und Hilfestellungen eine große Entlastung für die Familien, für kleine Gemeinden sowie für private und auch karitative Hilfestellungen. Im Gegensatz zu früher handelt es sich damit aber heute nicht um freiwillige Hilfeleistungen von Seiten des Sozialstaates, sondern um einen Rechtsanspruch der alten Menschen an den Staat selber, das heißt, an die ganze Gemeinschaft. Der alte Mensch ist heute – von seinem seelischen Befinden abgesehen – materiell (in der Regel) wohlversorgt. Trotz der in letzter Zeit vermehrt auftauchenden Diskussionen um den sogenannten Generationenvertrag bindet das Bewusstsein, dass auch sie einmal alt werden, eine weit reichende Solidarität auch den jungen Menschen.

Dazu noch ein Wort zu den psychologischen Schwierigkeiten der alten Menschen im Spannungsfeld der Generationen: Junge Menschen – meint man – sind und bleiben immer jung. Ältere Menschen sind eben schon immer alt und waren nie jung. Das elementare Wissen, dass alle Menschen unterwegs sind und dass daher auch junge Menschen alt werden – ob sie wollen oder nicht –, schiebt man gerne zur Seite. Ähnliches gilt von Einzelfällen mürrischer und verbitterter älterer Menschen, die verallgemeinert werden. Daher meint man: So sind eben die alten Menschen alle. So ist in der öffentlichen Meinung, in unserer Gesellschaft das Bild des alten Menschen oft mit überwiegend negativen Zügen belastet.

Das Alter gilt als Schicksalsgemeinschaft. Das Altwerden ist ein Hinweis auf unsere menschliche Schicksalsgemeinschaft, aus der sich niemand, der junge Mensch ebensowenig wie der alte Mensch, ausschließen kann. Es gilt daher die Möglichkeit zu nützen, junge Menschen schlicht und einfach an das künftige Altwerden zu erinnern. Im alttestamentlichen Weisheitsbuch Kohelet finden wir in diesem Zusammenhang folgenden Hinweis: „... die Jugend und das dunkle Haar sind Windhauch. Denk an deinen Schöpfer in deinen frühen Jahren, ehe die Tage der Krankheit kommen und die Jahre dich erreichen, von denen du sagen wirst: Ich mag sie nicht!" Und mit dem Bild des verlassenen Brunnens fährt der Text fort: „... ehe die silberne Schnur zerreißt, die goldene Schale bricht, der Krug an der Quelle zerschmettert, das Rad zerbrochen in die Grube fällt, der Staub zur Erde zurückfällt als das, was er war, und der Atem zu Gott zurückkehrt, der ihn gegeben hat."

Kohelet will hier nicht an die Beschwerden oder Ängste des Alters erinnern, sondern den jungen Menschen aufmerksam machen, dass Leben, Anfang und Ende, als Ganzes zu sehen ist. Denn das Älterwerden ist kein Problem der Alten allein, es ist eine Frage, die alle angeht.

Dass Altwerden ein Weg in die Dunkelheit sein kann, das bedarf wohl keiner Erklärung. Alte Menschen werden oft von der Gesellschaft, der sie nicht mehr nützlich sind, abgesondert. Man nimmt sie nicht mehr ganz ernst, ohne dass damit böser Wille gemeint ist. Aber das Bewusstsein des Alleinseins und der Verlassenheit kann so stark werden, dass der alte Mensch in Gefahr gerät sich selber zu verlieren, sich selber abzulehnen, seine eigene Identität durch die Vergangenheit gewissermaßen in Beschlag nehmen zu lassen. Ein solcher Mensch hat, so scheint es, nichts mehr, wofür es sich lohnt weiterzuleben.

Daraus ergibt sich eine Herausforderung für uns alle: Die Lösung kann nicht eine bloße Beschäftigungstherapie sein, sondern der ehrliche Versuch von Seiten der aktiven Gesellschaft, die oft wertvolle Lebenserfahrung der alten Menschen zu nützen. Es geht nicht nur um das leibliche Befinden des Menschen, sondern um sein psychisches Befinden, seine Verbindung von Leib und Seele, die zur elementaren Struktur des menschlichen Daseins gehört, die menschliche Person charakterisiert und ihre Stellung inmitten des Universums bestimmt.

Dies legt es wohl nahe, dass ich als Vertreter der christlichen Religion darauf hinweise, dass sich auch die christlichen Kirchen in unserem Lande mehr als früher mit der wachsenden Zahl der alten Menschen beschäftigen. Es gibt heute überall im Bereich der Kirchen Seniorengemeinschaften, Seniorenrunden, mit verschiedenen Angeboten, sich auch mit der Frage nach dem Sinn des ganzen Lebens und besonders der späten Phase auseinander zu setzen. In unseren Pfarrgemeinden ergibt sich so oft eine natürliche Verbundenheit zwischen älteren und jüngeren Menschen, bei Gottesdiensten ebenso wie bei allgemein festlichen Anlässen und Zusammenkünften. Auf diese Weise kommt ganz unaufdringlich wieder zum Ausdruck, dass wir alle unterwegs sind und dass wir unterscheiden sollen zwischen dem, was vergeht, und dem, was bleibt.

Tröstlich ist es, in einer solchen Sicht an den Psalm 23 zu erinnern, wo es heißt: „Der Herr ist mein Hirte, nichts wird mir fehlen. Er lässt mich lagern auf grünen Auen und führt mich zum Ruheplatz am Wasser. ... Muss ich auch wandern in finsterer Schlucht, ich fürchte kein Unheil; denn du bist bei mir.“

Erwin Ringel hat in seinem Buch *Das Alter wagen* darauf hingewiesen, dass „in keinem Zeitpunkt des Lebens die Beantwortung der Sinnfrage so wichtig ist wie gerade im Alter“. Diese Frage aber führt direkt oder indirekt zur religiösen Frage. Denn alle Religionen, nicht nur das Christentum, wollen eine Antwort geben auf die ungelösten Rätsel des menschlichen Daseins – auf die offenen Fragen: Was ist der Sinn meines Lebens? Was bedeutet der Tod in meinem Leben? Was kommt danach? – Inmitten eines kraftvollen Lebens ist gerade der junge Mensch geneigt, solche Gedanken zur Seite zu schieben, und das ist verständlich. Im Alter aber ist das schwierig, man kann seine innere Stimme nicht ganz zum Schweigen bringen.

Es ist daher ein Segen, eine Gnade, wenn der Mensch auf Grund eines im Alter immer deutlicher werdenden Ahnens und Suchens, das nur im Glauben zur Ruhe kommt, zu der Feststellung kommen kann: Jetzt ist die Zeit, um in Gelassenheit und Ruhe mein Leben zu ordnen, zu überdenken. Ich weiß, dass für mich die Zeit kommt, um mein Leben in die Hand dessen zurückzugeben, der es mir, wie einem getreuen Verwalter, übergeben hat. – Um solche Gedanken zu vertiefen, gibt es immer wieder Angebote des religiösen Gespräches im weiteren und engeren Sinne; hilfreich können auch ausgewählte Stellen der Bibel sein. Das alles kann und wird oft hinführen zu dem, was wir in allen Religionen das persönliche Gebet nennen. Denn als letzte Hingabe macht es still und vereinfacht komplizierte Dinge.

Auf eine solche Weise ist dem alten Menschen die Chance gegeben, dem Ende wissend, versöhnt und vertrauensvoll entgegenzugehen und – mit dem Blick auf das Ganze – bis zum Ende seines Weges das Beste zu versuchen.

Mit dem Blick auf den ganzen Menschen, nicht so sehr in seiner jeweiligen Lebenssituation, sondern in seinem großen Zusammenhang des Unterwegs-Seins, haben Sie als wohlüberlegtes Team von engagierten Pflegepersonen, ärztlichen und sozialen Diensten Ihr Tor auch den pastoralen und seelsorglichen Diensten weit geöffnet. Es ist der ganze Mensch in seiner leib-seelischen Einheit, worauf Sie in Ihrem Zentrum mit vielfältigen Diensten besonders hinweisen. Damit weisen Sie über den engeren Kreis der gestellten Aufgaben hinaus und sind zu einem Signal geworden: Nicht die immer größere Spezialisierung ist das Ziel, sondern es gilt in einer größeren Zusammenschau dem ganzen Menschen zu dienen. Dafür möchte ich Ihnen heute besonders danken und meine persönliche Anerkennung aussprechen. Mit Recht haben Sie Ihrem Zentrum das Motto gegeben: „Die moderne Gesellschaft ist so gut, wie es ihr Umgang mit Pflegebedürftigen ist.“

[Ansprache zum Festakt: 15 Jahre Pflegeheim und Geriatrisches Zentrum SMZ-Ost, 12. September 1997]

Medien

Medien zwischen Markt und Macht

Sie haben mich als Vertreter der Kirche zur Eröffnung Ihres Symposiums zu dem besonders aktuellen Thema „Medien zwischen Markt und Macht“ eingeladen, veranstaltet vom katholischen Zentrum für Massenkommunikation und dem Institut für Publizistik und Kommunikationswissenschaft der Universität Wien.

Die katholischen Bischöfe haben unlängst mit ihren Gremien, katholischen Laien, zum „Dialog für Österreich“ eingeladen. Ich halte es für bedeutsam, dass dieses Symposium gewissermaßen im Rahmen dieses weitreichenden Dialoges stattfindet. Dieser Dialog für Österreich soll nach manchen Schwierigkeiten der letzten Monate zustande kommen und scheint zunehmend an Bedeutung zu gewinnen. Er wird in zwei Richtungen weisen müssen: Zunächst geht es darum, das Gespräch innerhalb des österreichischen Katholizismus in die Wege zu leiten, mit dem Ziel, einen gemeinsamen Weg der katholischen Kirche, aber auch der christlichen Kirchen in das dritte Jahrtausend zu finden. In der Folge geht es aber auch darum, dass die Kirche ihren gesellschaftlichen Auftrag in unserer Zeit und in unserem Lande – nicht zuletzt auch mit dem Blick auf Europa – gewissenhaft wahrnimmt. Es gilt zu den großen Lebensfragen unserer Gesellschaft Stellung zu beziehen. Das heißt, ein solcher Dialog gehört in aller Offenheit, getragen von gegenseitigem Respekt, begonnen und solange es notwendig erscheint fortgesetzt. Wer den Dialog, das verbindende Gespräch mit dem anderen, ob sympathisch oder unsympathisch, ablehnt, gerät in Gefahr neues Misstrauen zu wecken.

Die katholische Kirche ist allerdings – lassen Sie mich das hier in aller Offenheit feststellen – nicht eine Gemeinschaft, die bloß ethische Ratschläge aus humanistischer Sicht zu geben hat, sondern ihre Aufgabe reicht weit darüber hinaus. Nach dem Konzilsdokument „Lumen gentium“ bildet sie eine „einzige komplexe Wirklichkeit, die aus menschlichen und göttlichen Elementen zusammenwächst" (LG, 8). Das heißt, sie vertritt eine gesellschaftliche, aber ebenso eine religiöse Dimension des Menschen und der Gesellschaft. Wir sprechen von einem christlichen Welt- und Menschenbild, das sich auf dem Hintergrund der Heiligen Schrift, der christlichen Tradition, des Lehramtes und einer christlichen Soziallehre abzeichnet.

Das christliche Welt- und Menschenbild steht im Rahmen dieser vergänglichen Welt nicht im Gegensatz zu einem humanistischen Menschenbild. Das christliche Menschenbild greift weit – in größere Dimensionen – über das humanistische Menschenbild hinaus. Es stellt den Menschen in seiner Vergänglichkeit vor die Gottesfrage, vor die Sinnfrage, Zielfrage des Weges und der persönlichen Verantwortung für sich und die Gesellschaft – verbunden mit einer Sehnsucht nach etwas, das nicht vergeht, sondern bleibt. Daraus ergibt sich ein Fundament – jenseits von Raum und Zeit, unabhängig von wandelbaren Definitionen menschlicher Weisheit – für Menschenrecht, für menschliche Würde, menschliche Freiheit und Verantwortung, für den Einzelnen und für die Gesellschaft.

Wenn die Kirche aber damit die Menschen von heute erreichen will, so geht ihr Weg – wie die Erfahrung zeigt – in der Praxis über soziale Fragen und Hilfestellungen. Hier hat die Kirche Erfahrung und zeigt politisches Engagement. Selbst Kritiker des Papstes respektieren seinen Einsatz für Menschenrechte und soziale Gerechtigkeit auf der Weltebene.

Im Gegensatz zu dem nicht mehr überzeugenden Schlagwort der Jahrhundertwende „Religion ist Privatsache" – angesichts der neuen Öffnung der Kirche zur Welt seit dem Zweiten Vatikanum – will die Kirche, wollen die christlichen Kirchen heute bewusst und selbstsicher mitsprechen in der Gesellschaft und der Öffentlichkeit, sei es nun gelegen oder ungelegen, um sich damit für Gerechtigkeit und Frieden im Kleinen wie im Großen einzusetzen.

Die christlichen Kirchen nehmen aber auch zur Kenntnis, dass heute, so wie in allen Lebensbereichen, gerade auch im Medienbereich gewaltige Änderungen vor sich gehen. Und dies sowohl im technischen Bereich – ich denke an die explodierenden Kommunikationsmöglichkeiten – als auch im wirtschaftlich-ökonomischen Bereich, mit der Gefahr der Einengung der Pressefreiheit durch

Machtkonzentration wie auch der Geringschätzung der Minderheiten.

In der Einladung zu Ihrem Symposium werden zwei Fragen gestellt: Erstens: Welche Ansprüche können und müssen die Kirchen von heute auf Grund ihres christlichen Welt- und Menschenbildes stellen? Zweitens: Wie bringt sich die Kirche selber in das medienpolitische Gespräch ein?

Diese Fragen sind nicht leicht zu beantworten. Es wird der gemeinsamen Anstrengung der vielen hier versammelten Fachleute bedürfen, um wenigstens ansatzweise etwas wie eine medienpolitische Strategie der Kirchen in Österreich – oder vielleicht sollte man besser sagen, der am Mediengeschehen interessierten Christen – zu entwickeln.

In diesem Zusammenhang möchte ich auf das bereits vorhandene Instrumentarium hinweisen, wie es unter dem Einfluss des Konzils in dem großen Dokument über die Kirche in der Welt von heute bereits grundgelegt ist. Ich meine damit die beiden Pastoralinstruktionen „Communio et progressio" aus dem Jahr 1971 unter Papst Paul VI. und „Aetatis novae" aus dem Jahr 1992 unter dem jetzigen Papst. In beiden Dokumenten wurde bereits grundlegend zur Thematik Stellung bezogen.

Es ist interessant festzustellen, dass „Communio et progressio" noch von einer sehr optimistischen Einschätzung der Möglichkeiten der Medienentwicklung geprägt war. Schon der erste Satz des Dokuments von 1971 trug einen solchen Akzent: „Gemeinschaft und Fortschritt der menschlichen Gesellschaft sind die obersten Ziele sozialer Kommunikation und ihrer Instrumente." Manch kritischer Beobachter der heutigen Mediensituation würde vielleicht eher sagen, dass Quote und Marktanteil die obersten Ziele sind.

Aber die Autoren der päpstlichen Instruktion von 1971 gingen noch weiter. Wörtlich heißt es etwa in Nr. 12: „In den ‚erstaunlichen Erfindungen der Technik', die der sozialen Kommunikation unter den Menschen dienen, erblickt der gläubige Christ die von der Vorsehung Gottes gegebenen Mittel, um das Zusammenleben der Menschen auf dieser Erde zu fördern. Denn sie knüpfen neue Verbindungen unter ihnen und schaffen sozusagen eine neue Sprache, die es ermöglicht, dass die Menschen einander noch besser kennen lernen und leichter zueinander finden. Je mehr gegenseitiges Verständnis und Sympathie wachsen, um so schneller gelangen die Menschen zu Gerechtigkeit und Frieden, zu Wohlwollen und Wohltun, zu gegenseitiger Hilfe, zur Liebe und endlich zur Einheit."

Aus heutiger Sicht scheint dies sehr optimistisch zu sein. Heute könnte man fragen: War dieses schöne Bild, das die Autoren der Instruktion gezeichnet haben, naiv? Schaffen die Medien eine neue Sprache, die es ermöglicht, dass die Menschen „leichter zueinander finden"? – Im durchschnittlichen Alltagsbetrieb der Medien scheint das nicht allzu oft der Fall zu sein. Aber es gibt immer wieder auch berührende Augenblicke, in denen die Medien tatsächlich etwas wie eine Weltgesellschaft schaffen, in der die Menschen in gemeinsamer Betroffenheit vereint sind. Ich denke etwa an die weltweiten Fernsehübertragungen der Begräbnisse von Mutter Teresa und Prinzessin Diana vor wenigen Monaten, um nur zwei besonders signifikante Beispiele zu nennen. In solchen Momenten versammeln die Medien tatsächlich die „Zeitgenossen um einen runden Tisch", um eine berühmte Formulierung aus „Communio et progressio" zu zitieren.

So sehr man der Grundkonzeption von „Communio et progressio" über die Aufgaben der Medien eine gewisse idealisierende Tendenz nicht absprechen kann, so realistisch wurden in dieser Instruktion die Bedingungen für ein Gelingen der Beziehung zwischen Kirche und Medienwelt beim Namen genannt. Es ist kein Zufall, dass diese Bedingungen unter den Zwischenüberschriften „Der innerkirchliche Dialog" und „Der Dialog zwischen Kirche und Welt" aufgelistet werden.

Ich möchte hier insbesondere Nr. 115 zitieren, wo es heißt: „Als lebendiger Organismus bedarf die Kirche der öffentlichen Meinung, die aus dem Gespräch ihrer Glieder wächst. Nur dann ist in ihrem Denken und Handeln Fortschritt möglich."

Bewusst wurde in diesem Zusammenhang daran erinnert, dass schon Pius XII. betont hatte: „Dem Leben der Kirche würde etwas fehlen, wenn es in ihr an öffentlicher Meinung mangelte. Die Schuld daran fiele auf Hirten und Gläubige." Ein ernstes Wort, das in unserer heutigen Mediensituation nichts von seiner Brisanz verloren hat.

Und weiter heißt es etwa in Nr. 117: „Die Freiheit des Gesprächs in der Kirche belastet den Zusammenhalt und die Einheit in ihr keineswegs; im Gegenteil, gerade im ungehinderten Prozess öffentlicher Meinungsbildung vermag sie Einmütigkeit und Gemeinsamkeit des Handelns herbeizuführen." – Allerdings klafft auch hier ein Gegensatz zwischen schöner Theorie und mühsamer Praxis.

In Nr. 121 und Nr. 122 des Dokumentes „Communio et progressio" werden bereits jene Voraussetzungen beschrieben, die notwendig dafür sind, dass die Kirche nach dem Wunsch Papst Johannes Pauls II. wirklich ein „Haus aus Glas" werden kann. Dort heißt es nämlich: „Wenn die Kirche hofft und erwartet, dass die Medien sich religiösen Themen zuwenden und diese mit der hier besonders gebotenen Sorgfalt behandeln, dann muss die Kirche auch bereit sein, den Medien vollständige, wahre und genaue Informationen anzubieten." Die drei Begriffe „vollständig, wahr, genau" haben dabei eine besondere Bedeutung.

In Nr. 175 der gleichen Instruktion heißt es, dass der „Austausch von Nachrichten und Informationen" gewährleistet werden muss, damit „einerseits ein wahres Bild von der Kirche vermittelt wird, andererseits die Strömungen, Meinungen und Erwartungen der Öffentlichkeit sichtbar werden und die Verantwortlichen in der Kirche darüber genau unterrichtet sind".

Daraus sehen Sie, wie sehr wir als Kirche heute noch lernen müssen, damit wir die Forderungen dieses päpstlichen Dokumentes Pauls VI. einigermaßen erfüllen.

Beachtenswert erscheint auf dem Hintergrund der letzten Jahre in Österreich auch, was die Autoren von „Communio et progressio" zur Frage der Geheimhaltung formulierten: „Wenn bei der Behandlung irgendwelcher Fragen in der Kirche Geheimhaltung geboten ist, gelten die gleichen Grundsätze wie im staatlichen Bereich. Die geistigen Werte, die in der Kirche zum Ausdruck kommen, erfordern es allerdings, dass die Informationen über ihre Absichten und über die Fülle ihrer Tätigkeit mit einem Höchstmaß an Vollständigkeit, Wahrhaftigkeit und Offenheit gegeben werden. Wenn kirchliche Stellen Nachrichten zurückhalten oder nicht in der Lage sind zu informieren, öffnen sie schädlichen Gerüchten Tür und Tor, anstatt die Wahrheit ans Licht zu fördern."

Auf diesem Hintergrund erscheint Gewissenserforschung durchaus angebracht. Doch nicht nur auf kirchlicher Seite. Auch auf Seite der Medien sollte man sich die Frage stellen, ob die Art und Weise, wie man in Österreich in den letzten Jahren über Kirche berichtet, dem Anspruch des Gegenstands immer gerecht wird. Ich möchte in diesem Zusammenhang nicht verallgemeinern. Es gibt hervorragende und kompetente Berichte und Kommentare über die komplexen und krisenhaften Entwicklungen in der katholischen Kirche in Österreich. Aber es gibt auch Anderes: Ich nenne nur die Vermengung von Bericht und Kommentar, die „normative Kraft des Vorurteils", die Lust daran, tragische oder operettenhafte Einzelphänomene über Gebühr in den Vordergrund zu stellen. Ich nenne weiter die aus den Mechanismen des politischen Tagesgeschäfts auch auf den kirchlichen Bereich übertragene Kurzatmigkeit der Stellungnahme und Gegenstellungnahme.

Doch kehren wir zurück zu den Grundlinien von „Communio et progressio". Bei allem Optimismus über die Aufgaben der Medien waren manche Tendenzen, mit denen Sie sich morgen besonders intensiv auseinander setzen wollen, auch bereits 1971 klar. So lesen wir in Nr. 87: „Die Freiheit der Kommunikation und das Recht auf Information sind durch Gesetze zu schützen und ihr ungehinderter Gebrauch gegen Gewalt sowie gegen jeden wirtschaftlichen, politischen und ideologischen Druck ausreichend abzusichern. Den Staatsbürgern muss durch Gesetz eine volle Kontrollmöglichkeit der gesamten Verwaltung von Kommunikationsmitteln garantiert werden, besonders dann wenn ein Monopol und erst recht wenn ein staatliches Monopol besteht. Es unterliegt heute keinem Zweifel, dass eine gesetzliche Ordnung für den Kommunikationsbereich erforderlich ist. Diese muss eine ausreichende Vielfalt in den Medien wirksam schützen vor dem Druck wirtschaftlicher Marktgesetze, der eine übermäßige Konzentration zu erzwingen droht."

In diesem Sinne ist es heute die Aufgabe der christlichen Kirchen daran festzuhalten, dass gerade in einem so sensiblen Bereich wie dem Mediensektor das „freie Spiel der wirtschaftlichen Kräfte" durchaus nicht imstande ist, eine menschenwürdige Ordnung zu produzieren. An dieser Stelle sei ein Exkurs gestattet: Sehen die Befürworter der totalen „Deregulierung", was sich – auch als Folge einer solchen Politik – Abend für Abend auf den Bildschirmen abspielt? Und: Würden sie wollen, dass ihre eigenen Kinder gebannte Konsumenten dieses „Bild-und-Wortmülls“ sind? Die Meinungen der Wissenschaftler über die Gewalt fördernde oder Gewalt hemmende Wirkung von Gewaltszenen in Film und Fernsehen gehen zwar seit Jahrzehnten auseinander. Trotzdem haben viele ernst zu nehmende Beobachter den Eindruck, dass die Macht der „bösen Bilder“ auf Geist und Seele der jungen Menschen durchaus negativen Einfluss hat, zu einer Verrohung schon der Sprache und der Gebärden führt.

Es wäre wohl eine umfassende Untersuchung wert nachzuforschen, welche Konsequenzen es hat, wenn Menschen von Kind auf am TV-Schirm „lernen“, dass Konflikte nicht durch Gespräch und Dialog, sondern durch die Gewalt des Stärkeren zu lösen sind. Könnte es nicht sein, dass diese vor dem TV-Schirm „erlernten“ Verhaltensweisen auch zur viel beklagten Kälte in der „Ellbogengesellschaft“ von heute beitragen?

Mehr als zwanzig Jahre nach „Communio et progressio“ wurde eine weitere päpstliche Medieninstruktion unter dem Titel „Aetatis novae“, unter dem Pontifikat Johannes Pauls II. veröffentlicht. Der positiven Einstellung von „Communio et progressio“ wurden hier kritische Anmerkungen zur Seite gestellt. Zum Beispiel heißt es in Nr. 13: „Wie die Dinge heute liegen, kommt es vor, dass die Medien die individuellen und sozialen Hindernisse, die der Solidarität und der ganzheitlichen Entwicklung des Menschen im Wege stehen, noch verschlimmern. Zu diesen Hindernissen gehören der Säkularismus, das Konsumdenken, der Materialismus, die menschliche Entfremdung und das mangelnde Interesse für die Notlage der Armen und Entrechteten.“

Sehr deutlich wurde in „Aetatis novae“ aber auch festgestellt: „Es ist untragbar, dass die Ausübung der Kommunikationsfreiheit vom Reichtum, von der Erziehung oder von der politischen Macht abhängt. Das Recht auf Kommunikation ist ein Recht, das allen zusteht.“ Müssen wir als Christen diesen Satz nicht ständig vor Augen haben, wenn es um die Stichworte „Vielfalt“, „Freiheit“, „Zugang“ geht, die Sie morgen behandeln wollen?

Die katholische Kirche in Österreich hat sich zum letzten Mal beim Österreichischen Synodalen Vorgang 1973/74 auf breiter Basis mit dem Fragenkreis „Kirche und Medien“ auseinander gesetzt. Seit damals hat sich in der Kirche und in der Medienwelt vieles dramatisch verändert. Aber manche Überlegungen von damals scheinen mir auch heute noch sehr bedenkenswert.

In diesem Zusammenhang denke ich etwa an Punkt 2.1.22 des Schlussdokumentes des Österreichischen Synodalen Vorganges zum Stichwort „Meinungsbildung“. Hier heißt es: „Je abweichender eine innerhalb der Kirche vertretene Meinung gegenüber offiziellen Standpunkten ist, umso größer muss die Anstrengung sein, mit der die Kommunikation auch dorthin aufrechterhalten wird. Auch die Amtsträger dienen daher der Einheit vor allem, indem sie die Kommunikation fördern und wieder anknüpfen, gerade wo es am schwersten ist. Ernstnehmen aller Meinungen ist eine Vorbedingung für die Einheit und Voraussetzung fruchtbarer Meinungsbildung. Doch darf dieses Ernstnehmen nicht nur von Amtsträgern gefordert, sondern muss von allen Gruppen in der Kirche untereinander und auch gegenüber den Amtsträgern geleistet werden.“ Aus eigener Erfahrung möchte ich sagen: Die Bischöfe tragen – heute mehr denn je – schwer an der Last ihrer Verantwortung und kommen kaum in Versuchung ihre Macht auszuüben.

Aus dem, was wir gehört haben, kann man erkennen, dass die Kirche sich selbst für den Bereich der Medien und Kommunikationsmittel die Latte sehr hoch gelegt hat. In aller Bescheidenheit möchte ich Sie fragen, welche staatliche oder politische Instanz in ähnlicher Weise solche Ziele hoch steckt? Die pastorale Erfahrung sagt uns, dass wir Normen und Ziele hoch ansetzen müssen, um in der Praxis und im Alltag etwas Positives und Bleibendes zu erreichen.

Ich möchte Sie daher bitten, bei Ihren Beratungen im Rahmen des Symposiums, aber auch in Zukunft in Ihrem persönlichen Arbeitsbereich mitzuhelfen, dass die Kirche ihrer großen Verantwortung im Medienbereich einigermaßen gerecht werden kann.

[Rede auf dem Symposium, 29. Jänner 1998]

WIRTSCHAFT

Ethik und Wirtschaft im zusammenwachsenden Europa

In Italien gab es in den letzten Jahren eine große literarisch geführte Diskussion zum Thema „Woran glaubt, wer nicht glaubt?“ An dieser auf hohem Niveau geführten Diskussion in Form von aufeinander folgenden Aufsätzen in der italienischen Zeitschrift „Liberal“ beteiligten sich vor allem der bekannte italienische Romanschriftsteller und Philosoph der Universität Bologna, Umberto Eco, sowie der Kardinal von Mailand, Carlo Martini. Bei dieser literarischen Debatte ging es um das Problem von Ethik und Religion; es ging um die Frage, ob eine humanistische Ethik neben einem religiösen Welt- und Menschenbild im Sinne des christlichen Abendlandes den gleichen Rang als Lebensorientierung in Anspruch nehmen könne.

Ihrer Einladung gerne nachkommend will ich daher heute das große Thema von Wirtschaft und Ethik im zusammenwachsenden Europa in einigen wichtigen Aspekten behandeln und damit auch auf unsere europäische Situation seit dem Zusammenbruch des kommunistischen Imperiums Bezug nehmen. In den letzten Jahren konnte man in Diskussionen über die Ursachen dieses lautlosen Zusammenbruches des kommunistisch-marxistischen Systems verschiedene Meinungen hören: Militärs meinten, das Sowjetsystem hätte im Rüstungswettlauf mit den USA nicht Schritt halten können und sei in die Knie gegangen; wirtschaftliche Fachleute meinten, das System der kommunistischen Scheinwirtschaft sei kurz vor dem Zusammenbruch gestanden.

Meiner Meinung nach hat das alles wohl mitgespielt, aber die eigentliche Ursache war es nicht. Johannes Paul II. hat in seiner Sozialenzyklika „Centesimus annus“ aus dem Jahre 1991 – besonders auf den Spuren von „Rerum novarum“ – festgestellt: Der kommunistische Sozialismus beruhte auf einer zweifachen Voraussetzung: Einem fortschrittlichen Planungskollektiv, das nur das Wohl der Arbeiterklasse im Auge hätte an Stelle einer egoistisch-kapitalistischen Unternehmensführung; außerdem einem gemeinsamen Eigentum an den Produktionsmitteln, wodurch das Interesse an einer möglichst hohen Produktion gegeben sein sollte, was einen zunehmenden Wohlstand zur Folge haben sollte. Beide illusionistischen Konzepte konnten nicht realisiert werden.

Die Idee von fortschrittlichen Kräften des Proletariats hat sich in eine Privilegienherrschaft staatlicher Bürokratie verwandelt und die Arbeiterklasse verarmte. Aus diesem Grunde hat gerade die Arbeiterklasse das Vertrauen in die staatliche und wirtschaftliche Führung des Regimes verloren. Der Papst sieht in seinem Rundschreiben hier die eigentliche Ursache für den Zusammenbruch des Kommunismus. Die Überzeugung, dass sich durch eine revolutionäre Veränderung des Wirtschaftsprozesses der gute Mensch und eine solidarische Gesellschaft von selber ergebe, hat sich als Irrweg erwiesen. Die arbeitenden Menschen hatten die Rechnung zu bezahlen.

Für das westliche Europa, aber auch für die westliche Welt stellte sich jetzt die Frage, welches Leitbild einer Wirtschaftsführung man den postmarxistischen Ländern anbieten sollte, um jenseits von Angebot und Nachfrage die Dinge wieder in Ordnung zu bringen. So wurde die Frage nach der Ethik in der Wirtschaft gerade nach dem Zusammenbruch des kommunistischen Sozialismus, zu einem Zentralthema.

Alfred Müller-Armack, Wegbereiter der sozialen Marktwirtschaft, formulierte dieses Anliegen folgendermaßen: „Zwei großen sittlichen Werten fühlen wir uns verpflichtet: der Freiheit und der sozialen Gerechtigkeit ... Die soziale Gerechtigkeit muss mit und neben der Freiheit zu einem Wesensbestandteil unserer künftigen Wirtschaftsordnung werden.“ Und der Franzose Jacques Delors, der erste Präsident der Europäischen Kommission, sprach davon, dass die Ziele der Europäischen Wirtschaftsgemeinschaft nur dann verwirklicht werden können, wenn einem wirtschaftlichen Konzept ebenso eine soziale und ethische Dimension hinzugefügt werden.

In Japan ist eine Diskussion im Gange, ob und wie man die Wüstengebiete in fruchtbares Land verwandeln könne. Dazu, so hieß es, müsse die Kernfusion in einigen Jahrzehnten verwirklicht werden; vor allem aber sei eine Voraussetzung wesentlich, dass es dem japanischen Staat gelingt, in seinen Bewohnern den Geist einer konfuzianischen Ethik zu verlebendigen; jener Ethik, die die Pflichterfüllung vor die Selbstverwirklichung stellt und die Loyalität zur Arbeitsgruppe und zum Unternehmen als ethischen Grundwert ansieht.

Wenn Europa heute damit beschäftigt ist, zu sich selbst zu finden und das „neue Haus Europa" gemeinsam aufzubauen, so kommt den Diskussionen über Wirtschaft und Ethik dabei eine ganz besondere Bedeutung zu. Aus europäischer Sicht, inmitten einer rasch expandierenden, einer immer größeren internationalen Verflechtung sind orientierende Grundsätze notwendig.

Ich folge damit einem über Österreich hinaus bekannten Fachmann für christliche Soziallehre und Wirtschaftsfragen, dem Jesuiten Professor Schasching, der auch im Vatikan zur Vorbereitung von wirtschaftsethischen Fragen als Mitarbeiter und Berater herangezogen wird.

Für alle, die in der Wirtschaft Verantwortung tragen, geht es daher um folgende drei Grundsätze: Erstens: Handle als Mann der Wirtschaft sachgerecht; handle aber – zweitens – auch menschengerecht und handle – drittens – mit dem Blick auf soziale Zusammenhänge auch gesellschaftsgerecht. Eine so verstandene ethische Orientierung ist leicht verständlich, hat aber mit einer komplexen Wirklichkeit zu tun und verlangt oft schwierige Entscheidungen zwischen dem Für und Wider.

Als Erstes: Wirtschafte also sachgerecht. Um ein sachgerechtes Wirtschaften bemüht sein heißt zunächst, die Gesetze der Wirtschaft selber zu kennen, denn es geht hier um eigene Zusammenhänge und Notwendigkeiten; das Gesetz von Angebot und Nachfrage kann man nicht zur Seite schieben und ebenso gibt es einen Zusammenhang, wie weit man sparen muss und wie weit man Investitionen überlegen kann. Über die Wirtschaftsgesetze kann man sich nicht hinwegsetzen und man kann auch keine Utopien verkünden an Stelle des Sachverstandes.

Die Wirtschaft wird beständig durch technische Neuerungen und eine gewisse Dynamik der internationalen Märkte bestimmt; sie braucht Menschen, die ein hohes Maß an Sachkenntnis und Bereitschaft zur Verantwortung haben. Sie braucht mutige Unternehmer, die imstande sind, die Märkte richtig einzuschätzen, gezielte Investitionen in Angriff zu nehmen und damit neue Arbeitsplätze zu schaffen, notwendige Entscheidungen vorzubereiten, und die sehr oft auch bereit sind ein wohl überlegtes Wagnis einzugehen.

Das alles verlangt von jedem, der in der Wirtschaft Verantwortung trägt, einen hohen Wissensstand und eine beständige Weiterbildung. Voraussetzung hierfür ist aber auch eine ausgeglichene Gesamtpersönlichkeit. Wer in der Wirtschaft Verantwortung trägt, muss also über ein fundiertes Sachwissen sowie über viel fachliches Können verfügen.

Als Zweites: Sachgerechtes Wirtschaften verlangt weiters aber auch ein menschengerechtes, das Wohl des Menschen berücksichtigendes Wirtschaften. Ein bekanntes Handbuch der Unternehmerschulung drückt es so aus: „Vergesst nicht, die kostbarste Ressource sind die Menschen." – Damit ist die Überzeugung ausgesprochen, dass es wirtschaftlichen Unternehmen nicht nur darum geht, Waren und Dienstleistungen zu erbringen, sondern auch darum, die Mitarbeiter als Menschen ernst zu nehmen und das menschliche Klima im Betrieb mitzugestalten.

Der Grundsatz: Wirtschafte menschengerecht, heißt also, den Menschen als Mitarbeiter ernst zu nehmen, für ein gutes Arbeitsklima zu sorgen und zu überlegen, welche Chancen zu einer Mitverantwortung bestehen. Oder wie Johannes Paul II. in seinem Rundschreiben über die Arbeit es ausdrückte: Dass der Einzelne „mehr Mensch werde in und durch seine Arbeit". Hier scheint mir eine große Herausforderung für die westliche Welt zu liegen, das heißt, nach dem Zusammenbruch des marxistisch-leninistischen Kommunismus zu zeigen, dass unternehmerische Initiative und Privateigentum es verhindern, dass Arbeit zur Ware degradiert wird; dass gerade dadurch die Möglichkeit zur Mitverantwortung und – in der Folge – zur menschlichen Selbstentfaltung durch die Arbeit geschaffen wird. Menschengerecht wirtschaften heißt daher: die Menschenwürde achten, die freie Entfaltung der Persönlichkeit bei der Arbeit begünstigen und falsche Vorstellungen korrigieren.

Und schließlich als Drittes: Wirtschafte gesellschaftsgerecht. Unabhängig von einer Ethik in der Wirtschaft hat sich heute – mehr oder weniger, so berichten die Fachleute, so berichtet auch Professor Schasching – die Auffassung durchgesetzt: In den Unternehmen steht heute nicht mehr allein die Lösung rein ökonomischer Probleme, zum Beispiel verbesserte Produktionsverfahren oder neue Absatzstrategien, im Vordergrund; heute erwarte man von Unternehmern auch, dass sie Rücksicht nehmen auf die Umwelt, auf kommunale und soziale Belange.

Damit steht eine wichtige grundsätzliche Erkenntnis im Zusammenhang: Die Sicherung des Gemeinwohles ist gewiss eine wichtige Aufgabe des Staates; es wäre aber falsch, die Verwirklichung des Gemeinwohles ausschließlich in den Händen des Staates zu belassen. Ein menschengerecht organisierter Staat wirkt dann am besten, wenn die verschiedenen gesellschaftlichen Kräfte in ihrer eigenen Verantwortung ihren Beitrag dazu leisten.

Es liegt im Interesse der Wirtschaft, dass der Wert der Freiheit erhalten bleibt und nicht durch Machtstrukturen von außen zerstört wird. Es wird im Interesse aller in der Wirtschaft Tätigen liegen, überholte Formen des Klassendenkens nicht neu aufbrechen zu lassen, sondern sich um Mitverantwortung und Partnerschaft zwischen Kapital und Arbeit Gedanken zu machen. Aus wirtschaftlicher Sicht wird man Arbeitslosigkeit, Umweltprobleme etc. nicht einfach der staatlichen Verantwortung überlassen dürfen, sondern versuchen müssen, im Rahmen des Möglichen selbst initiativ zu werden.

Wirtschafte sachgerecht, wirtschafte menschengerecht und wirtschafte gesellschaftsgerecht – das sind jene drei Grundsätze, die als Forderung der Ethik in der Wirtschaft heute wichtig sind. Aus ethischer Sicht ist man sich dabei wohl im Klaren, dass man mit diesen drei Grundsätzen allein die vielen Herausforderungen der heutigen Wirtschaft nicht lösen kann.

In unserer Zeit des zusammenwachsenden Europa befindet sich auch die Wirtschaft auf dem Weg nach Europa; daher will ich noch kurz einen vierten Gesichtspunkt nennen: Ethik in der Wirtschaft verlangt auch ein europa-orientiertes Handeln und Wirtschaften.

Die Rückkehr nach Europa, die Geburt eines neuen, gemeinsamen Europa ist ein schmerzlicher und langwieriger Prozess. Und dies fordert vom Westen des Kontinents ein besonderes Maß an Solidarität. Österreich ist hier, im Herzen Europas, nicht nur durch seine Geschichte, sondern auch durch seine geografische Verbundenheit besonders herausgefordert und sollte seine Brückenfunktion mehr als bisher erkennen. Denn in einem größeren Europa wird es darum gehen, den Weg Mitteleuropas oder Zentraleuropas mit dem östlichen Europa nach dem ganzen Europa zu überlegen und zu verstehen. Europa, das alles daransetzt, seinen Weg zu finden, steht vor der großen Herausforderung, seine politischen Konzepte zu überdenken, seine wirtschaftlichen und menschlichen Probleme in den Griff zu bekommen, um in einem raschen Prozess der Globalisierung bestehen zu können. Dabei darf aber Europa nicht eine Festung werden, wie es der Vertrag von Schengen zu signalisieren scheint. Europa muss bedenken, dass Politik und Wirtschaft letztlich im Dienste des Menschen stehen, des Menschen, der aus Leib und Seele besteht. Der anspruchsvolle Bereich des materiellen Wohlbefindens kann daher auch in Zukunft nicht vom seelisch-geistigen Lebensbereich losgelöst werden.

[Vortrag in St. Paul des Vence, 14. Mai 1998]

Unterwegs mit den Menschen

Noch unterwegs mit den Menschen?

Dieser Tage ging die Nachricht um die Welt, dass Papst Johannes Paul II. vom bekannten auflagenstarken und angesehenen amerikanischen TIME-Magazin zum „Mann des Jahres“ gekürt wurde. Als Gründe werden unter anderem genannt, dass er sich mit seinem immer hohen Ansehen für ein besseres Leben weltweit einsetze; zudem bemühe er sich um eine Anerkennung moralischer Werte angesichts ihres Verfalls, einer zunehmenden Rücksichtslosigkeit und Brutalität im menschlichen Verhalten. – Etwa gleichzeitig bezeichnet das liberale italienische Nachrichtenmagazin *Epoca* den Papst als den populärsten Mann Italiens, der mit über 75 Prozent auch den angesehenen italienischen Staatspräsidenten in der Bewertung übertraf.

Damit stellt sich die Frage, ob eine solche weltweite Anerkennung, gerade außerhalb der Kirche, auch Auswirkungen auf die Kirche selbst mit einschließt. Zur Zeit ist dies nicht der Fall.

Aus westeuropäischer und zum Teil auch aus amerikanischer Sicht ist das Bild der katholischen Kirche in der öffentlichen Diskussion, in den Medien schlecht und besitzt keine große Anziehungskraft. Das hat verschiedene Gründe. In der medialen Diskussion wird die Kirche fast immer mit der obersten Spitze, das heißt, mit dem Papst und mit dem Vatikan oder der römischen Kurie identifiziert. Im Gegensatz zum TIME-Magazin unterstellt man dieser Kirchenspitze, mehr oder weniger pauschal, dass sie versuche, das Rad der Geschichte zurückzudrehen, um so die Weichenstellung des Zweiten Vatikanischen Konzils mit der bekannten Aufbruchsstimmung und dem festen Willen zur inneren Erneuerung wieder zurückzunehmen. Diese Kirche habe kein Verständnis für die Sorgen und die Probleme der Menschen von heute, für die geänderten Lebens- und Zeitverhältnisse, in denen sie heute Ehe und Familie begründen und leben müssen. In manchen zynischen Attacken scheint geradezu der tot geglaubte Antiklerikalismus eines ausgehenden 19. und beginnenden 20. Jahrhunderts wieder lebendig zu werden.

Jedenfalls steht das Kirchenbild in den Medien, in der öffentlichen Diskussion, bewusst oder unbewusst, in keiner wirklichen Verbindung mit der Gemeinschaft des Glaubens und des Vertrauens auf Gottes Wort. Man sieht sie als eine Institution, die sich um Arme und Flüchtlinge kümmert, die sich für moralische Werte in der Gesellschaft einsetzt; eine Institution, die, wie andere öffentliche Einrichtungen, nicht leicht durchschaubar ist, von anonymen Kräften und unsichtbaren Machtzentren geleitet wird.

In der öffentlichen Diskussion leisten nicht wenige dazu ihren negativen Beitrag, ohne viel von Glauben und Religion und von Kirchengeschichte zu wissen. Für Skeptiker und Gleichgültige ist Religion, besonders in der Form des christlichen Glaubens, ein Ärgernis; mit zynischen Worten leisten sie ihren Beitrag für das öffentliche Gespräch; für andere wieder erscheint die katholische Kirche als eine Art Monolith, der auf Knopfdruck reagiert und so unter Umständen durchaus auch gefährlich werden kann.

Es melden sich allerdings auch besorgte Stimmen, die fragen: Können wir uns auf die Dauer leisten, den Maßstab für eine klare Rangordnung der Werte, wie sie durch das Christentum in unsere Geschichte hineingeschrieben wurden, einfach beiseite zu schieben? Können wir angesichts des sinkenden Respekts vor der Würde der Person, des menschlichen Lebens, ohne Ehrfurcht, Treue und Rücksicht gegenüber den anderen, es uns leisten, das noch vorhandene religiöse Erbe versickern zu lassen? Und dies angesichts der auf uns zukommenden sozialen Konflikte im Weltmaßstab, angesichts der Gefahren für den Frieden auf nationaler und internationaler Ebene? Wollen wir zusehen, wie eine Orientierungslosigkeit den Unterschied zwischen Gut und Böse, zwischen Wahr und Falsch immer mehr relativiert und verwischt; dass noch mehr Freiheit und noch weniger Verantwortung für den Einzelnen in der Gemeinschaft gefordert wird? Tauchen nicht Ängste und Unsicherheit auf angesichts der Tatsache, dass der Glaube an Wissenschaft und Fortschritt einer wachsenden Skepsis begegnet und die ökologische Krise zunimmt?

Ist es nicht andererseits ein unverzichtbarer Dienst der Kirche – trotz aller menschlichen Schwächen und kirchenpolitischen Diskussionen –, wenn sie in den kleinen und großen Pfarrgemeinden, in der Stadt wie auf dem Lande, über alle Grenzen hinweg das Evangelium von der Gottes- und Nächstenliebe verkündet, die Liebe zwischen Gott und dem Nächsten auf die gleiche Ebene stellt und damit ungezählten Menschen jene Grundwerte vermittelt, wie es sonst niemand tut und niemand tun kann.

Geht es bei der heute deutlich spürbaren Kommunikationsstörung zwischen Öffentlichkeit und Kirche in unseren westlichen Ländern nicht um eine ernste Situation, wenn ein weit verbreitetes und zersetzendes Vorurteil gegenüber Kirche und christlichem Glauben zu einer Spaltung der öffentlichen Meinung führt? Es liegt allerdings auch an der Kirche selber, sich kritisch zu befragen, wie weit sie an einer solchen Kommunikationsstörung schuld ist, um sie zu überwinden.

Im Grunde geht es – so könnte man ebenfalls sagen – um eine jahrhundertealte Entwicklung, die zu einem Auseinanderleben von Kirche und Welt geführt hat. Es ist dies eine wachsende Diskrepanz zwischen der Bewusstseinslage des modernen Menschen, auch des Getauften und der christlichen Lehre. Unter und neben den christlichen Konfessionen haben die Menschen weitgehend ihre eigene, private Religion und ihre eigene private Moral aufgebaut und entwickelt. Sie sind keine Kirchenstürmer, keine Häretiker im eigentlichen Sinne – für sich aber und für ihr eigenes Leben finden sie diese Lehre weitgehend als undurchführbar. Die kirchliche Lehre wird zwar nicht bekämpft, aber für den Hausgebrauch baut man sich eine eigene Geschäftsmoral, eine eigene Arbeitsmoral, eine eigene Sexual- und Ehemoral sowie eine eigene politische Moral auf. Und so lebt der Mensch der Gegenwart – auch der Christ der Gegenwart – auf weiten Gebieten in einer gespaltenen Bewusstseinslage. Jede Spaltung wirkt zerstörend, schädigt den Menschen und deformiert die Gesellschaft.

Dies zeigt, dass es sich nicht nur um eine Kommunikationsstörung, sondern bereits um einen Konflikt zwischen Glauben und Leben handelt.

Um einer solchen gefährlichen Entwicklung zu begegnen, gibt es zwei Möglichkeiten: Es gibt den Versuch, einer solchen Aufweichung durch Verhärtung zu begegnen, durch ein scharfes und hartes Kirchenregiment, durch eine Verschärfung der kirchlichen Disziplin.

Das heißt, wer nicht als Christ lebt, der soll auch keiner sein.

Eine solche Vorgangsweise würde allerdings die Gefahr bedeuten, dass die katholische Kirche sich absondert und zu einer Art Sekte wird, zu einer vorbildlichen oder vielleicht fanatischen Minderheit, die sich abkapselt und einkapselt. Damit müsste die Kirche allerdings den Anspruch aufgeben, im Auftrag ihres Herrn Sauerteig in dieser Welt zu sein.

Es gibt aber auch einen anderen, zweiten Weg, den ich als den ignatianischen Weg bezeichnen könnte. Im Sinne des hl. Ignatius von Loyola geht es um eine dem Menschen und seiner Zeit zugewandte seelsorgliche Methode: Ich gehe mit jedem Menschen durch seine Tür hinein, um ihn durch meine Tür wieder heraus zu begleiten. Das heißt: Mit der Welt mitgehen, auch auf den Wegen der Welt; das heißt, mit den Menschen mitgehen, auch auf den Wegen der Menschen – nicht um sich der Welt anzugleichen, sondern um in ihr präsent zu sein.

Die katholische Kirche ist beim Zweiten Vatikanischen Konzil ganz bewusst diesen zweiten Weg gegangen. Es ging ihr darum, gehört zu werden, ihre Nähe spürbar zu machen; sie wollte „Freude und Hoffnung, Trauer und Angst der Menschen von heute, besonders der Armen und Bedrängten, zu ihren eigenen machen“, wie es im Konzilsdokument über die „Kirche in der Welt von heute“ (Nr. 1) heißt. Mit einer solchen Gesprächsbereitschaft geht es der Kirche letztlich auch um ihre Glaubwürdigkeit. Darum hat Papst Johannes XXIII. von jenem „Aggiornamento“ gesprochen; er war es, der eine Wende in der Kirche herbeigeführt und damit einen Übergang geschaffen hat, vom Statischen zum Dynamischen, von der Autorität zur Brüderlichkeit und vom Monolog zum Dialog.

In der öffentlichen Diskussion, auch in der Mediendiskussion, herrscht heute der Eindruck vor, dass die katholische Kirche in der Zwischenzeit wiederum dem ersten Weg den Vorzug geben wolle. Manche Missverständnisse und negativ besetzte Schlagworte haben zeitweise das Klima in der nachkonziliaren Zeit vergiftet, manche Verantwortliche ängstlich und übervorsichtig gemacht. Es wäre aber eine Illusion zu glauben, dass jenes Kirchenbild aus der vorkonziliaren Zeit damit wieder zum Leben erweckt werden müsse. Die Kirche kann sich nicht wieder in eine „feste Burg“ zurückziehen und die Zugbrücken hochziehen; ihre Aufgabe ist es das „Zelt Gottes mitten unter den Menschen" zu sein.

Die katholische Kirche besitzt heute – wenn man über die Grenzen Europas hinausblickt – als weltweite Gemeinschaft eine Vitalität, die jeden Versuch zu einer Uniformierung von vorneherein zum Scheitern verurteilt. Johannes Paul II. hat in seinem Buch *Die Schwelle der Hoffnung überschreiten* an sehr vielen Stellen auf das Vatikanische Konzil hingewiesen und auf die mächtigen Impulse, die von dieser Kirchenversammlung für die Zukunft der Kirche selbst ausgegangen sind. So steht dort zu lesen: „Das Zweite Vatikanische Konzil ist ein großes Geschenk für die Kirche und für alle jene gewesen, die daran teilgenommen haben. Es war ein Geschenk für die ganze Menschheitsfamilie, eine Gabe für uns alle. ... Ich hatte das ganz besondere Glück, vom ersten bis zum letzten Tag am Konzil teilnehmen zu können." Und es heißt weiter: Das Konzil hatte einen „ökumenischen Stil, der durch eine große Bereitschaft zum Dialog charakterisiert war".

Das Lebensprinzip der Kirche heißt, ganz im Sinne des Zweiten Vatikanums: Soviel Einheit wie notwendig, soviel Vielfalt wie möglich.

Neben dem ökumenischen Dialog sucht heute die katholische Kirche ebenso den interreligiösen Dialog. Ein eigenes Sekretariat oder eine Päpstliche Kommission widmen sich dieser aus dem Konzil erwachsenen Aufgabe. So hatte zum Beispiel die sechste Weltkonferenz der Religionen für den Frieden im November 1994 in Rom, im Vatikan ihren Anfang genommen. Johannes Paul II. wies in einer Ansprache auf die Menschenwürde als gemeinsame Grundlage aller Religionen hin und leitete daraus für alle Religionen das gemeinsame Anliegen ab, sich für den Frieden in der Welt einzusetzen.

1986 hatte der gleiche Johannes Paul II. für seine Kirche ein Zeichen gesetzt, das nicht von allen gleich verstanden wurde: Er hatte die Vertreter der großen Weltreligionen nach Assisi geladen, um dort – jeder für sich – für den Frieden zu beten. Die in die Zukunft weisende Bedeutung jenes Ereignisses von Assisi ist vor allem darin zu sehen, dass vor aller Welt „das Religiöse" aus einer rationalistischen Verengung herausgehoben wurde. Assisi hat eine Vielzahl religionsgeschichtlicher, rationalistischer Diskussionen, Interpretationen, Fragestellungen der Religionswissenschaft aus der zweiten Hälfte des 19. Jahrhunderts und aus der ersten Hälfte des 20. Jahrhunderts fast wortlos zur Seite geschoben und stattdessen die Kraft des Religiösen für die Zukunft der Menschen neu ins Bewusstsein gerückt.

Aus solchen Hinweisen und Zeichen wird deutlich, dass in einer Diskussion der Medien der oft benützte Vergleich der Kirche mit totalitären Systemen nicht greifen kann. Papst Johannes Paul II. meinte in seinem letzten Rundschreiben zur Vorbereitung auf die Jahrtausendwende: „Mit dem Zusammenbruch großer antichristlicher Systeme auf dem europäischen Kontinent, zunächst des Nationalsozialismus und dann des Kommunismus, erscheint die Aufgabe dringend nötig, den Menschen Europas erneut die befreiende Botschaft des Evangeliums anzubieten." – Der Papst schreibt vom „Anbieten" und er sagt nichts vom „Aufdrängen".

Im kommenden Jahr werden es dreißig Jahre sein, dass das Zweite Vatikanische Konzil zu Ende ging. Fünf Jahre vor der Jahrtausendwende ist die Erinnerung daran für die katholische Kirche in ihrer Gesamtheit ein Impuls, deutlicher als bisher zu zeigen, dass die Kirche als wanderndes Gottesvolk – mit den anderen christlichen Kirchen – noch immer unterwegs ist mit den Menschen.

[Text für die SÜDDEUTSCHE ZEITUNG, Silvester 1994]

Das Zweite Vatikanische Konzil

Das Zweite Vatikanische Konzil und der Weg der Kirche ins dritte Millennium

Hochwürdigster Herr Kardinal, hochwürdigster Herr Nuntius, meine Herren Bischöfe, illustres Auditorium!

Gerne habe ich die an mich ergangene Einladung der Tschechischen Bischofskonferenz angenommen, an diesem festlichen Abend über das Zweite Vatikanische Konzil zu berichten. Vor einigen Tagen, am 8. Dezember, waren es genau dreißig Jahre, dass diese große Kirchenversammlung durch Papst Paul VI. in St. Peter feierlich abgeschlossen wurde. Es ist für mich eine Auszeichnung, vor einem so illustren Zuhörerkreis über meine Eindrücke und die wichtigsten Ergebnisse dieses Konzils als einstiger Teilnehmer berichten zu können.

Zu all dem aber ist es für mich eine Freude, Gelegenheit zu haben, wieder in Ihre schöne Stadt, in das Goldenen Prag, mit der prachtvollen St. Veitskathedrale und der Burg der Přemysliden auf dem Hradschin zu kommen. Es ist für mich eine Freude, wieder eintauchen zu können in die sympathische Atmosphäre dieser Stadt und ihre reiche Geschichte und ihre Kunstdenkmäler auf mich wirken zu lassen.

In dieser Ihrer Stadt habe ich mehrmals den tapferen Kardinal Tomasek in seinem Erzbischöflichen Exil auf dem Hradschin besucht. Mit Anteilnahme und Spannung habe ich im Fernsehen die Ereignisse des zu Ende gehenden Jahres 1989 am Wenzelsplatz miterlebt. Der lautlose und plötzliche Zusammenbruch des Kommunismus hat auch mich bewegt. Den schwierigen Neuanfang des kirchlichen Lebens nach 1990, mit den neuen Bischöfen, besonders mit dem heutigen Kardinal Vlk in persönlichen Begegnungen miterleben, bleibt für mich unvergesslich. Ich freue mich über die persönliche Freundschaft, die mich mit Ihrem Kardinal, aber auch mit Ihren Bischöfen seit dieser Zeit verbindet.

Bevor ich aber meinen Bericht über das Konzil beginne, entbiete ich von dieser Stelle aus meinen respektvollen und brüderlichen Gruß der hussitischen Kirchengemeinschaft, den Böhmischen Brüdern sowie den Angehörigen der evangelischen und orthodoxen Kirche.

Zu meinem heutigen Thema kommend möchte ich kurz zwei einleitende Fragen stellen. Erstens: Was ist ein allgemeines oder ökumenisches Konzil? Und zweitens: Wie beurteilt der Heilige Vater Johannes Paul II. aus der zeitlichen Distanz von dreißig Jahren die Ergebnisse des Zweiten Vatikanischen Konzils für die Kirche im Hinblick auf ihren Weg in das nächste Jahrtausend?

Zum Ersten: Was versteht man unter einem ökumenischen Konzil? Zum Unterschied von nationalen oder regionalen Konzilien in der Kirche werden zu einem allgemeinen, ökumenischen Konzil – ökumenisch im Sinne der griechischen Ökumene allgemein – alle regierenden Bischöfe der ganzen Welt eingeladen, um unter dem Vorsitz des Bischofs von Rom, des Papstes, wichtige Fragen für die Gesamtkirche zu beraten, Beschlüsse zu fassen, Gesetze zu verabschieden. Ein ökumenisches Konzil besitzt, so wie der Papst, höchste Gewalt über die ganze Kirche. Ein ökumenisches Konzil steht also neben dem Papst, aber nicht über dem Papst. (Der Konziliarismus wurde im Ersten Vatikanischen Konzil widerlegt).

Das Zweite Vatikanische Konzil (Lumen gentium, Nr. 22) bestimmt die Aufgaben eines allgemeinen ökumenischen Konzils folgendermaßen: „Das Kollegium der Bischöfe, das jenem der Apostel im Lehr- und Hirtenamt nachfolgt, ja, in welchem die Körperschaft der Apostel immerfort weiterbesteht, ist gemeinsam mit ihrem Haupte, dem Bischof von Rom – und niemals ohne dieses Haupt – gleichfalls Träger der höchsten und vollen Gewalt über die ganze Kirche."

Bis jetzt gab es insgesamt 21 ökumenische Konzilien in der Geschichte der Kirche. Das erste Konzil fand in Nizäa (325) statt, das 21. Konzil 1962-1965 in Rom. Es wurde am 8. Dezember 1965 durch Papst Paul VI. feierlich abgeschlossen – also vor ziemlich genau dreißig Jahren.

Zum Zweiten: Das Urteil des Papstes über das Konzil, aus heutiger Sicht, aus dieser zeitlichen Distanz, findet sich in seinem Apostolischen Schreiben „Tertio millennio adveniente" Nr. 18 vom 10. November 1994. Der Papst stellt hier fest: Das Zweite Vatikanische Konzil war „ein Ereignis der Vorsehung, durch das die Kirche die unmittelbare Vorbereitung auf das Jubiläum des Jahres 2000 in Gang gesetzt hat. Denn es handelt sich um ein Konzil, das zwar den früheren Konzilien ähnlich und doch sehr andersartig ist; ein Konzil, das sich auf das Geheimnis Christi und seiner Kirche konzentriert und zugleich offen ist für diese Welt. Diese Öffnung war die moderne Antwort auf die moderne Evolution der Welt mit den umwälzenden Erfahrungen des 20. Jahrhunderts." Und kurz darauf (Nr. 19) nochmals: „Bei keinem anderen Konzil hat man mit einer derartigen Klarheit von der Einheit der Christen, vom Dialog mit den nichtchristlichen Religionen, von der spezifischen Bedeutung des Alten Bundes und Israels, von der Würde des persönlichen Gewissens, vom Prinzip der religiösen Freiheit, von den verschiedenen kulturellen Traditionen, innerhalb welcher die Kirche ihrem Missionsauftrag nachkommt, und von den sozialen Kommunikationsmitteln gesprochen."

Ein so gewichtiges Urteil fällt der Heilige Vater in seinem jüngsten Rundschreiben. Dieser Hinweis ist wichtig, weil bei manchen Zeitgenossen die Meinung besteht, der Papst selber oder der Vatikan betrachte das letzte Konzil mit Reserve.

Das letzte Konzil entsprang der Eingebung eines Mannes, bei dessen Wahl zum Papst wohl kaum jemand, am wenigsten er selbst, von der schicksalhaften Bedeutung ahnte, die er für die Kirche, aber auch für die ganze Welt haben werde. Johannes XXIII. war – und er hat sich selbst so bezeichnet – ein schlichter, einfacher Mann, ein Bauernsohn, dessen Wunsch es war, Hirte einer kleinen Gemeinde zu sein. Er war vielleicht ein unprogrammatischer Mann und doch stammt von ihm das Programm des Konzils. In seiner schlichten, unproblematischen Frömmigkeit war er das Werkzeug jenes Heiligen Geistes, den der Herr seiner Kirche versprochen und gesandt hat. Er hat eine große Wende in der Kirche herbeigeführt. Er hat den Übergang vom Statischen zum Dynamischen, von der Autorität zur Brüderlichkeit, vom Monolog zum Dialog vorbereitet. Er war ein

Mann des Gesprächs und hat für die Kirche wieder auf die Wichtigkeit des Gesprächs hingewiesen, des Gesprächs mit der Welt, aber auch innerhalb der Kirche. Durch ihn bekam die Kirche wieder Leuchtkraft bis in die fernen Gefilde der Kirchenfremden und der Kirchengegner.

Ich erinnere mich heute noch so, als wäre es gestern gewesen. Die Spannung, die Hoffnung und Skepsis zugleich, mit der die öffentliche Meinung der Eröffnung des Zweiten Vatikanums entgegenging, löste sich in eine große, freudige Überraschung auf. Ich werde jenen 11. Oktober 1962 nie vergessen. Als damals relativ junger Erzbischof von Wien stieg ich inmitten von rund zweieinhalbtausend Konzilsvätern über die Scala Regia hinunter zum Eingang der Peterskirche. Papst Johannes XXIII., der das Konzil einige Jahre zuvor angekündigt und einberufen hatte, wurde in die Peterskirche hineingetragen und stieg dann von seinem Tragsessel herunter, um in der Kirche zu Fuß, zwischen den links und rechts aufgebauten langen Sitzreihen der Bischöfe hindurch, bis zum Petrusgrab zu gehen. Dabei trug er nicht die päpstliche Tiara, sondern eine bischöfliche Mitra, wie alle anderen Konzilsteilnehmer auch.

Das Hauptschiff der großen Peterskirche war mit den zu beiden Seiten aufgebauten Sitzreihen für die Bischöfe für die nächsten Jahre zur Konzilsaula umgebaut worden. Unvergesslich bleibt mir das mir hier zum ersten Mal deutlich gewordene Bild einer weltumspannenden Kirche. In den Sitzungen selbst und vor allem in den Gesprächen in den Pausen konnten man Bischöfe verschiedener Hautfarbe, Rasse und Sprache miteinander in lebhaftem Gespräch sehen. Das ist, so schien mir, eine vitale und lebendige Kirche!

In der Mitte der Peterskirche, das heißt, der Konzilsaula, befand sich auf einem eigens dafür vorbereiteten Tisch eine kostbare Ausgabe der Heiligen Schrift, aus den ersten christlichen Jahrhunderten, aus der Vatikanischen Bibliothek. Dieses Buch und die Messfeier am Beginn einer jeden Hauptsitzung in verschiedenen Riten waren die deutlichen Hinweise auf das Fundament auch dieses Konzils, auf Christus und seine Botschaft an alle Völker!

In seiner Eröffnungsansprache meinte Papst Johannes XXIII. angesichts der großen Zahl der in St. Peter versammelten Bischöfe aus der ganzen Welt mit innerer Gelassenheit, man dürfe sich nicht

Kardinal Franz König mit dem „Kleinen Konzilskompendium", der Ausgabe der Texte des Zweiten Vatikanischen Konzils.

nur für das interessieren, was alt und vergangen ist, sondern die Bischöfe sollten „freudig und furchtlos das verwirklichen, was die Gegenwart erfordert". Man dürfe sich nicht so verhalten, als ob sich in der Welt alles immer nur zum Schlechteren wende; er wies darauf hin, dass man nicht immer nur auf jene „Unglückspropheten" hören solle, die „in den modernen Zeiten nichts zu sehen vermögen als Unrecht und Untergang, als ob zur Zeit der früheren Konzilien alles in vollem Triumph der christlichen Lehre und der rechten Freiheit des Glaubens vor sich gegangen wäre". Es sei daher „wahrhaft nötig", sagte der Papst, „dass die gesamte christliche Lehre vor allem durch ein neues Bemühen angenommen wird; dabei muss die Substanz der alten, im Glauben enthaltenen Lehre von der Formulierung ihrer sprachlichen Einkleidung wohl unterschieden werden". In diesem Bemühen müsse vor allem der pastorale Gesichtspunkt im Vordergrund stehen.

Die von überall, aus der ganzen Welt in Rom zusammengeströmten neugierigen Journalisten haben die Zuversicht und den Mut aus diesen Worten herausgehört und darüber einer interessierten Welt auch so berichtet.

Dieses Konzil, als allgemeines und ökumenisches Konzil, in der Geschichte der Kirche das Einundzwanzigste, wurde als ein Weltereignis bewertet; dies bewies die Anwesenheit von fast tausend Berichterstattern. Später standen ihnen eigene Büros zur Verfügung, wo täglich Konzilsväter in den Hauptsprachen über die Vorgänge auf dem Konzil berichteten und die Fragen der Journalisten zu beantworten versuchten, um so zu verhindern, dass in der großen Berichterstattung zu viele Missverständnisse oder Missdeutungen erschienen.

Und so wurde gerade durch die Öffentlichkeit der Konzilsverhandlungen der Welt ein Beispiel gegeben für die Freiheit geistigen Ringens, für das Ernstnehmen geistiger Entscheidungen in einer Zeit, die so ausschließlich von machtpolitischen Interessen und vom Materiellen geprägt erschien. Die Welt hat damals dieses Beispiel begriffen.

Im Rahmen dieses Vortrages ist es mir leider nicht möglich, auf die großen Ereignisse, Diskussionen und auch Spannungen während der Jahre des Konzils einzugehen. In der nach dem Konzil einsetzenden Diskussion zwischen einer sogenannten „konservativen“ und einer sogenannten „progressiven“ Richtung – ich denke dabei an den westeuropäischen und mitteleuropäischen Raum – ging es nicht immer nur um die Bewertung verschiedener Konzilsaussagen. Die dabei in Erscheinung getretenen Fronten kreisten und kreisen vor allem um das rechte Kirchenbild in der Welt von heute. Ohne sich immer auf die Konzilstexte selbst zu beziehen, legen die einen den Akzent auf Uniformität, Einheitlichkeit, im Gegensatz zur legitimen Vielfalt. Die anderen bringen ihre Sorgen zum Ausdruck, dass fundamentalistische Unterströmungen das Bild der Kirche für die Zukunft einengen und verzerren könnten. Niemand will dem anderen von vornherein den guten Willen absprechen. Wie aber, so frage ich Sie, zeigt man zukunftsweisende Wege aus dieser vorhandenen Verunsicherung?

Alle Konzilien sind in ihrer Ausrichtung auf die Zukunft zu sehen, im Ringen um die Einheit des Glaubens für das wandernde Gottesvolk. In diesem Sinne zeichnen die sechzehn offiziell verabschiedeten Konzilsdokumente behutsam erneuerte Konturen, lassen die Umrisse eines für die Zukunft ausgerichteten Kirchenbildes in

Erscheinung treten. Wie dieses Kirchenbild aussehen soll, darüber gehen die Meinungen oft auseinander. Hier möchte ich betonen: Viele dieser Debatten über das Konzil leiden darunter, dass die Kenntnis seiner Texte zu wünschen übrig lässt.

Ich darf nun im Folgenden kurz jene wichtigen Impulse nennen, die das Bild einer erneuerten Kirche auf dem Weg in das dritten Millennium prägen sollen:

Dazu gehört erstens das auf diesem Konzil erlebte Bewusstsein, Weltkirche zu sein: Ein Blick auf die große Kirchenversammlung zeigte die weltumfassende Vielfalt von Rassen, Sprachen und Kulturen, die durch die Einheit des Apostolischen Glaubensbekenntnisses und das sichtbare Petrusamt zu einer friedlichen, wenn auch mitunter spannungsreichen Einheit verbunden waren. Demzufolge konnte das Latein nicht mehr die Universalsprache für den kirchlichen und liturgischen Dienst sein. Es kam zur Einführung der Muttersprache in der Liturgie und zu einer Erneuerung der gottesdienstlichen Formen mit dem Blick auf die Vielfalt der unierten orientalischen Riten.

Das „europäische Kleid" der katholischen Kirche wurde auf dem Zweiten Vatikanum sichtbar abgelegt. Das abendländische Kleid der Kirche, uns so vertraut und von vielen mit der Kirche selbst identifiziert, ist nur eines der Kleider der Kirche Christi. Wir brauchen es nicht zu verbannen, aber wir sollen wissen, dass die Kirche in jedem äußeren Kleid Kirche ist, dass sie zu allen Menschen gesandt wurde, sich den Mantel jeder Kultur über die Schultern zu legen, dass Gottes Antlitz durch die Farbe jeder Haut durchschimmern kann.

Die Kirche muss allerdings nun lernen, sich in den anderen Kontinenten und Kulturen zu inkulturieren, mit allen damit verbundenen Spannungen und Problemen; diese Inkulturation der Kirche wird von ganz großer Bedeutung werden, wenn die katholische Kirche Afrikas ein afrikanisches Kleid, in Indien ein indisches, in Korea ein koreanisches Kleid bekommt. Es ist eine Frucht dieses Konzils, wenn die Kirche damit in ihrer Vielfalt wächst; einer Vielfalt, die allerdings immer nur so weit gehen kann, dass die Einheit dadurch nicht Schaden leidet.

Zu diesem Kirchenbild gehört zweitens die lebendige Kraft des Ökumenismus. Das Dekret über den Ökumenismus sagt gleich in seinem Vorwort: „Die Einheit aller Christen wiederherstellen zu helfen, ist eine der Hauptaufgaben des Zweiten Vatikanischen Konzils. Denn Christus, der Herr, hat eine einige und einzige Kirche gegründet, und doch erheben mehrere christliche Gemeinschaften vor den Menschen den Anspruch, das wahre Erbe Jesu Christi darzustellen. ... Der Herr der Geschichte aber hat in jüngster Zeit begonnen, über die gespaltene Christenheit ernste Reue und Sehnsucht nach Einheit reichlicher auszugießen."

Die oft beklagten scheinbaren Stagnationen unserer Zeit können nur Prüfungen, aber nicht ernsthafte Hindernisse sein. Die ökumenische Bewegung ist eben ein langwieriger Prozess und kann nicht mit Parlamentsdebatten oder Abschluss-Kommuniqués verglichen werden. Lokale oder nationale Schwierigkeiten wird man nicht auf die gesamte Kirche übertragen können.

Heute ist es entscheidend, das gemeinsame Erbe der Vergangenheit höher zu schätzen als das Trennende. Wenn im vorigen Jahrhundert der Kampf untereinander deswegen so bitter war, weil man sich gegenseitig vorwarf, wo die Irrtümer liegen, so heißt es heute: Kehren wir doch zurück zu dem gemeinsamen Erbe, das uns einmal verbunden hat. Wir vergessen oft, dass im ersten Jahrtausend, bis 1054, die Christenheit von Rom bis Byzanz eine ungeteilte war. Kehren wir doch zurück und versuchen wir, dem ursprünglichen Zustand in der Form eines geschichtlichen Prozesses immer näher zu kommen. Wie lange der Weg zur Einheit dauern wird, wissen wir nicht, aber wir glauben und hoffen, dass dieser Prozess der Ökumene uns einmal zusammenführt.

Zum Kirchenbild des Konzils gehört drittens – was mir für die Zukunft der katholischen Christenheit besonders wichtig zu sein scheint – die ausführliche Auseinandersetzung des Konzils mit dem „Stand jener Christgläubigen, die man Laien nennt". Im Dekret über das Laienapostolat „Apostolicam actuositatem", aber auch in der Dogmatischen Konstitution über die Kirche wird das Apostolat der Laien ausführlich behandelt. Dieses Thema, so das Konzil, sei wichtig geworden „wegen der besonderen Verhältnisse unserer Zeit" und weil die Bischöfe sehr wohl wissen, „wieviel die Laien zum Wohl der ganzen Kirche beitragen" (LG, Nr. 30).

Nach 400 Jahren seit der Reformation fand sich hier zum ersten

Mal der theologische Ort, um über die Aufgabe und Sendung der Laien in der Kirche autoritativ zu sprechen. Damit wollte die Kirchenversammlung wohl auch dem Vorwurf des Zweiklassensystems in der Kirche und des Klerikalismus entgegentreten. „Die Laien", so heißt es wörtlich, „sind besonders dazu berufen, die Kirche an jenen Stellen und in den Verhältnissen anwesend und wirksam zu machen, wo die Kirche nur durch sie das Salz der Erde werden kann" (LG, Nr. 33). Und „so werden die Laien gültige Verkünder des Glaubens an die zu erhoffenden Dinge, wenn sie mit dem Leben aus dem Glauben ohne Zögern das Bekenntnis des Glaubens verbinden". – Daraus folgt für den Klerus in der Kirche, die Bischöfe, die Priester, sie „sollen die Würde und Verantwortung der Laien in der Kirche anerkennen und fördern. Sie sollen gern deren klugen Rat benutzen, ihnen vertrauensvoll Aufgaben im Dienste der Kirche übertragen und ihnen Freiheit und Raum im Handeln lassen; sie sollen ihnen auch Mut machen, aus eigener Initiative Werke in Angriff zu nehmen" (LG, Nr. 37).

Es wird heute immer deutlicher, wie sehr die Zusammenarbeit von Priestern und Laien, aber auch die Eigenständigkeit des Laienapostolates für die Zukunft der Kirche immer wichtiger wird.

Zu dem Kirchenbild des Konzils gehört viertens: Das Verhältnis der katholischen Kirche zu den nichtchristlichen Religionen, ein für die Kirche der Zukunft besonders wichtiger Gesichtspunkt. Zum ersten Mal wird von einem Konzil der katholischen Christenheit ein deutlicher Hinweis auf Geschichte und Bewertung der anderen Religionen gemacht: „Die Menschen erwarten", so heißt es im Text, „von den verschiedenen Religionen Antwort auf die ungelösten Rätsel des menschlichen Daseins, die heute wie von je die Herzen der Menschen im tiefsten bewegen: Was ist der Mensch? Was ist Sinn und Ziel unseres Lebens? Was ist das Gute, was die Sünde? Woher kommt das Leid und welchen Sinn hat es? Was ist der Weg zum wahren Glück? Was ist der Tod, das Gericht und die Vergeltung nach dem Tode? Und schließlich: Was ist jenes letzte und unsagbare Geheimnis unserer Existenz, aus dem wir kommen und wohin wir gehen?" (Nostra aetate, Nr. 1)

Und weiter heißt es: „Die katholische Kirche lehnt nichts von alledem ab, was in diesen (anderen) Religionen wahr und heilig ist.

... Unablässig aber verkündet sie und muss sie verkündigen: Christus ist der Weg, die Wahrheit und das Leben." (NA, Nr. 2) In ihm finden die Menschen die Fülle des religiösen Lebens, in dem Gott alles mit sich versöhnt hat.

Aus dieser weiten Sicht werden im kürzesten Konzilsdokument im Kapitel 3 der Islam und im Kapitel 4 das Judentum behandelt. Im Hinblick auf verschiedene Feindschaften vergangener Jahrhunderte zwischen Christen und Muslimen ermahnt die Heilige Synode alle, das Vergangene beiseite zu lassen, sich aufrichtig um gegenseitiges Verstehen zu bemühen und gemeinsam einzutreten für Schutz und Förderung der sozialen Gerechtigkeit, der sittlichen Güter und nicht zuletzt des Friedens und der Freiheit für alle Menschen (NA, Nr. 3).

Darüber hinaus war es die erklärte Absicht Johannes XXIII., der Feindschaft zwischen Juden und Christen ein Ende zu setzen, um damit die Kirche von dem Vorwurf des Antisemitismus zu befreien. Die Behandlung dieses Themas bedeutete für das Konzil eine kritische Phase. Vor allem aus den arabischen Staaten kamen vehemente Einwände zu diesem Vorhaben. Alle möglichen Anschuldigungen und Behauptungen wurden vorgebracht. Den Konzilsvätern wurden verschiedenste Pamphlete zugeschickt, um sie von diesem Thema abzubringen. Was übrigens (nicht offiziell) in diesem Zusammenhang an Flugblättern verteilt wurde, würde einen ganzen Band füllen. Verschiedenste Gruppierungen versuchten von außen auf das Konzil Einfluss zu nehmen.

Und dennoch kam es zu dieser Erklärung, von der Karl Rahner meinte, dass sie nach ihrem heute vorliegenden „Wortlaut und nach ihrer inneren Dynamik in der Geschichte der Kirche, ihrer Konzilien und ihrer Theologie einzigartig ist". – So heißt es zum Beispiel über das Verhältnis von Juden und Christen: „Bei ihrer Besinnung auf das Geheimnis der Kirche gedenkt die Heilige Synode des Bandes, wodurch das Volk des Neuen Bundes mit dem Stamme Abrahams geistlich verbunden ist." (NA, Nr. 1) – Und „deshalb kann die Kirche auch nicht vergessen, dass sie durch jenes Volk, mit dem Gott aus unsagbarem Erbarmen den Alten Bund geschlossen hat, die Offenbarung des Alten Testaments empfing und genährt wird von den Wurzeln des guten Ölbaumes, in den die Heiden als wilde Schösslinge eingepflanzt sind". Und „da also das Christen und Juden gemeinsame geistliche Erbe so reich ist, will die heilige Synode die gegenseitige Achtung und Kenntnis fördern".

Ganz wichtig, nicht zuletzt im Lichte der jahrhundertelangen, leidvollen Geschichte, heißt es schließlich weiter unten: „Obgleich die jüdischen Obrigkeiten mit ihren Anhängern auf den Tod Christi gedrungen haben, kann man dennoch die Ereignisse seines Leidens weder allen damals lebenden Juden ohne Unterschied noch den heutigen Juden zur Last legen." Die feierliche Verkündigung dieses wichtigen Konzilsdokumentes erfolgte am 28. Oktober 1965.

Eine Aufsehen erregende Auswirkung des Konzils in diesem Zusammenhang war das sogenannte „Ereignis von Assisi" im Herbst 1986 als ein wichtiger Impuls in Bezug auf das Christentum und die nichtchristlichen Religionen. Papst Johannes Paul II. hatte damals ganz persönlich die Vertreter der großen Weltreligionen nach Assisi eingeladen, um – zwar jeder Vertreter für sich, aber an einem Ort vereint – für den Frieden der Welt zu beten. Das heißt, es wurde nicht gemeinsam in dieser Absicht gebetet, sondern die einzelnen Vertreter der religiösen Gemeinschaften taten dies voneinander getrennt. Die vielen Vorwürfe, die sich später wegen des Ereignisses von Assisi zum Teil gegen den Papst selbst richteten, kann man etwa so zusammenfassen: Damit sei das erste Gebot des Dekalogs und der erste Artikel unseres Glaubensbekenntnisses schwer verletzt worden. Der Papst und seine Mitarbeiter seien in den Sog eines neuzeitlichen Relativismus hineingeraten und schoben die Wahrheitsfrage einfach beiseite.

Jene ängstlichen oder oppositionellen Beobachter des Ereignisses von Assisi hatten offenbar den auch heute noch in der Heiligen Schrift zu lesenden Satz Jesu vergessen, den er an das Apostelkollegium mit dem Inhaber des Petrusamtes an der Spitze gerichtet hatte: „Siehe, ich bin bei euch, alle Tage bis zum Ende der Welt."

Ich sehe die in die Zukunft weisende Bedeutung des Ereignisses von Assisi vor allem darin, dass die katholische Kirche durch den einladenden Papst ein Zeichen gesetzt hat, wie sehr sie es als ihre Aufgabe ansieht, Einheit und Eintracht unter den Menschen zu fördern und die Bedeutung der Religionen für den Friedensdienst unter den Völkern bewusst zu machen.

Und schließlich gehört fünftens zu dem erneuerten Kirchenbild auf dem Weg ins neue Jahrtausend jenes umfangreiche Dokument über die Kirche in der Welt von heute: „Gaudium et spes". Es war für uns alle erstaunlich während des Konzils zu beobachten, wie sehr die Welt, das heißt, eine nichtchristliche und zum Teil ungläubige Welt, am Konzilsgeschehen Interesse zeigte. Es war nicht nur das Interesse für einen Papst Johannes XXIII. oder eine allgemeine Neugier, sondern einfach das Gespür, dass viele der Themen und Fragen in dem begonnenen Dialog mit der Welt alle angehen und noch offen sind. – „Als Zeuge und Künder des Glaubens des ganzen, in Christus geeinten Gottesvolkes", so heißt es in Nr. 3 dieses Dokuments, „kann daher das Konzil seine Verbundenheit, seine Achtung und Liebe gegenüber der ganzen Menschheitsfamilie" – wozu ja auch die Kirche selbst gehört – „nicht deutlicher bekunden als dadurch, dass es mit ihr einen Dialog beginnt." Diese Öffnung gegenüber der Welt von heute in Form eines Dialoges wurde von Konzilsbeobachtern aus den verschiedenen getrennten christlichen Kirchen betont. Die vielen Gespräche und Kontakte mit diesen, außerhalb der Konzilsaula, haben den ökumenischen Aspekt des Konzils sehr unterstrichen.

Ohne hier auf das innerkirchliche wichtige Dokument, die Dogmatische Konstitution über die Kirche „Lumen gentium" näher einzugehen, möchte ich darauf hinweisen, dass es im konziliaren Umfeld der Berichterstattung auch darum ging, dem häufigen Irrtum in der Öffentlichkeit zu begegnen, so als ob die Kirche nur eine Institution sei, wie andere auch und praktisch nur für ethische bzw. moralische Orientierung im sozialen Gefüge zuständig sei.

Dagegen wies das Konzil mit Nachdruck darauf hin, dass die Kirche als „wanderndes Gottesvolk" die von Christus als Mittler gestiftete Glaubensgemeinschaft sei, die nicht aus „zwei verschiedenen Größen" besteht, sondern „eine einzige komplexe Wirklichkeit, aus menschlichen und göttlichen Elementen" zusammengewachsen, ist. Hier liegt eine Wurzel vieler Missverständnisse unserer Zeit, auch in diesen Tagen: Man nimmt die komplexe Wirklichkeit der Kirche zu wenig wahr.

Im Bereich der kirchlichen Erfahrung war für einen Großteil, innerhalb wie auch außerhalb der Kirche, die Erneuerung des Gottesdienstes, die Erneuerung der Liturgie, das Auffälligste. Manche Missverständnisse haben hier ihren Ursprung, weil die Pfarrgemeinden und zum Teil auch die Öffentlichkeit darauf zu wenig behutsam vorbereitet wurde. Die Stellung des Altares, die Hinwendung des Priesters zum Volk, die Muttersprache an Stelle des Latein, die Teilnahme von Männern und Frauen am Wortgottesdienst, ohne selbst dem geistlichen Stand anzugehören – all das schien vielen Ängstlichen ein Bruch mit der Tradition, ja, mit der Unversehrtheit des Glaubens selbst zu sein.

Solche Änderungen gab es aber im Laufe der Kirchengeschichte wiederholt: Seien es Änderungen des Messritus, des Gebrauchs der Heiligen Schrift im Gottesdienst, der Wechsel in der Kleidung des Priesters je nach Kulturkreisen und Lebensgewohnheiten, die Verschiedenheit der liturgischen Sprachen zwischen Ost und West. Daher ist es schwer verständlich, warum der französische Erzbischof Lefebvre im Konzil nicht nur einen Bruch in der Tradition, sondern in der kirchlichen Lehre selbst sah. Ich selbst hatte während des Konzils wiederholt mit ihm gesprochen und musste feststellen, dass er seine eigene Ansicht und Meinung für nicht korrigierbar hielt. Obwohl Erzbischof Lefebvre fast alle Konzilsdokumente mit unterzeichnet hat, urteilte er in seiner Schrift *Sie haben ihn entthront* unverständlich hart über Papst Paul VI. und sein Konzil: „Ohne dieses Konzil als Ganzes zu verwerfen, glaube ich, dass es das größte Unglück dieses Jahrhunderts, ja, aller Jahrhunderte seit der Stiftung der Kirche ist." Die später erfolgte schismatische Trennung der Lefebvre-Bewegung war für Johannes Paul II. ein schwerer Schlag für sein Pontifikat. Aus diesem Grund hat er immer wieder, allerdings vergeblich, Wege der Aussöhnung gesucht.

Obwohl Lefebvres Ablehnung der Ökumene, dem Dialog mit getrennten christlichen Kirchen wie auch dem Gespräch mit nichtchristlichen Religionen und dem Thema der Religionsfreiheit galt, steht bei den meisten der Eindruck im Vordergrund, es gehe nur um eine Geringschätzung der lateinischen Sprache im Gottesdienst. Das ist allerdings unrichtig. Das Konzil hat das Latein nie abgeschafft, sondern aus pastoralen Erwägungen die Muttersprache gestattet.

Vor einigen Wochen war ich im Grazer Dom beim Eröffnungsgottesdienst des Weltkongresses katholischer Journalisten. Der Vorsitzende der österreichischen Bischofskonferenz, Bischof Johann

Weber von Graz, feierte mit Konzelebranten aus verschiedenen Teilen der Welt im Anschluss an einen vielsprachigen Wortgottesdienst die Eucharistiefeier in lateinischer Sprache. Es hat mich sehr bewegt festzustellen, welche verbindende Funktion die lateinische Sprache auch heute noch beim Gottesdienst als Ausdruck der Weltkirche haben kann.

Welche Kraft vom letzten Konzil ausging, zeigte sich mir persönlich in einem Schlüsselerlebnis – ich meine damit die beiderseitige Aufhebung der Bannflüche zwischen Konstantinopel und Rom, die zum großen abendländischen Schisma geführt hatten. Am 7. Dezember 1965 zelebrierte Papst Paul VI. den feierlichen Abschlussgottesdienst. In St. Peter befand sich damals auch ein Vertreter des ökumenischen Patriarchen Athenagoras von Konstantinopel in seiner prachtvollen orientalischen liturgischen Kleidung. Am Schluss des Gottesdienstes wurde er von Paul VI. gebeten zum Papstaltar hinaufzusteigen. Ich selbst gehörte zu der kleinen Gruppe, die am Papstaltar alles genau miterleben konnte, als der Papst nun der dicht gefüllten Kirche von St. Peter feierlich mitteilte: „Zu dieser Stunde verkündet der Patriarch von Konstantinopel und verkünde ich jetzt als Inhaber des Petrusamtes, dass jene Bulle, die das Schisma von 1054 ausgelöst hat, welche die Kirche in eine abendländische und eine morgenländische getrennt hatte, dass diese Bulle und ihr Inhalt ab heute für nichtig erklärt werden."

Mit diesem Augenblick war der seinerzeitige Riss, der die Christenheit zum ersten Mal trennte, wenigstens rechtlich geheilt. Damals ging ein Brausen des Beifalls durch die ganze Kirche. Nachher sagte mir einer der Anwesenden, ein Professor der Kirchengeschichte an einer Universität: „Wissen Sie, mir sind die Tränen in den Augen gestanden während dieses Vorgangs, denn mir wurde bewusst – nicht als Kirchenhistoriker, sondern als Historiker allgemein –, welche Bedeutung dieser Moment für die gesamte geschichtliche Entwicklung der Welt hat."

Ich fasse zusammen: Ich habe versucht, Ihnen einen kurzen Einblick in die Geschichte und die Absichten des Zweiten Vatikanischen Konzils zu geben. Es genügt aber nicht, dass man über das Konzil spricht und darauf hinweist, sondern es geht darum, das Konzil in das Leben der Kirche aufzunehmen und es zu verwirklichen. Dies ist ein langwieriger Prozess, der viel Geduld erfordert, der aber in vielen Pfarrgemeinden bereits im Gange ist. Weitgehend wird es daher von den lebendigen Pfarrgemeinden, von den Menschen der Basis abhängen, wie weit das Konzil seine erneuernde Kraft auch ins nächste Jahrtausend einbringen kann.

[Vortrag in Prag, 12. Dezember 1995]

Ökumene – Entwicklung, Chancen und Zukunft

Mein Vortrag steht in einem unmittelbaren Zusammenhang mit der Zweiten Europäischen Ökumenischen Versammlung in Graz. Seit einigen Wochen liegt die zweite Auflage des Arbeitsdokumentes für diese große Versammlung bereits vor. Die umfangreichen Vorbereitungen lassen uns auf einen neuen bedeutenden Schritt hoffen, um die im Laufe der Geschichte entstandenen Trennungen, Spaltungen der christlichen Kirchen aus europäischer Sicht allmählich zu überwinden. Der Weg ins neue Europa kann an einer solchen Aufgabe nicht uninteressiert vorübergehen.

Die erste offizielle Versammlung der getrennten christlichen Kirchen dieser Art im europäischen Rahmen fand vor acht Jahren in Basel statt und stellte sich dem Thema „Frieden in Gerechtigkeit". Im damaligen Schlussdokument von Basel heißt es: „So tief die Wunden der Vergangenheit in Europa sind, so haben sich die Bande, die uns in Christus einen, als stärker erwiesen. Eine Gemeinschaft ist im Wachsen, die uns Hoffnung gibt." Hier in Graz, wie damals in Basel, ist eine solche Versammlung getrennter Kirchen, Konfessionen durch die enge Zusammenarbeit der „Konferenz europäischer Kirchen" (KEK) und auf katholischer Seite durch den Rat der europäischen Bischofskonferenzen (CCEE) möglich geworden. Eine solche Form der Zusammenarbeit wäre meines Erachtens vor zwanzig Jahren kaum vorstellbar gewesen.

Das alles ist in noch größeren Dimensionen unserer Zeit zu sehen; denn auch heute sind religiöse Gegensätze in Gefahr, in Verbindung mit ererbten Feindbildern für politische Konflikte instrumentalisiert zu werden. Oder wenn uns für die nächste Zeit ein weit reichender Kampf der Kulturen – clash of civilizations – vorausgesagt wird. Dieser *Kampf der Kulturen* – so Samuel Huntington in seinem gleichnamigen Buch – werde ein „Stammeskonflikt im Weltmaßstab sein". Mancher denkt dabei an die Spannungen zwischen Islam und Christentum angesichts der 30 Millionen muslimischen Gläubigen in Europa. Und eine ganz andere Perspektive, die sich bei Hans Küng, Tübingen, findet, kommt zu demselben Schluss: „Ohne Religionsfriede kein Weltfriede." Vor einem solchen Hintergrund gewinnt daher eine Beschäftigung mit der ökumenischen Bewegung eine noch größere Bedeutung.

Zur Geschichte der Ökumene

Lassen Sie mich daher mit einer kurzen Vorbemerkung beginnen: Die Selbstverständlichkeit, mit der wir – auch als katholische Christen – heute über die ökumenische Bewegung und ihre Aufgaben sprechen, hat in unserer Erinnerung die Tatsache verdrängt, dass die Gemeinschaft christlichen Glaubens, das geeinte Christentum, im Rahmen der Weltgeschichte durch tausend Jahre eine weltumspannende Einheit war. Diese Einheit war gewiss keine Gleichförmigkeit weder im geografischen noch im geschichtlichen Sinne. Aber der Bogen des christlichen Glaubens und der christlichen Einheit reichte von Byzanz bis Rom, von Afrika bis ins Baltikum. Es war die Geschichte einer Einheit in großer sprachlicher und kultureller Vielfalt.

Erst im Jahre 1054 erfuhr diese Einheit durch das sogenannte morgenländische (abendländische) Schisma einen schweren Einbruch. Es kam zum ersten Mal zu einer großen Spaltung in eine abendländische und morgenländische christliche Kirche. Das Jahr 1054 ist so das kirchengeschichtliche Datum jener Trennung, die durch eine bereits lange vorausgehende Entfremdung zwischen Ost und West vorbereitet worden war. Die beiden Bannbullen von damals bezogen sich zwar nur auf Personen, aber die Entfremdung zwischen Ost und West galt damit zeichenhaft als besiegelt.

Byzanz wurde in der Folge das Zentrum byzantinischer christlicher Kirchen mit einem ökumenischen Patriarchen in Konstantinopel als Oberhaupt – heute Patriarch Bartholomaios I. – und Rom Mittelpunkt der lateinischen westlichen christlichen Kirche mit dem Papst als Oberhaupt. Insgesamt gibt es fünfzehn autokephale, das heißt rechtlich selbstständige orthodoxe Kirchen. Der ökumenische Patriarch von Konstantinopel, Bartholomaios I., ist heute das Oberhaupt der Weltorthodoxie. Andere im Zuge der Ereignisse der letzten Jahre bei uns bekannt gewordene Patriarchen sind Aleksij II. von Moskau und Patriarch Pavle von Belgrad.

Die orthodoxen Kirchen sind durch nationale Interessen gebunden, was Vor- und Nachteile hat; ihre Führungskräfte versammeln sich fallweise, oft nach langen zeitlichen Abständen, zu einer panorthodoxen Konferenz.

Diese geschichtlich gewachsene und durch rund 900 Jahre verfestigte Entfremdung zwischen einem orthodoxen Osten und einer lateinisch-katholischen Kirche im Westen wurde auf dem Zweiten Vatikanischen Ökumenischen, das heißt, Allgemeinen Konzil deutlich. Am Schluss des Konzils kam es zu einem ersten wichtigen Schritt der Wiederannäherung. Dazu ein persönliches Erlebnis: Am 7. Dezember 1965, dem feierlichen Abschluss des Zweiten Vatikanischen Konzils (1962-1965) kam es zu einem bedeutenden Versöhnungsgestus zwischen den orthodoxen Kirchen und der katholischen Kirche in Rom. Der damalige ökumenische Patriarch Athenagoras in Konstantinopel sowie Paul VI. hatten zuvor vereinbart, die Aufhebung der beiden Bannbullen des Jahres 1054 in Konstantinopel bzw. in Rom am gleichen Tag und zur gleichen Stunde zu verkünden. Ich werde den brausenden Beifall in St. Peter nie vergessen, der dieser Ankündigung folgte – in Anwesenheit eines Vertreters des Ökumenischen Patriarchen, in seiner schönen liturgischen Kleidung. Gewiss wurde durch diese beiderseitige Erklärung die Geschichte zwischen Byzanz und Rom nicht verändert bzw. ungeschehen gemacht, aber es wurde immerhin ein symbolischer Gestus gesetzt, der zu einem hoffnungsvollen Zeichen für die ökumenische Bewegung wurde.

Der zweite Einbruch in der Einheit der christlichen Kirche erfolgte zur Zeit der Reformation im 16. Jahrhundert. Verfallserscheinungen in der Kirche von damals gaben dazu den Anstoß. Die beachtliche Zahl der im späteren Verlauf entstandenen protestanti-

Besuch von Schenouda III., dem Papst-Patriarchen der koptischen Kirche.

schen Kirchen führte besonders in den Missionsgebieten außerhalb Europas zu größeren Schwierigkeiten. Die miteinander konkurrierenden christlichen Kirchen suchten daher einen Ausweg, um das Konkurrenzdenken in ein gewisses Miteinander zu verwandeln. Nach längeren und vielfältigen Bemühungen in dieser Hinsicht kam es nach dem Zweiten Weltkrieg im Jahre 1948 zur Gründung des Ökumenischen Rates der Kirchen in Amsterdam (ÖRK, Ecumenical Council of Churches). Dieser Ökumenische Rat der Kirchen mit etwa 320 selbstständigen christlichen Kirchen ist bis heute wohl die wichtigste Institution der Ökumene, so weit es sich um nichtkatholische Kirchen und kirchliche Gemeinschaften handelt. Die Mitgliedskirchen des Ökumenischen Rates sind neben der großen Gruppe der Orthodoxie die verschiedenen Kirchen der anglikanischen Gemeinschaft mit dem Erzbischof von Canterbury an der Spitze, sind weiters die Mitgliedskirchen des Lutherischen Weltbundes, des reformierten Weltbundes, der methodistischen Gemeinschaft, die Weltpfingstbewegungen und andere mehr.

Der Ökumenische Rat der Kirchen einigte sich seinerzeit auf folgende gemeinsame christliche Grundlage: „Eine Gemeinschaft von

Kirchen, die den Herrn Jesus Christus, gemäß der Heiligen Schrift, als Gott und Heiland bekennen und darum gemeinsam zu erfüllen trachten, wozu sie berufen sind, zur Ehre Gottes, des Vaters, des Sohnes und des Heiligen Geistes." Eine spätere Versammlung des Weltkirchenrates in Neu Delhi (1961) fügte den Hinweis auf die „Wiederherstellung der Einheit" hinzu. Damit sollte der Ausdruck „Rückkehr zur Einheit" vermieden werden. Die katholische Kirche ist bis heute nicht Mitglied des Ökumenischen Rates der Kirchen, aber seit dem Zweiten Vatikanischen Konzil nimmt sie offiziell und sehr engagiert teil an den Arbeiten des Ökumenischen Rates.

Ein zweiter, wichtiger Schritt nach der Gründung des Weltrates der Kirchen des Jahres 1948 erfolgte zirka fünfzehn Jahre später durch die Öffnung der katholischen Kirche zur Mitarbeit an der ökumenischen Bewegung auf Grund des Zweiten Vatikanischen Konzils. In einem eigenen Konzilsdekret über die Ökumenische Bewegung (Dekret über den Ökumenismus), das am 21. November 1964 in einer feierlichen Schlussabstimmung mit 2137 Ja- und nur elf Nein-Stimmen angenommen worden war, entschloss man sich zur offiziellen Mitarbeit. Damit erfolgte allerdings kein Beitritt als Mitglied im Ökumenischen Rat der Kirchen.

Das Konzilsdekret über den Ökumenismus, „Unitatis redintegratio", beginnt mit den Worten: „Die Einheit aller Christen wiederherstellen zu helfen ist eine der Hauptaufgaben des Ökumenischen Zweiten Vatikanischen Konzils. Denn Christus, der Herr, hat eine einige und einzige Kirche gegründet", denn die bestehende Spaltung „widerspricht ganz offenbar dem Willen Christi, sie ist ein Ärgernis für die Welt und ein Schaden für die heilige Sache der Verkündigung des Evangeliums vor allen Geschöpfen" (Nr. 1). – In diesem Dekret wurden die Richtlinien der Mitarbeit für katholische Christen an den ökumenischen Arbeiten festgelegt. Daraus ergibt sich für die Praxis, dass es keine katholische ökumenische Bewegung gibt, wohl aber katholische Grundsätze für diese wichtige Mitarbeit. (Es geht unter anderem darum, negative Urteile, Aussagen und Taten zu unterlassen, welche nicht der Wahrheit und der Gerechtigkeit gegenüber den getrennten Brüdern entsprechen.)

Nach Abschluss des Zweiten Vatikanischen Konzils (1965) wurde beim Weltrat der Kirchen die Mitarbeit der katholischen Kirche offiziell begonnen. Es wurde ein Konsultativausschuss mit katholischen Mitgliedern eingerichtet. Dadurch ergab sich für die katholischen Christen die Möglichkeit, vor allem in der Kommission des Ökumenischen Rates für Glaube und kirchliche Verfassung sowie in anderen Kommissionen intensiv mitzuarbeiten.

Von besonderer Wichtigkeit innerhalb der katholischen Kirche wurde damit vor allem die Mitarbeit eines unmittelbar vor Konzilsbeginn durch Papst Johannes XXIII. eingerichteten Sekretariates – heute Päpstlichen Rates – zur Förderung der Einheit der Christen, genannt „Einheitssekretariat". Dieser Päpstliche Rat im Vatikan ist heute jene Stelle, wo alle ökumenischen Interessen und Bemühungen seitens der katholischen Kirche zur Förderung der christlichen Einheit – im Dialog mit allen getrennten christlichen Kirchen – zusammenlaufen. Von großer Bedeutung für den Beginn dieser Tätigkeit war der deutsche Kardinal Bea, war die Mitarbeit des heute emeritierten, aber besonders verdienstvollen Präsidenten des Päpstlichen Rates aus Holland, Kardinal Willebrands. Heute steht der australische Kardinal Cassidy als Präsident an der Spitze dieses Päpstlichen Rates. Sein Amt verfügt über eine kleine Zahl ausgezeichneter Mitarbeiter, vor allem für die dort speziell eingerichteten Sektoren. Aus historischen Gründen verblieb die Sonderkommission für den Dialog mit Juden beim Einheitssekretariat.

Die Chancen der Ökumene heute

Besondere Beachtung in Bezug auf den ökumenischen Dialog verdient das persönliche Interesse Papst Johannes Pauls II. als Oberhaupt der katholischen Kirche, der wiederholt aufmerksam gemacht hat, dass für ihn die Ökumene Priorität habe. In einem seiner letzten Rundschreiben, „Ut unum sint", hat er die getrennten Christen eingeladen, gemeinsam mit ihm die Frage der Ausübung des päpstlichen Primates zu überdenken, um gerade diesen für die Ökumene schwierigen Punkt zu überdenken.

Es wäre aber ein Missverständnis aus österreichischer Sicht zu meinen, die ökumenische Zusammenarbeit beziehe sich nur auf Gespräche und Kontakte mit den aus der Reformation des 16. Jahrhunderts hervorgegangenen getrennten christlichen Kirchen seitens der katholischen Kirche und umgekehrt und eventuell noch mit den orthodoxen Kirchen. Das ökumenische Bemühen umfasst ebenso die christlichen Kirchen in den USA sowie jene Kirchen, die zur anglikanischen Gemeinschaft in England und im Ausland gehören.

Besonderes Interesse wendet man den autokephalen orthodoxen Kirchen zu, weil diese praktisch dasselbe Glaubensbekenntnis wie die katholische Kirche besitzen. Die Verehrung der Gottesmutter Maria in der Liturgie der orthodoxen Kirche ist oft noch ausgeprägter als bei katholischen Christen. Daher sind die Glaubensunterschiede zu den orthodoxen Kirchen in der Regel kleiner als zu jenen aus der Reformation stammenden Kirchen. Eine schwierige, leidvolle Frage im Zusammenhang mit dem ökumenischen Dialog zwischen Orthodoxie und katholischer Kirche ist allerdings die Existenz der unierten Kirchen.

Die Euphorie der nachkonziliaren Zeit, mit der Freude über neue Formen ökumenischer Zusammenarbeit, die nun möglich waren, – ich erinnere an ökumenische Gottesdienste, an ökumenische Trauungen, an gemeinsames öffentliches Auftreten bei Segnungen und Einweihungen katholischer und evangelischer Geistlicher, an die Zusammenarbeit bei gesellschaftlichen und karitativen Aufgaben – diese Euphorie schwächte sich ab durch einen, wie es hieß, allmählichen Rückgang des ökumenischen Interesses. Und dies sowohl auf katholischer wie auf nichtkatholischer Seite. In den Berichten der Medien sowie in persönlichen Gesprächen kann man gelegentlich einen solchen Eindruck gewinnen.

Demgegenüber bin ich der Meinung: Wenn ich an die Anfänge meiner seelsorglichen Tätigkeit denke, so hätte man damals das für undenkbar und unmöglich angesehen, was durch die ökumenische Bewegung bis heute erreicht wurde und was für uns heute selbstverständlich ist. Die nun eingetretene scheinbare Stagnation ist natürlich nicht gegen die ökumenische Bewegung als solche gerichtet.

Die Vielfalt der ökumenischen Arbeit ist zu wenig bekannt. Ich weise auf Folgendes hin: Vor einigen Jahren erschien ein großes zweibändiges Werk von je 700 Seiten unter dem Titel *Dokumente wachsender Übereinstimmung*. Der erste Band sammelte Dokumente und Materialien aus den ersten Jahrzehnten bis zum Jahre 1982, der zweite Band setzte die Sammlung bis zum Jahr 1990 fort. Aus einer auch nur flüchtigen Durchsicht dieser reichhaltigen Bände sieht man, dass die ökumenische Arbeit auf Welt- wie regionaler Ebene mit Zuversicht und in steigendem Umfang fortgesetzt wird. Die menschlichen Kontakte werden zahlreicher und persönlicher. Die geschichtlichen und menschlichen Schwierigkeiten, die sich im Laufe der Generationen anhäuften, werden geringer. Das intensive und gemeinsame Studium der Heiligen Schrift und Überlieferung führt auf beiden Seiten zu neuen Einsichten. Kardinal Willebrands, der bekannte Experte dieser Materie, meinte, eine so bedeutende Veröffentlichung beweise allerdings auch die Unmöglichkeit, die gegenwärtige ökumenische Situation in ihre ganzen Breite auch nur annähernd auf wenigen Seiten zusammenfassen zu können.

Was die katholische Kirche angeht, so sind in den vergangenen zehn bis zwanzig Jahren zahlreiche Gespräche mit zehn größeren Gruppen christlicher Kirchen aufgenommen worden und die Vertreter der katholischen Kirche nehmen an allen ständigen Rats- und Kommissionssitzungen teil. Ich verweise hier auf einige Namen, um Umfang und Zeit dieser ökumenischen Arbeit ein wenig anzudeuten: Es geht hier zum Beispiel um die gemischte Kommission mit den Ostkirchen, der koptischen Kirche, der anglikanischen Gemeinschaft, dem Lutherischen Weltbund, dem Weltbund der reformierten Kirchen, dem Weltrat der Methodisten, den Jüngern Christi, dem Weltbund der Baptisten, den Weltpfingstbewegungen und den Evangelikalen. Die Namen allein sagen uns bereits, welchen Umfang die ökumenische Arbeit des Sekretariates zur Förderung der christlichen Einheit heute zu bewältigen hat.

Das weist uns aber zugleich auf die Aufgaben hin, die noch vor uns liegen. Wenn zum Beispiel schwierige theologische Fragen, Glaubensfragen auf höchster oder mittlerer Ebene behandelt werden, so fehlt immer noch – und das möchte ich besonders betonen – das Interesse, die Rezeption an der Basis, das heißt, im Bereich unserer Kirchengemeinden bzw. Pfarrgemeinden. Dazu kommen noch größere Unterschiede des ökumenischen Interesses in verschiedenen Ländern und Gebieten; so besteht ein starkes Gefälle zwischen dem Westen und dem östlichen Bereich der ehemals kommunistischen Länder. Dazu kommen noch die verschiedenen geschichtlichen und kulturellen Differenzen.

Was das deutsche Sprachgebiet angeht, Schweiz, Bundesrepublik

Besuch von Patriarch Aleksij II. in Wien. Festakt von Pro Oriente in der Nationalbibliothek.

Deutschland und Österreich, so wächst in der letzten Zeit zwischen den christlichen Kirchen – und damit auch der katholischen Kirche – ein Netz der ökumenischen Zusammenarbeit in vielen praktischen Dingen wie zum Beispiel für „Bruder in Not". Im Bereich der russisch-orthodoxen Kirche ist allerdings eine pan-slawistische Bewegung nicht nur gegen den Westen gerichtet, sondern sie lehnt ausdrücklich jede Form einer ökumenischen Zusammenarbeit ab.

Es wäre aber falsch, die Wiederherstellung der Einheit der christlichen Kirchen ausschließlich als eine Sache von Verhandlungen und Beschlüssen anzusehen. Es geht vielmehr darum, immer wieder aufmerksam zu machen, dass ökumenische Arbeit ein geschichtlicher Prozess ist, der sowohl die theologischen Einsichten wie christliche Erfahrungen und persönliche Frömmigkeit umfasst. Das Ökumenismus-Dekret des Vatikanischen Konzils (Nr. 4) macht darauf aufmerksam. Es gehe zunächst darum, Worte, Urteile und Taten zu unterlassen, die der Lage der getrennten Brüder nach Gerechtigkeit und Wahrheit nicht entsprechen.

Lassen Sie mich bei dieser Gelegenheit die Schwierigkeiten ansprechen, die durch die Absage des Österreich-Besuchs des Ökumenischen Patriarchen entstanden sind. In schmerzlicher Weise hat sich dabei gezeigt, dass es gefährlich wäre, an das ökumenische Gespräch mit alten Kategorien des Machtdenkens und der Kabinettspolitik heranzugehen. Was wir brauchen ist jener Geist der

Liebe, der gegenseitigen Rücksicht und Demut, der den großen Vorkämpfern der ökumenischen Bewegung in allen Kirchen geholfen hat, Gräben zu überbrücken. Wenn wir in der Ökumene weiterkommen wollen, dann brauchen wir wechselseitigen Respekt vor den geschichtlichen Gegebenheiten unserer Kirchen und jene Eigenschaften, die am besten mit dem Begriff „Herzenstakt“ umschrieben werden.

Zukunft der Ökumene

Damit versuche ich, noch einen kurzen Blick auf die Zukunft der Ökumene zu werfen. Nach den Anfangsschwierigkeiten zu Beginn unseres Jahrhunderts erfolgte der erste und entscheidende Schritt durch die Gründung des Weltrates der Kirchen im Jahr 1948, ohne mit der Mitgliedschaft der katholischen Kirche rechnen zu können. Und fünfzehn Jahre später bekundete, wie schon eingangs erwähnt, auch die katholische Kirche im Zweiten Vatikanischen Konzil ihr großes Interesse an einer engeren Mitarbeit in der ökumenischen Bewegung. In der jüngsten Vergangenheit erfolgte ein zweiter entscheidender Schritt durch die Zusammenarbeit der Konferenz Europäischer Kirchen, KEK genannt, und dem Rat der europäischen Bischofskonferenzen auf katholischer Seite, CCEE. Durch die gute Zusammenarbeit dieser beiden wichtigen Gremien kam es vor acht Jahren zur ersten ökumenischen Kirchenversammlung Europas in Basel; und damit wird auch die zweite europäische ökumenische Begegnung in Graz möglich.

Ein wichtiges Arbeitsdokument für Graz bringt eine Fülle von Anregungen zum Thema der Versöhnung. Es umfasst soziale Gerechtigkeit ebenso wie das Ringen mit der neuen Armut und kann das Entstehen neuer Konflikte in politischen wie in wirtschaftlichen Bereichen nicht ausklammern. Versöhnung schließt heute auch immer mehr die ökologische Verantwortung, die Versöhnung mit der Schöpfung mit ein. Und dies alles gilt für ein Europa, das nicht identisch ist mit der EU, das nicht gleichgesetzt werden kann mit der Geschichte des westlichen Christentums ohne die Orthodoxie; ein Europa, das weder Juden noch Moslems ausgrenzen kann; es geht um ein Europa, in dem sich Menschen nach dem Zusammenbruch der marxistischen Ideologie neu orientieren und finden müssen, vor allem dort, wo eine unsichtbare Mauer Ost und West immer noch trennt.

Aber dieses neu zu ordnende Europa ist eine positive Herausforderung, gerade für die ökumenische Bewegung. Zuversichtlich heißt es daher mit Recht in dem genannten Arbeitsdokument: „Wer hätte vor acht Jahren, als in Basel die erste europäische ökumenische Versammlung stattfand, zu hoffen gewagt, dass wir uns in einem so tiefgreifend veränderten Europa wiederbegegnen würden. ... Wir begrüßen die neuen Möglichkeiten einander kennenzulernen, miteinander zu leben und voneinander zu lernen."

Ein in ökumenischer Zusammenarbeit der letzten Jahre entstandenes *Lexikon der Sekten, Sondergruppen und Weltanschauungen* gibt einen Einblick in die zunehmende religiöse Vielfalt unserer säkularisierten Welt im deutschen Sprachgebiet. Auf dem Weg nach Europa stellt sich uns die Frage nach dem gemeinsamen geistigen Erbe der Vergangenheit als Aufgabe für die Zukunft. Dabei soll es nicht nur um eine Betonung der gemeinsamen Abwehr gegenüber den Sekten und der damit Hand in Hand gehenden Orientierungslosigkeit gehen, sondern es geht um die positive Kraft, die aus einer „echten" Ökumene hervorgeht; es geht um die Herausforderung durch die Gottesfrage, als Antwort auf die großen Lebensfragen aller Menschen: „Woher komme ich? Wohin gehe ich? Welchen Sinn hat mein Leben? Welches ist das große Geheimnis unserer Existenz, aus dem wir kommen und wohin wir gehen?" Ein wachsendes Gefühl der Gemeinsamkeit der getrennten Kirchen verstärkt den Wunsch nach Eintracht, nach Frieden und Gerechtigkeit für alle Menschen.

Für diese Gemeinsamkeit Zeugnis geben zu können, ist ein wachsender Auftrag an die Christenheit an der Schwelle des dritten Jahrtausends. Denn eine unversöhnte Christenheit „widerspricht dem Willen Christi, ist ein Ärgernis für die Welt und ein Schaden für die heilige Sache der Verkündigung des Evangeliums an alle Geschöpfe".

Und damit wollen wir mit Zuversicht unseren Blick auf Graz in der letzten Juniwoche richten.

[Vortrag in Graz am 5. Juni 1997, im Vorfeld der 2. Europäischen Ökumenischen Versammlung]

Johannes XXIII. – von der Interimslösung zum Jahrhundertpapst

Im Besitze Ihrer liebenswürdigen Einladung freue ich mich, wieder einmal im schönen Stuttgart und damit in der Diözese Rottenburg-Stuttgart mit dem neuen Bischof Fürst zu sein. Als Österreicher nütze ich diese Gelegenheit, um Ihrem neuen Bischof herzliche Grüße und Segenswünsche zu entbieten. Nachdem Ihr Euren früheren Bischof Walter Kaspar nach Rom geschickt habt, um dort als Sekretär des Päpstlichen Rates zur Förderung der christlichen Einheit eine wichtige Aufgabe in der Nähe des Papstes wahrzunehmen, freut es mich zu wissen, dass Euer neuer Bischof aus dem Vorschlag des Domkapitels genommen und in die diözesane Verantwortung berufen wurde. Ich hoffe sehr, dass diese Form einer unmittelbaren Zusammenarbeit von Diözese und römischem Zentrum wieder mehr zunimmt.

Damit komme ich aber bereits zum Grund Ihrer Einladung, als Zeitzeuge und Zeitgenosse über Johannes XXIII. zu berichten, hier in diesem Hause, das seinen Namen trägt. – Johannes XXIII., der mich seinerzeit als jungen Erzbischof von Wien in das Kardinalskollegium berufen hatte, mir fallweise bei längeren persönlichen Gesprächen auch ein wenig Einblick gewährte in seine Gedankenwelt, hat mir als besonders wertvolles Andenken kurz vor seinem Tod dieses Brustkreuz geschenkt, das ich eigens nach Stuttgart mitgebracht habe.

Und damit blättere ich zurück im Buch der Geschichte: Es war das Konklave im Oktober 1958, aus dem nach dem Tode Pius XII. der damals kaum bekannte Kardinal Roncalli aus Norditalien als Nachfolger hervorging. Er war Nuntius gewesen in Bulgarien, der Türkei und Griechenland, wo er übrigens vielen Juden das Leben retten konnte; für einige Jahre war er Nuntius in Frankreich, wo er Arbeiterpriester und den Priestermangel in weiten Teilen Frankreichs kennen lernte. Zum Kardinal ernannt übernahm er schließlich die Diözese Venedig mit dem Titel eines Patriarchen von Venedig. – Es war der 28. Oktober des Jahres 1958, als das Konklave seine Tore schloss und der Welt verkündete: Der neue Papst heißt Angelo Giuseppe Roncalli, Patriarch von Venedig, der aus persönlichen Gründen für sich den Namen eines Johannes XXIII. gewählt hatte. Unter diesem Namen ist er in die Geschichte eingegangen.

Ich war damals etwa zwei Jahre Erzbischof von Wien, als ich zu meinem Erstaunen von dem Ergebnis jener Papstwahl hörte. Ich dachte mir damals: Das ist ein unbekannter Name und mit 77 Jahren ein bereits sehr weit in seinem Alter fortgeschrittener Mann. Das könnte wohl, so dachte ich mir, nur eine Verlegenheitslösung sein, das heißt, nach einigen Jahren des Überganges kommt ein neuer, jüngerer Mann, der menschlich betrachtet die notwendigen dynamischen Voraussetzungen für die großen Anforderungen des päpstlichen Amtes mit sich bringen wird.

Das war damals die allgemeine Meinung, aber bereits nach kurzer Zeit kam die große Überraschung: Als Johannes XXIII. am Tag seiner Krönung, es war der 4. November 1958, im Rahmen eines feierlichen Gottesdienstes sein hohes Amt übernahm, dachte wohl niemand – am wenigsten vielleicht er selbst –, welch schicksalhafte Bedeutung diese seine Jahre für die Kirche haben würden. In seiner schlichten, unproblematischen Frömmigkeit wurde er zum Werkzeug jenes Heiligen Geistes, den der Herr seiner Kirche versprochen und gesandt hat. Er war es, der eine große Wende in der Kirche vor dem Beginn des dritten Jahrtausends herbeigeführt hat. Er hat den Übergang vom Statischen zum Dynamischen, von der Autorität zur Brüderlichkeit, vom Monolog zum Dialog vorbereitet. Durch ihn, so kann man wohl sagen, bekam die Kirche wieder Leuchtkraft bis in die fernen Gefilde der Kirchenfremden, ja, auch der Kirchengegner.

Eine kleine Episode zeigte mir bereits an jenem 4. November, dem Tag der Papstkrönung, dass mit Johannes XXIII. nicht ein Papst des Überganges, sondern etwas Neues seinen Anfang genommen hatte: Ich selbst hatte an jenem Tag in St. Peter an dem feierlichen Gottesdienst des neuen Papstes teilgenommen und war am Nachmittag in der deutschen Nationalstiftung der Anima. Dort tauchten zufällig Beamte des päpstlichen Hofes auf, an die ich die neugierige Frage richtete: Ich höre, der neue Papst hätte bereits seine erste Audienz für seine Landsleute gegeben und Sie waren dabei. Wie war das? Einer der Angesprochenen nickte bedenklich mit dem Kopf und meinte: Es war ganz merkwürdig; stellen Sie sich vor, der neue Papst hat bei der Audienz Witze erzählt und die vielen Teilnehmer haben dazu herzlich gelacht. Jener Herr wollte damit wohl sagen, ein solcher Vorgang wäre bei seinem Vorgänger, Pius XII., unvorstellbar gewesen.

Einige Tage später wurde ich, für mich überraschend, zu einer ersten Audienz beim neuen Papst eingeladen. Diese persönliche Begegnung ist mir unvergesslich geblieben. In liebenswürdiger Weise begrüßte er mich als jungen Erzbischof von Wien und meinte: Er sei bereits im Begriffe, für sein erstes Konsistorium eine Namensliste für eine Reihe neu zu ernennender Kardinäle zu erstellen. Seine Mitarbeiter hätten ihm aber geraten, den Wiener Erzbischof nicht auf diese Liste zu setzen, denn der Vatikan habe mit der Wiener Bundesregierung Schwierigkeiten im Zusammenhang mit dem sogenannten Dollfuß-Konkordat, das im Juni 1933, zur Zeit des österreichischen Ständestaates, vor dem Anschluss an Deutschland, abgeschlossen worden war. Die neue Regierung nach Kriegsende wollte aber dieses Konkordat nicht zur Kenntnis nehmen, obwohl Pius XII. wiederholt feierlich erklärt hatte, auf internationaler Ebene gelte der Satz, unabhängig von politischen Veränderungen: „Pacta sunt servanda." – Seitens des Vatikans wurde dies als eine Missachtung des Apostolischen Stuhles als Vertragspartner verstanden. Aus diesem Grunde wäre auch eine Ernennung des Wiener Erzbischofs zum Kardinal nicht opportun. „Aber", so fügte Johannes XXIII. verschmitzt lächelnd hinzu, „wissen Sie, ich werde es anders machen. Ich ernenne Sie zum Kardinal und dann wird sich auch das Konkordatsproblem leichter lösen lassen." Und so war es auch. In der Folge gelang es mir, das tief gestörte Verhältnis zwischen Sozialdemokratie und Kirche in Österreich zu entkrampfen. Den Anstoß zu dieser neuen, für Österreich wichtigen Entwicklung auf dem Weg der Versöhnung zwischen den Fronten gab Papst Johannes XXIII. Im Rückblick muss ich sagen: Hier kam mir die neue Art, Probleme positiv anzugehen, erstmals zum Bewusstsein.

Der neue Papst gab bald zu verstehen, dass er als Inhaber des Petrusamtes auch Bischof von Rom sei, und daher nahm er in feierlicher Weise bald darauf von der Lateranbasilika Besitz; er besuchte Gefängnisse und Krankenhäuser sowie auch Pfarrgemeinden in

Rom. In den weihnachtlichen Tagen sagte er anlässlich seines Besuches im Gefängnis von Aracoeli: Weil ihr mich nicht besuchen könnte, deswegen bin ich zu euch gekommen, um euch zu besuchen.

Ich selbst bin ihm in den folgenden Jahren wiederholt begegnet. Seine Schlichtheit, die Heiterkeit seines Geistes, mit der er sich den großen Aufgaben täglich stellte, sein Humor, den er in verschiedenen Situationen zur Hand hatte, seine Gelassenheit auf Grund seines Gottvertrauens – dies alles ist mir unvergesslich geblieben.

Das größte Ereignis im Pontifikat Johannes' XXIII. sowie in der Geschichte der Kirche unseres Jahrhunderts war die Einberufung des Zweiten Vatikanischen Konzils für die Gesamtkirche. Auch dies wird mit dem Namen und der Person des Papstes Johannes XXIII. für immer verbunden bleiben. In jenen Tagen, in denen er sich zu diesem wagemutigen Entschluss durchgerungen hatte – es war die Woche der Weltgebetsoktav zur Förderung der Einheit der Christen in der zweiten Jännerhälfte –, schien er zeitweise über seine eigene Kühnheit fast erschrocken zu sein.

In einer für mich denkwürdigen Audienz im Jahre 1960 kam der Papst auf die Einberufung des Konzils zu sprechen und erzählte mir dazu: In der zweiten Jännerhälfte 1959 sei ihm plötzlich der Gedanke gekommen, ein allgemeines Konzil einzuberufen. Er hätte, erzählte er weiter, diesen Gedanken geradezu wie eine Versuchung von sich gewiesen, weil er sich der großen Schwierigkeiten eines solchen Unternehmens als Historiker nur zu bewusst war. Aber der Gedanke an die Einberufung eines Konzils habe ihn auch in den folgenden Tagen mit solcher Intensität verfolgt, dass er zur Einsicht kam, es müsse sich um eine höhere Eingebung handeln. Und wenige Tage später, es war der 25. Jänner 1959, das Fest des Völkerapostels, begab er sich nach St. Paul und teilte den dort versammelten, erstaunten Kardinälen und damit der ganzen Welt seinen Entschluss mit, ein neues Konzil einzuberufen.

Die Überraschung innerhalb und außerhalb der Kirche war sehr groß und der Widerstand in der Kurie selbst regte sich. Am 11. Oktober 1962, also nach mehrjähriger Vorbereitung, kam es zur feierlichen Eröffnung des Zweiten Vatikanischen Konzils. Die Spannung, die Hoffnung und Skepsis zugleich, mit der die öffentliche

Meinung der Eröffnung des Zweiten Vatikanums entgegenging, löste sich in eine große und freudige Überraschung auf. Johannes XXIII. verkündete angesichts der vielen in St. Peter versammelten Bischöfe aus der ganzen Welt – mit innerer Gelassenheit –, man dürfe sich nicht nur für das interessieren, was alt und vergangen ist, sondern: „Die Bischöfe sollten freudig und furchtlos das verwirklichen, was die Gegenwart erfordert." Man dürfe sich nicht immer so verhalten, als ob sich in der Welt alles immer nur zum Schlechteren wende; der Papst wies darauf hin, dass man nicht immer nur „jene Unglückspropheten" hören solle, die „in den modernen Zeiten nichts zu sehen vermögen als Unrecht und Untergang; als ob zur Zeit der früheren Konzilien alles in vollem Triumph der christlichen Lehre und der rechten Freiheit des Glaubens vor sich gegangen wäre". Es sei daher „wahrhaft nötig, dass die gesamte christliche Lehre ohne Abstriche vor allem durch ein neues Bemühen angenommen werde; dabei muss die Substanz der alten, im Glauben enthaltenen Lehre von der Formulierung ihrer sprachlichen Einkleidung wohl unterschieden werden". Damit meinte der Papst, dass bei allem der pastorale Gesichtspunkt im Vordergrund stehen solle. – Die über tausend Journalisten, die aus der ganzen Welt in Rom zusammengekommen waren, haben die Zuversicht und den Mut aus diesen Worten herausgehört und darüber einer interessierten Welt auch so berichtet. In diesem Zusammenhang war es von großer Bedeutung, dass Medienleute immer die Möglichkeit hatten, mit den Konzilsteilnehmern direkt zu sprechen.

Dadurch wurde nicht zuletzt das Konzil selbst in seiner Einstellung der Welt gegenüber beeinflusst. So heißt es zum Beispiel in der Pastoralkonstitution „Die Kirche in der Welt von heute" (Nr. 2): „Daher wendet sich das Zweite Vatikanische Konzil ... ohne Zaudern nicht mehr bloß an die Kinder der Kirche und an alle, die Christi Namen anrufen, sondern an alle Menschen, in der Absicht allen darzulegen, wie es Gegenwart und Wirken der Kirche in der Welt von heute versteht."

Damit allerdings das Konzil im Leben der Kirche wirksam wird, braucht es viel Zeit und Geduld. Aus meinen eigenen Erfahrungen weiß ich aber, wieviel in unseren Pfarrgemeinden diesbezüglich bereits im Gange ist. Von unseren lebendigen Pfarrgemeinden wird es auch in Zukunft abhängen, wie weit das Konzil seine erneuernde Kraft auch im nächsten Jahrtausend noch einbringen kann. Und dieses Konzil und seine nicht umkehrbare Ausrichtung auf die Zukunft hat ein Mann – Johannes XXIII. – in Bewegung gesetzt.

Unabhängig vom Konzil war Papst Johannes der Friede dieser Welt mit den großen Spannungen und Gegensätzen ein besonderes Anliegen. Unter dem Eindruck der Kuba-Krise und der damit verbundenen atomaren Bedrohung des Weltfriedens, auf dem Höhepunkt des Kalten Krieges nach dem Bau der Berliner Mauer, schrieb der Papst seine große Friedensenzyklika „Pacem in terris", die am 11. April 1963 veröffentlicht wurde. Diese Enzyklika richtete sich erstmals „an alle Menschen guten Willens". In ihr fordert der Papst internationale Abrüstungsverhandlungen. Wegen ihrer unpolemischen, allgemein verständlichen und trotz allem optimistischen Sprache fand sie große Zustimmung aus den unterschiedlichsten Lagern. Der Papst spricht hier nicht mehr von einem „gerechten Krieg", sondern von der Unmöglichkeit „im Atomzeitalter den Krieg als Mittel der Gerechtigkeit zu nutzen"; er sieht vielmehr in der Wahrung und Durchsetzung der (hier erstmals in einem solchen Zusammenhang erwähnten) Menschenrechte die Garanten des Weltfriedens. An die sozialen Ideen der christlichen Soziallehre anknüpfend, bekennt sich der Papst nicht nur zu den individuellen Freiheitsrechten, denen er die Pflichten für das Gemeinwohl an die Seite stellt; der Papst erinnert auch an die sozialen und kulturellen Rechte der Menschen, die eine Bringschuld der Staaten enthalten. Echter Friede, so der Papst, ist nur in einem Ordnungsgefüge möglich, das sich an Wahrheit, Gerechtigkeit, Liebe und Freiheit orientiert.

Johannes XXIII. gab auch den Anstoß für meine Reisen in das östliche Europa jenseits des Eisernen Vorhanges von damals. Damit wurde ich als Wiener Erzbischof – zunächst unbewusst – ein wenig in die sogenannte Ostpolitik des Vatikans mit hineingezogen: Es war bei einer meiner frühen Begegnungen mit dem Papst, dass er mich spontan aufforderte, ich sollte doch Kardinal Mindszenty in seinem Exil in der amerikanischen Botschaft in Budapest aufsuchen. Auf meinen Einwand, dass dies nicht so einfach geschehen könne, fragte Johannes in seiner direkten und entwaffnenden Art: „Was soll daran schwierig sein? Gehen Sie auf den Bahnhof in Wien und kaufen Sie eine Fahrkarte nach Budapest und fahren Sie einfach hin!“ – Nun, ich bin damals nicht mit dem Zug, sondern mit dem Wagen gefahren und aus dem einen Mal wurden viele Male; nicht nur Budapest, sondern auch viele andere Länder und Städte im Osten habe ich später besucht. Als Erzbischof von Wien war ich lange Zeit der dem Osten nächste Bischof des Westens. Ich betrachtete es daher als meine natürliche Aufgabe, so weit wie möglich Kontakt zu halten mit den Bischöfen des Ostens, jenseits des Eisernen Vorhanges, ebenso mit den Katholiken in diesem getrennten Teil des Kontinents. Aber den Anstoß dazu gab Johannes XXIII.

Ich versuche auf meine Art zusammenzufassen: Johannes XXIII. war – und er hat sich selbst so bezeichnet – ein schlichter, einfacher Mann, ein Bauernsohn, dessen Wunsch es war, als Priester einmal Hirte einer kleinen Gemeinde zu sein. Er war vielleicht ein unprogrammatischer Mann und doch stammt von ihm das Programm des Konzils. In seiner schlichten Frömmigkeit war es das Werkzeug jenes Heiligen Geistes, den der Herr seiner Kirche gesandt hat.

Und wenn heute nach der großen Papstgestalt des 20. Jahrhunderts gefragt wird, so wird die Antwort nicht schwer fallen: Der große Papst der Wende war Johannes XXIII. Er hat das Schiff der Kirche aus dem Brackwasser einer falsch verstandenen Tradition in das offene Meer hinausgeführt. Das kreiden ihm auch heute noch manche an, die sich vor den Stürmen der offenen See fürchten und sich nach der Ruhe des sicheren Hafens sehnen.

Als Papst Johannes, der auf Grund seines Alters und seines geringen Bekanntheitsgrades von den Kommentatoren als „Übergangspapst“ bezeichnet worden war, nach nur viereinhalb Jahren, am 3. Juni 1963, mit knapp 81 Jahren starb, hieß es: Er hätte in dieser kurzen Zeit in der Tat einen Übergang hergestellt vom 20. ins 21. Jahrhundert, indem er die Grenzpfähle für ein neues Zeitalter der Kirche absteckte. Fernsehen, Rundfunk und Presse hatten in jenen Junitagen des Jahres 1963 – die Erinnerung daran ist in meinem Herzen noch ganz lebendig – nicht nur für die große Menschenmenge auf dem Petersplatz, sondern für die ganze Welt – so auch für Wien – die schmerzlichen Phasen seines Todeskampfes so miterleben lassen, als handle es sich um ein Mitglied der eigenen

Familie. Noch nie, so hörte man überall, gab es eine solche Einmütigkeit der Teilnahme. Der Tod dieses Mannes war für die ganze Welt kostbar.

An seiner Seligsprechung in Rom am 3. September dieses Jahres konnte ich leider nicht persönlich teilnehmen, wohl aber verfolgte ich alles am Fernsehschirm. In jener Stunde nahm ich dieses Kreuz zur Hand, das mir Johannes XXIII. seinerzeit geschenkt hatte, und sagte mir: Jetzt besitze ich das Brustkreuz eines Papstes, der in die Reihe der Seligen aufgenommen wurde. Das verbindet mich auf neue Weise mit Papst Johannes XXIII., das verbindet mich seit heute aber auch in schöner Weise mit dem Roncalli-Haus von Stuttgart.

[Vortrag im Roncalli-Haus in Stuttgart, 25. November 2000]

Die Jahrtausendwende

Die Gewissenserforschung der Kirche

Wenn ein Jahr zu Ende geht, nehmen viele in froher Stimmung Abschied und erwarten zu mitternächtlicher Stunde den Beginn eines neuen Jahres. Viele aber fragen sich auch nachdenklich: Und das neue Jahr, was wird es bringen? – Wenn aber das zweite Jahrtausend unserer Zeitrechnung sich dem Ende nähert und ein drittes näherrückt, dann – so meine ich – hält die ganze Welt den Atem an, um sich zu fragen: Was erwartet uns, in unserem Lande, in Europa, in anderen Teilen der Welt? – Sollte, könnte das nicht Anlass sein, um prüfend innezuhalten, uns gemeinsam zu fragen, in dieser immer mehr verkabelten, zur Einheit strebenden Welt, mit ihrem rasanten technischen Wandel auf allen Lebensgebieten: Wie wird es weitergehen, was ist wichtig und was ist unwichtig?

Während ich darüber nachsinne, liegt ein neues Schreiben Johannes Pauls II. auf meinem Schreibtisch, das an alle Bischöfe, Priester, Ordensleute und auch an die Laien, ja, an die ganze Kirche gerichtet ist mit der Bitte, sich auf die große Wende, auf die Schwelle zum dritten Jahrtausend vorzubereiten, auf die wir zugehen. Mit dieser

Einladung verbindet der Papst die Hoffnung – nach einer vorausgehenden Verständigung mit den getrennten Christen – diese Vorbereitung in ökumenischer Verbundenheit zu sehen.

Ich muss gestehen, dass mich die Fülle der Gedanken und Ideen sehr beeindruckt hat. Es ist eine Art Vision einer Welt- und christlichen Heilsgeschichte mit dem Blick auf diese zu Ende gehende Zeitepoche. – Ja, so denke ich mir, wer sonst könnte zu einer so umfassenden Bilanz der Kirchengeschichte, der Geschichte der Religionen, der Weltgeschichte in Ängsten und Sorgen, mit der Hoffnung auf Frieden unter den Völkern, auf eine gerechte Ordnung im Kleinen wie im Großen, auf Schutz für eine gefährdete Umwelt, das Wort ergreifen?

Eine solche Überlegung wird noch unterstrichen durch eine internationale Zeitschrift wie das *TIME-Magazin* (26. Dezember 1994), die Johannes Paul II. zu ihrem „Mann des Jahres" erklärte; dies wird aber auch betont durch eine Ausgabe des *INTERNATIONAL HERALD TRIBUNE* (25. Jänner 1995) oder durch die Londoner Tageszeitung *INDEPENDENT* (12. Jänner 1995), die feststellen, dass die Welt nach dem Zusammenbruch ihrer jüngsten Ideologien nach einer geistigen Erneuerung Ausschau hält; oder die feststellen, dass Johannes Paul II. als „einziger Fels unserer Zeit" inmitten der großen Verwirrung herausragt.

Dieser Papst wendet zunächst seinen Blick zurück auf das vor dreißig Jahren zu Ende gegangene Zweite Vatikanische Konzil und stellt es jetzt hinein in den großen Zusammenhang der Vorbereitung auf das dritte Jahrtausend. Er schlägt der Kirche ganz bewusst eine weiter ausholende Vorbereitung auf dieses Ereignis in zwei Phasen vor. Eine erste, entferntere Vorbereitung sollte die Jahre 1994 bis 1996 umfassen; in einer zweiten Phase möchte er einladen, konkrete Pläne für die Jahre 1997 bis 1999 zu überlegen und zu planen.

Dies alles sieht er in Verbindung mit einer öffentlichen Gewissenserforschung für die Kirche selbst, um „ihr Versagen von gestern einzugestehen".

Damit verbindet sich ein Rückblick auf den Beginn unserer Zeitrechnung vor 2000 Jahren und entfaltet diesen zu einem großen Konzept des Millenniums für unsere Tage. Die Zeitrechnung des römischen Reiches war einst durch unsere christliche Zeitrechnung abgelöst worden, weil damals etwas ganz Neues begann: „Als die Zeit erfüllt war, sandte Gott seinen Sohn, geboren von einer Frau“ (Gal 4,4). Seither zählt man die Jahre vor und nach Christi Geburt, nicht nur in Europa, sondern in der ganzen Welt neben der Zeitrechnung in den alten Kulturen und Religionen. Das heißt auch, dass die Weltgeschichte sich nicht in kosmischen Zyklen einer ewigen Wiederkehr wiederholt; sie hat ein Ziel und einen Weg dorthin. Daher sind wir alle auch einzeln unterwegs mit unseren Fragen. Das heißt aber auch, dass die Welt, das Weltall wohlgeordnet ist, vom Atom bis zu den Lichtjahre entfernten Sternen. Auch die Welt- und Zeitgeschichte ist im Plane Gottes ein geordneter Kosmos mit Anfang und Ende des Weges; das heißt, das auf uns zukommende Millennium wiederholt die Frage nach dem jenseits von Raum und Zeit bestehenden Konzept des Schöpfers des Universums, innerhalb von Raum und Zeit.

Die großen Rundschreiben der Päpste, von Pius XII. bis in unsere Gegenwart – so meint der heutige Pontifex Maximus – deuten bereits in eine solche Richtung. Ja, Johannes Paul II. meint (Nr. 23), seine Vorbereitung auf das zu Ende gehende zweite Jahrtausend sei der „hermeneutische Schlüssel“ zu seinem eigenen Pontifikat.

In einer solchen Hinsicht gibt der Heilige Vater dem letzten Konzil einen besonderen Stellenwert; als „ein Ereignis der Vorsehung“ hat es eine „neue Epoche in der Geschichte der Kirche eingeleitet“. So der Heilige Vater wörtlich. Im Gefolge einer so in die Wege geleiteten Erneuerung der Kirche habe sich die katholische Christenheit des 20. Jahrhunderts nach zwei Weltkriegen, Konzentrationslagern, schrecklichen Grausamkeiten in vielen Kriegen, weit geöffnet gegenüber den anderen christlichen Konfessionen, den Anhängern anderer Religionen, der Menschen unserer Zeit – immer mit dem Blick auf das neue Millennium.

Aus diesem Grunde greift Johannes Paul II. die aus seiner Sicht großen Themen des Konzils heraus, die wegweisend sein sollen für den Weg ins neue Millennium. Wörtlich und mit Nachdruck sagt er (Nr. 19): „Bei keinem Konzil hat man mit einer derartigen Klarheit von der Einheit der Christen (d. h. ökumenischer Dialog), vom Dialog mit den nichtchristlichen Religionen (d. h. interreligiöser Dialog), von der Bedeutung des Alten Bundes und dem Volke Israel

(d. h. das Verhältnis der katholischen Kirche zu den Juden), von der Würde des persönlichen Gewissens, von der Religionsfreiheit, vom Missionsauftrag der Kirche gegenüber den alten Kulturen und Religionen und von den sozialen Kommunikationsmitteln gesprochen."

Aus seiner weltweiten Erfahrung und christlichen Weisheit fügt er noch hinzu: „Eine enorme Fülle von Inhalten und ein neuer, bisher nicht gekannter Ton bei der Vorlage dieser Inhalte auf dem Konzil stellt gleichsam eine Ankündigung neuer Zeiten dar." (Nr. 19)

Für die entferntere Vorbereitung empfiehlt der Papst daher eine Umkehr und einen Akt der Buße, der sich auf die Spaltung der christlichen Einheit bezieht. Dazu bedauert er in geradezu bewegenden Worten (Nr. 33) „jene Intoleranz und Gewalt im Dienste der Wahrheit" in unserer eigenen Geschichte; damit meint er jene geschichtlichen Abschnitte, wo man sich vom Geist Christi und des Evangeliums entfernt hatte, „weil sie an Stelle eines an den Werten des Glaubens inspirierten Lebenszeugnisses den Anblick von Denk- und Handlungsweisen boten, die geradezu Formen des Gegenzeugnisses und Skandales geworden sind" (Nr. 37).

Man müsse sich aber gleichzeitig neu auf das Zeugnis christlichen Glaubens besinnen, wie es uns die Märtyrer der Vergangenheit und der Gegenwart gegeben haben: „Ein Zeugnis für Christus, bis hin zum Blutvergießen, gehört zum gemeinsamen Erbe von Katholiken, Orthodoxen, Anglikanern und Protestanten" (Nr. 37). Das ist ein Zeugnis, das nicht vergessen werden darf.

Wenn die Bilanz einer zweitausendjährigen christlichen Geschichte ob des schuldhaften Versagens uns niederdrückt, so stärken uns die vielen Beispiele der Helden und Heiligen in allen Jahrhunderten. Denn wenn die Kirche nur Menschenwerk wäre – ein Gedanke, der bereits beim Gesetzeslehrer Gamaliël in der Apostelgeschichte aufscheint –, so wäre sie schon längst zugrunde gegangen.

Mit solchen Überlegungen für eine erste vorbereitende Phase auf regionaler, kontinentaler und auch globaler Ebene soll das christliche Welt- und Menschenbild gerade angesichts der Ängste und Sorgen unserer Tage besser erkannt und vertieft werden, mit dem Blick auf den Anfang unserer Geschichte, damals als die Zeit erfüllt war und Gott seinen Sohn sandte, geboren von einer Frau; damals als der Vater im Himmel das menschgewordene Wort in unsere Geschichte entsandte, als Christus einen neuen Anfang der Geschichte setzte; damals als der kosmische Plan Gottes sich uns eröffnete, „um die Fülle der Zeiten heraufzuführen, in Christus alles zu vereinen, was im Himmel und auf Erden ist“ (Eph 1,10).

In der Zeit der Medien und eines medialen Nachrichtendienstes braucht es allerdings neben dem persönlichen Zeugnis sichtbare und wohlvorbereitete Formen gelebter christlicher Gemeinschaft, in Verbindung mit dem Zeichen ökumenischer Gemeinschaft.

An der Schwelle des dritten Millenniums sehen wir so den Weg zum Leben, angesichts einer Tendenz zu Tod und Untergang. Unserer trinitarischen Gottesvorstellung entsprechend finden sich für die zweite und letzte Phase der Vorbereitung eine Reihe praktischer pastoraler Hinweise: Es geht darum, der verbreiteten religiösen Unwissenheit zu begegnen, mit der Anregung zum Lesen der Bibel wie auch der Vertiefung der einzelnen Sakramente hinsichtlich ihrer sozialen und ökumenischen Bedeutung.

Weil Jesus Christus gekommen ist, um den Armen die Frohe Botschaft zu verkünden, weil die Kirche in diesem Auftrag eine besondere Option für die Armen und Randgruppen sehen muss, deswegen greift Johannes Paul II. mit seinem Plan hinaus in die internationale Welt, „die von so vielen Konflikten, unerträglichen sozialen und wirtschaftlichen Gebrechen gezeichnet ist“ (Nr. 51). Unter Bezugnahme auf das Buch Levitikus (25,8-28) aus dem Alten Testament schlägt er im Sinne jenes „Jubeljahres“ vor, das internationale Spannungsfeld zu entlasten „durch eine Überprüfung, wenn nicht überhaupt durch einen erheblichen Erlass internationaler Schulden“ (Nr. 51) zugunsten mancher armen, rastlosen und friedlosen Nationen in der Dritten Welt; und dies besonders mit dem Blick auf eine Stärkung des internationalen Friedens im Sinne von Gerechtigkeit und Völkerverständigung, angesichts der internationalen Probleme unserer Zeit.

In diesem Zusammenhang wird es notwendig sein, die Auseinandersetzung mit einer „Krise der Zivilisationen“, mit dem „Säkularismus“ durch den „Dialog mit den großen Religionen“ (Nr. 52) zu beginnen.

Schließlich deutet das Dokument einen kühnen Gedanken an: Es sind Versuche in die Wege geleitet, um ein Treffen der drei monotheistischen Religionen (Juden, Christen und Muslime) an gemeinsamen denkwürdigen Stätten wie Bethlehem, Jerusalem, Sinai zu versuchen und so ein Bekenntnis abzulegen zum einen Gott, dem Schöpfer des Himmels und der Erde, des Herrn der Geschichte und der Zeit – an der Schwelle des dritten Millenniums.

In eine solche Perspektive stellt der Inhaber des Petrusamtes das heranrückende neue Jahrtausend. Solche Perspektiven und Visionen sollte man in den nächsten Jahren nicht den Wahrsagern, Scharlatanen und falschen Propheten neureligiöser Bewegungen und Sekten überlassen, sondern dem „Felsenmann", der aus einer zweitausendjährigen Geschichte Europas und der ganzen Welt spricht. Für besorgt fragende und humanistische Europäer – und nicht nur für diese – ist er „the only rock of our age" (Londoner *INDEPENDENT*).

[Beitrag für die Kärntner Kirchenzeitung, Jänner 1995]

Zentralismus und Kollegialität – Einheit und Vielfalt in der Kirche Gottes

Zum Thema, das im Bereich der katholischen Kirche bei verschiedenen Anlässen immer wiederkehrt, gehört die Frage: Welchen Führungsstil braucht die katholische Kirche, um die Einheit in einer sich rasch ändernden Welt zu wahren, und welche Formen der Vielfalt sind möglich, ohne die Einheit an der Schwelle des dritten Jahrtausends ernstlich zu gefährden? Ein solches Thema geht in zwei Richtungen: Während das ökumenische Bemühen die eigentliche Schwierigkeit in der Existenz und Ausübung des römischen Primates sieht, ist innerhalb der katholischen Kirche, im weltweiten Bereich, die Frage schon lange aktuell: Wie kann oder soll die heute bestehende Form der obersten, in diesem Jahrhundert zentralistisch gewordenen Kirchenführung in Richtung einer graduellen Dezentralisierung geändert oder verbessert werden?

Es handelt sich also um ein doppeltes Anliegen: Einmal geht es um eine Stärkung der kollegialen Mitsorge und Mitverantwortung für die Gesamtkirche auf Grund der vom Konzil aufgezeigten kollegialen Verfassung des Hirtenamtes. Andererseits geht es aber gleichzeitig um eine Stärkung der orts- und regionalkirchlichen Zuständigkeit der einzelnen Bischöfe in ihrer uneingeschränkten Verantwortung als Hirten ihrer Teilkirche. Denn daraus ergibt sich auch die Darstellung der Gesamtkirche als eine „Communio ecclesiarum". Die Darstellung der Gesamtkirche als eine Communio der Teilkirchen hat Professor Pottmeyer (Bochum) in seinem kürzlich erschienenen Buch *Towards a Papacy in Communion* überzeugend dargestellt. Die Verbindung von Vatikanum I und Vatikanum II ist eine zusätzliche Stärkung seiner Argumente. Für den Bereich der orts-, regionalkirchlichen Zuständigkeit geht es daher unter anderem auch um das Mitwirken bei der Ernennung von Bischöfen, geht es um eine Beachtung des Subsidiaritätsprinzipes und geht es schließlich auch um die nähere Bestimmung der Zuständigkeit der Bischofskonferenzen.

Während innerhalb der katholischen Kirche die Existenz des Petrusamtes mit einem notwendigen, der Zeit angepassten Instrumentarium, das heißt, eines vielfältigen behördlichen Apparates, keine Schwierigkeiten macht, wird der „Führungsstil" eben dieses päpstlichen Apparates bzw. der kurialen Behörden des Vatikans mit der Vielfalt der Diözesen oft als mangelhaft bezeichnet. Nach „Lumen gentium", Nr. 23 sind die Bischöfe gehalten, „zum Wohl der Gesamtkirche ihren Beitrag" zu leisten. Aus verschiedenen Gründen gingen die diesbezüglich in die Bischofssynoden gesetzten Erwartungen nicht in Erfüllung.

Paul VI. hatte in seinem Bemühen, den Wünschen des Konzils zu entsprechen, mit seinem Rundschreiben „Sollicitudo omnium ecclesiarum" Mühe aufgewendet, um die kurialen Behörden den Wünschen des Konzils entsprechend auszurichten, in ihrer beratenden und kontrollierenden Funktion neu zu ordnen. In der nachkonziliaren Zeit haben aber verschiedentlich Bischöfe zum Ausdruck gebracht, dass die vatikanischen Behörden mehr als sonst nach Selbstständigkeit und zentraler Führung trachten, sodass das Anliegen von „Sollicitudo omnium ecclesiarum" nicht entsprechend zur Wirkung kommen konnte.

Es geht also auch hier um „das Wohl der Gesamtkirche", wenn solche Defizite zu vermelden sind. Es müsse, so heißt es, Anliegen des Bischofskollegiums sein, im Sinne des letzten Konzils den Inhaber des Petrusamtes, den Bischof von Rom, in der Kirchenführung weltweit zu unterstützen. Denn der heute praktizierte Stil einer weltweiten Kirchenführung entspreche nicht in allem den Vorstellungen des Konzils, wie es in „Lumen gentium", Nr. 23 heißt: „Als Glieder des Bischofskollegiums und rechtmäßige Nachfolger der Apostel sind sie (d. h. die Bischöfe) auf Grund von Christi Stiftung und Vorschrift zur Sorge für die Gesamtkirche gehalten", wenn es sich dabei auch nicht um einen hoheitlichen Akt handle, so trage diese Sorge „doch im höchsten Maß zum Wohl der Gesamtkirche bei". (LG, Nr. 23)

Dazu ist allerdings der Hinweis zu beachten, der sich in „Apostolos suos" vom 23. 7. 1998, *Osservatore Romano*, 24. 7. 1998, findet. Hier heißt es: Die Gewalt des Bischofskollegiums über die ganze Kirche ergibt sich „nicht aus der Summe der Gewalten der einzelnen Bischöfe ... Sie ist eine vorgegebene Wirklichkeit, an der die einzelnen Bischöfe teilhaben, die nur kollegial über die ganze Kirche entscheiden" (Nr. 12). Diese scheinbar einschränkende Feststellung weist im Grunde auf die Bedeutung des Kollegiums der Bischöfe hin.

In welcher Weise die Sorge um die Gesamtkirche in der Praxis wahrgenommen werden kann, hat das Konzil nicht näher behandelt. Dies gehört wohl zu den Aufgaben der nachkonziliaren Zeit.

Die Bischofssynoden in der heute bestehenden Funktion haben nicht zum beabsichtigten Ziel führen können, obwohl es sich um einen sehr beachtenswerten Vorschlag Papst Pauls VI. handelte. Heute geht es darum, der Bischofssynode neue Formen der Mitwirkung für das Gesamtwohl zu suchen. Auch die Vorgangsweise bei der Ernennung neuer Bischöfe hatte gelegentlich zu Schwierigkeiten geführt, weil der Kontakt zur betreffenden Bischofskonferenz oder zu ähnlichen Gremien nicht oder kaum stattgefunden hat.

An der Schwelle des neuen Millenniums, mit dem Blick auf die notwendige Einheit und mögliche Vielfalt in der katholischen Kirche, werden einerseits die Schwierigkeiten deutlich, aber auch die Chancen sichtbar, die es zu erfassen gilt. Ich möchte dies etwas ausführlicher begründen.

1. Aus einer euro-zentrierten Kirche ist nach der Zerstörung Europas durch den letzten Krieg, durch das Ende der europäischen Kolonialgebiete und der daraus folgenden Eigenständigkeit der außereuropäischen Kontinente, im letzten Konzil die Weltkirche eindrucksvoll in Erscheinung getreten. Die Kirche Christi mit dem Petrusamt hat das europäische Kleid abgelegt oder ist noch damit beschäftigt.

2. Der vatikanische Zentralismus als ein Instrument der Kirchenführung, zuhanden des Bischofs von Rom als Inhaber des Petrusamtes, hat ebenso sein europäisches Gepräge aufgegeben und ist international geworden; er besitzt eine reiche menschliche und christliche Erfahrung, die seit Jahrhunderten gewachsen ist. Im Kampf gegen Rationalismus und Nationalismus, als Defensor der kirchlichen Einheit ist die vatikanische Bürokratie stark und mächtig geworden. Das hat aber auch zu einer Schwierigkeit aus heutiger Sicht geführt.

Denn die Verantwortung und Sorge für die Gesamtkirche stellt heute wachsende Anforderungen an das römische Petrusamt, was auch die vatikanische Bürokratie mittragen muss. Hier sollte die Mitsorge des Kollegiums der Bischöfe weltweit im Sinne von LG, Nr. 22 und 23 – „auf Grund von Christi Stiftung und Vorschrift zur Sorge für die Gesamtkirche gehalten" – effektiv werden. Dies ist aber mit der Einführung der Bischofssynoden nicht wirklich realisiert worden. Denn die römischen Behörden sind in Richtung eines zentralistischen Apparates weiter ausgebaut worden. Aus europäischer Sicht und auf Grund der Schwierigkeiten in Europa ging es immer darum, die Einheit der Kirche zu wahren; dies stand fast ausschließlich im Vordergrund. Es war die Angst vor einem Zerfall der Einheit, sodass die Möglichkeit und Notwendigkeit einer Vielfalt in dieser Einheit kaum beachtet wurde. Aus diesem Grunde hat die vatikanische Bürokratie – bewusst oder unbewusst, de facto, aber nicht de iure – die Aufgaben eines Kollegiums der Bischöfe in Verbindung mit dem Papst und im Sinne von LG 22, 23 an sich gezogen, sie übernimmt de facto fast alle Aufgaben eines Kollegiums der Bischöfe. Die Diskussion um die Kollegialität der Bischöfe in der obersten Kirchenführung darf daher keineswegs als antirömischer Affekt oder antirömische Kritik verstanden werden.

3. Man könnte es als eine providenzielle Fügung bezeichnen, dass durch die Verbindung von Vatikanum I. und Vatikanum II. im letzten Konzil eine ausführliche Darstellung der gesamtkirchlichen Bedeutung und Aufgabe des Bischofskollegiums in Verbindung mit dem römischen Petrusamt möglich wurde, um so den neuen Anforderungen einer Weltkirche besser zu entsprechen.

Das Anliegen, das mit der konziliaren Kollegialität der Bischöfe verbunden ist, hat eine zweifache Bedeutung: Zum einen geht es in die Richtung der komplexen ökumenischen Bewegung im Sinne des Zweiten Vatikanums. Zum anderen aber geht es auch um das innerkirchliche Anliegen der katholischen Glaubensgemeinschaft, nämlich: die oberste Kirchenführung zu entlasten, vor allem wegen der bereits bestehenden Überforderung des päpstlichen Dienstes.

Es gibt ja heute schon praktische Beispiele, wie die Kollegialität der Bischöfe tätig werden kann: Die zweite europäische und ökumenische Kirchenversammlung in Graz 1997, ein so bedeutendes ökumenisches Ereignis, wurde vorbereitet und durchgeführt durch eine Zusammenarbeit der Konferenz der Europäischen Bischofskonferenzen CCEE und der KEK, der Konferenz der Kirchen Europas, auf Europa-Ebene. Und dies geschah, so heißt es, ohne offizielle Beteiligung der vatikanischen Behörden an den Vorbereitungen.

Die Aktualität des Themas „Bischofskollegium und des bisherigen Führungsstiles in der katholischen Kirche" wurde in der letzten Zeit durch folgende Namen noch bewusster gemacht:

Der Vorsitzende der belgischen Bischofskonferenz, Kardinal G. Danneels, hat in der Zeitschrift *Il Regno* (Frühjahr 1996) einen Beitrag zum Thema der kirchlichen Strukturen veröffentlicht und stellt unter anderem fest: Die Bischofssynode hätte das nicht erreicht, was Papst Paul VI. damit erreichen wollte. Es gehe darum, neue Überlegungen anzustellen, um das Bischofskollegium besser in der kirchlichen Führung wirksam werden zu lassen – im Sinne von LG, Nr. 22, 23. Dadurch ergebe sich ein allmählicher Umbau im Stile der obersten kirchlichen Führung. Dies betreffe, so stellt er ausdrücklich fest, in keiner Weise die glaubensmäßig begründete Existenz des Petrusamtes in der katholischen Kirche. Aber gelegentliche Schwierigkeiten bei der Ernennung neuer Bischöfe, das weltweite Problem der

Sekten, die zunehmende Macht der Medien und neue Formen der Kommunikation, der wachsende Gegensatz von Reich und Arm auf Weltebene sowie Probleme der Dritten Welt – all dies gebe Anlass zur Frage, wie weit die zentrale Kirchenführung diese Probleme bewältigen kann, ohne das Bischofskollegium in der angegebenen Weise fallweise zur Mitwirkung heranzuziehen.

Im gleichen Jahr hat der emeritierte nordamerikanische Erzbischof von San Francisco, John Quinn, zu diesem Thema in seiner Oxford-Lecture – 29. 6. 1996 – Stellung bezogen. Quinn war 28 Jahre Erzbischof von San Francisco und drei Jahre Vorsitzender der gesamten katholischen Bischofskonferenz der USA. In seinem Oxford-Vortrag *Considering the Papacy* stellte er sich die Frage, wie das Bischofskollegium der Weltkirche – angesichts der raschen Änderungen in der Welt und der wachsenden Anforderungen an die Gesamtkirche auf Weltebene – in der Kirchenführung auch außerhalb des Konzils wirksam werden könne. Er erinnert dazu an den wachsenden Einfluss der Medien, wodurch die öffentliche Meinung in einer immer stärker säkularisierten Welt gesteuert wird. Er erinnert an den wachsenden Gegensatz von Arm und Reich, an die vielen Eheprobleme und die psychischen Veränderungen in unserer Zeit. Auch er sieht Schwierigkeiten in der römischen Kurie, deren Dienstfunktion ein Bestreben nach größerer Eigenständigkeit habe und sozusagen ein „tertium quid" zwischen Papst und Bischofskollegium werden könnte.

Es sei ein bleibendes Verdienst Pauls VI. gewesen, die römische Kurie zu internationalisieren. Seine Funktion und Aufgaben habe er in „Sollicitudo omnium ecclesiarum" näher umschrieben. Wenn aber heute eine Tendenz zu größerer Selbstständigkeit festgestellt wird, so ist dies – ich füge das hinzu – wohl auch ein Zeichen, dass die römische Kurie sich genötigt sieht, die nicht vorhandene Funktion eines Bischofskollegiums mit zu übernehmen. Die wachsende Zahl von Dokumenten der verschiedenen Abteilungen im Vatikan ist ebenso ein Hinweis auf das Defizit an Kollegialität und Subsidiarität. Großen Wert aber legt Quinn auf den Hinweis, dass Kollegialität und Subsidiarität heute in ihrer möglichen Gemeinsamkeit näher zu untersuchen seien. – Eine neuere Arbeit, die in die gleiche Richtung geht, wurde unlängst veröffentlicht vom Herausgeber der englischen Wochenschrift *The Tablet*, John Wilkins, *The Papacy and the People of God.* Der Autor macht sich zum Sprecher des gleichen Anliegens, das auch im englischsprachigen Bereich heute viel diskutiert wird. Dazu kommen drei ganz neue Publikationen in Amerika: Ich nenne eine Weiterführung der von Erzbischof Quinn ausgelösten Diskussion im Anschluss an seine Oxford-Vorlesung. Es ist dies *The Exercise of the Primacy* als *continuing the dialogue*, herausgegeben von Phyllis Zagano und Terence W. Tilley, und *Papal Primacy and the Episcopate* von Michael J. Buckley.

In diesem Zusammenhang ist das päpstliche Rundschreiben „Ut unum sint", 1995, von großer Bedeutung. Das Dokument weist auf die ökumenische Verpflichtung gerade auch der katholischen Kirche hin. Der Papst stellt im abschließenden dritten Kapitel die Frage: Wir könnten uns fragen, „wie lang der Weg ist, der uns noch von jenem segensreichen Tag trennt, an dem die volle Einheit im Glauben erreicht sein wird" (Nr. 77). Jedenfalls verbindet er damit die Überzeugung, dass sich die katholische Kirche „unumkehrbar" dazu verpflichtet habe, den Weg der Suche nach ökumenischer Einheit einzuschlagen (Nr. 3). Um das ausgesprochene oder oft auch nicht ausgesprochene Misstrauen gegen einen diktatorischen Herrschaftsanspruch des Papstes über seine Kirche zu entkräften, legt er Wert darauf, an die Verbindung des Petrusamtes des römischen Papstes mit dem Kollegium aller Bischöfe wiederholt zu erinnern. Sein Amt, so stellt er fest, könne nicht getrennt werden von jener Sendung, „die allen Bischöfen anvertraut ist", weil sie „gleichfalls Stellvertreter und Gesandte Christi sind". Und um nicht missverstanden zu werden, fügt er hinzu: „Der Bischof von Rom gehört zu ihrem Kollegium und sie sind seine Brüder im Amt." (Ut unum sint, Nr. 95)

Diese weit reichende Verbindung des päpstlichen Amtes mit dem Kollegium der Bischöfe solle, so meint er wohl, die Angst vor einer übertriebenen zentralistischen Führung der Kirche durch einen „unfehlbaren" Papst abbauen helfen. Auf Grund einer solchen Verbindung des Papstes mit dem Kollegium der Bischöfe macht er den getrennten Christen den „brüderlichen" Vorschlag: Der römische Papst, als Inhaber des Petrusamtes, erklärt seinen ökumenischen Dialogpartnern, sie mögen „mit mir einen brüderlichen, geduldigen Dialog aufnehmen"; denn es gehe darum, „eine neue Form der Primatsausübung zu finden, die keineswegs auf das Wesentliche ihrer Sendung verzichtet, sich aber der neuen Situation öffnet“ (Ut unum sint, Nr. 95). Das heißt, ohne die Existenz des Petrusamtes grundsätzlich in Frage zu stellen, will er zur Diskussion einladen, um eine entsprechende Form der Ausübung des Petrusamtes zu finden, die den anderen Kirchen weniger Schwierigkeit mache. Es gehe darum, den päpstlichen Primat immer in Verbindung mit dem Bischofskollegium zu sehen – und so den Verdacht loszuwerden, dass das päpstliche Amt einen absoluten Herrschaftsanspruch über die Kirche verlange.

Ein solcher Vorschlag, so gesteht der Papst selbst, sei „eine ungeheure Aufgabe, die wir nicht zurückweisen können und die ich allein nicht zu Ende bringen kann“ (Nr. 96).

Genau besehen ist sein so ungewöhnliches Angebot gleichzeitig ein Hinweis auf das oberste Leitungsamt in der katholischen Kirche, ein Hinweis auf die heutige Form der Ausübung des Petrusdienstes, ein Hinweis des Papstes selbst, der sich nicht zuletzt auch auf Schwierigkeiten in der Führung der eigenen Kirche bezieht. Solche Schwierigkeiten sind nur zu lösen in kollegialer Mitsorge und Mitverantwortung für die Gesamtkirche.

Um solche und ähnliche Überlegungen in einen größeren Zusammenhang zu stellen, muss man, so glaube ich, das Prinzip der Subsidiarität auch innerhalb der Kirche als gesellschaftliches Ordnungsprinzip noch besonders beachten. Das Prinzip der Subsidiarität ist grundlegend für den Bereich der katholischen Soziallehre und daher auch für die Kirche. Es gilt als Bauprinzip der menschlichen Gesellschaft, wie es Pius XI. in seinem Rundschreiben „Quadragesimo anno“ (1931) in seiner klassischen Form beschrieben hat. Die entsprechende Stelle lautet: „Wie dasjenige, was der Einzelmensch aus eigener Initiative mit seinen eigenen Kräften leisten kann, ihm nicht entzogen und der Gesellschaftstätigkeit zugewiesen werden darf, so verstößt es gegen die Gerechtigkeit, das, was die kleineren und untergeordneten Gemeinwesen leisten und zum guten Ende führen können, für die weitere und übergeordnete Gemeinschaft in Anspruch zu nehmen. ... Jedwede Gesellschaftstätigkeit ist ja ihrem Wesen nach subsidiär. Sie soll die Glieder des Sozialkörpers unterstützen, darf sie aber niemals zerschlagen oder aufsaugen.“ Das ist der bekannte Text, wie er später des Öfteren, zum Beispiel in „Mater et Magistra", aufscheint. Dieses Prinzip der Subsidiarität ist im Jahre 1992 im Maastrichter Vertrag zur Europäischen Union im Abschnitt „Grundsätze" als Leitidee in das Vertragswerk aufgenommen worden.

Übrigens hat bereits die Bischofssynode des Jahres 1969 in ihrem Votum zum Ausdruck gebracht, dass das Prinzip der Subsidiarität für die Neuausgabe des Kirchenrechtes, des *Codex Iuris Canonici*, Verwendung finden solle. Und zwei Jahre später, 1971, gab es bei der damaligen Bischofssynode ein Votum, dieses Grundgesetz auch in der Verbindung mit den Bischofskonferenzen zu verwenden. In der Einleitung zu dem neuen Codex des Jahres 1983 heißt es: Zu den grundlegenden Prinzipien des neuen Kirchenrechtes gehöre auch das Prinzip der Subsidiarität.

Nun ist die Kirche aber nicht ein Verein oder eine Gemeinschaft wie jede andere; denn sie besteht nicht aus zwei verschiedenen Größen, sondern ist, wie es in „Lumen gentium", Nr. 8 heißt, „eine einzige komplexe Wirklichkeit, die aus menschlichem und göttlichem Element zusammenwächst". Sie ist also hier auf Erden eine „sichtbare Versammlung und eine geistliche Gemeinschaft zugleich". Und es heißt weiter: Sie ist „hier auf Erden als sichtbares Gefüge verfasst" und trägt so die Gemeinschaft des Glaubens, der Hoffnung und der Liebe. Für dieses sichtbare Gefüge, der einzigen komplexen Wirklichkeit, kann daher das Prinzip der Subsidiarität in analoger Weise verwendet werden. Subsidiarität, mit der lateinischen Wurzel „subsidium", Hilfe, Dienstleistung, besagt, dass auch im kirchlichen Bereich, „als sichtbar verfasstes Gefüge" eine übergeordnete Struktur nicht an sich ziehen soll, was die untergeordnete selbst leisten kann und leisten soll. Wohl aber soll die übergeordnete Ordnung der untergeordneten Unterstützung und Hilfe zukommen lassen, damit sie ihre spezifische Eigenleistung auch erbringen kann.

Später war es Pius XII., der aufmerksam gemacht hatte, dass das Prinzip der Subsidiarität auch für das Leben der Kirche mit ihrer hierarchischen Struktur gelte. In einer Ansprache (20. XII. 1946) nahm er Bezug auf seinen Vorgänger und wiederholte die bereits klassisch gewordene Formulierung des Subsidiaritätsprinzips. Dann fuhr er wörtlich fort: „Solche Worte sind in der Tat erhellend; sie gelten für den Bereich der Gesellschaft, aber auch für das Leben der Kirche in ihrer hierarchischen Struktur."

Mit einer solchen Feststellung wollte Pius XII. nicht zuletzt auch auf Freiheit und Würde der menschlichen Person Bezug nehmen, die inmitten der gesellschaftlichen Strukturen und Organisationen nicht unterdrückt werden dürfe.

Eine neue Untersuchung an der Päpstlichen Universität Gregoriana in Rom, M. Krebs, *Subsidiarität und kirchliches Leben. Das Subsidiaritätsprinzip in Anwendung auf die Kirche nach Pius XII.*, hat festgestellt, dass damit die Eigenständigkeit, die eigene Initiative und die eigenen Kräfte des Einzelnen gegenüber der Gemeinschaft, aber auch der kleineren Gruppe gegenüber der Großgruppe gesichert werden sollte; Gustav Gundlach, ein Mitarbeiter und Berater Pius' XI. wie Pius' XII., Professor an der Gregoriana, meinte in Verbindung mit dem Subsidiaritätsprinzip: Die Gefahr des Zentralismus gebe es auch in der kirchlichen Verwaltung. Denn wer in den kirchlichen Raum hineinschaue, könne nicht übersehen, dass es solche Erscheinungen auch dort gebe. Und das dürfte mit dem Hineinwirken der industriellen Gesellschaft in den kirchlichen Raum zusammenhängen. Und er fügt hinzu: Es entstehe dadurch ein Herrschaftsanspruch „eines zentralen kirchlichen Dirigismus." Damit meinte er wohl, dass es in den katholischen Verbänden die Möglichkeit gebe, dem „Prinzip der Subsidiarität auch innerhalb der Kirche mehr Geltung zu verschaffen". Etwas Ähnliches gelte für die Diözesen, für die religiösen Orden oder auch andere Gemeinschaften der Gesamtkirche. – Die Abwehr eines „Zentralismus in der Kirche", im Sinne von Gundlach, legt den Hinweis nahe, auf einen entsprechenden Freiraum für die Laien in der Kirche Bedacht zu nehmen. Bereits lange Zeit vor dem Konzil meinte er – ganz im Sinne des späteren „Lumen gentium": Man möge den Laien jene Aufgaben übertragen, die sie ebensogut oder noch besser als Priester erfüllen können; mit dem Blick auf das Gemeinwohl der Kirche sollten sie „frei handeln und ihre Verantwortung wahrnehmen können".

Um hier kein Missverständnis aufkommen zu lassen, sei mit Nachdruck festgehalten, dass der ausführliche Hinweis auf das Subsidiaritätsprinzip kein kollegiales Mitwirken der Bischöfe an der

Gesamtkirche begründet. Wohl aber soll dieses Prinzip hier in Verbindung mit dem Kirchenbegriff der Dogmatischen Konstitution über die Kirche des Zweiten Vatikanums (LG, Nr. 8) gesehen werden. Das heißt, das Subsidiaritätsprinzip meint im Gegensatz zu einem Zentralismus eine entsprechende Dezentralisierung auch innerhalb der kirchlichen Gemeinschaft. Solche Überlegungen verweisen zusätzlich auf die uneingeschränkte Verantwortung des Bischofs für seinen Bereich.

Denn von den Bischöfen heißt es in „Lumen Gentium", Nr. 27: „Sie sind nicht als Stellvertreter der Bischöfe von Rom (das heißt wohl, des jeweiligen Bischofs von Rom) zu verstehen, denn sie haben eine ihnen eigene Gewalt inne und heißen in voller Wahrheit Vorsteher des Volkes, das sie leiten. Folglich wird ihre Gewalt von der obersten allgemeinen Gewalt nicht ausgeschaltet, sondern im Gegenteil bestätigt, gestärkt und in Schutz genommen." Damit wird mit aller Deutlichkeit darauf hingewiesen, dass Bischöfe nicht Gesandte des Papstes sind und nicht dazu da – wie manche behaupten – die Instruktion des Papstes auszuführen. Denn sie sind Zeugen und Lehrer des Glaubens, in Verbindung mit dem Papst, im Namen Christi. Die heute übliche Praxis im Verhalten zwischen Kurie und Diözesanbischof scheint nicht immer dieser Auffassung zu entsprechen. Im Sinne des Konzils sollte das Kollegium der Bischöfe die Last und Verantwortung des Papstes mittragen. Und dies nicht nur in Worten, sondern auch in der Tat. Praktische Taten solcher Art zu setzen, würde nicht nur in ökumenischer Hinsicht positiv aufgenommen, sondern ebenso in der innerkatholischen Situation. Dazu kommt noch der Einfluss der Medien in positiver Hinsicht. Im Falle der kollegialen Mitsorge und Mitverantwortung für die Gesamtkirche kann es ein großer Vorteil sein, wenn das Kollegium der Bischöfe in geeigneter Form nicht nur zur Mitberatung, sondern auch zur Mitentscheidung herangezogen wird. Solches scheint sich besonders in unseren Tagen nahezulegen, wenn die Bischöfe eines ganzen Kontinents zu einer speziellen Synode versammelt werden und der Papst den Bischöfen ein Schlussdokument übergibt, das er allerdings in eigener Verantwortung und allein redigiert. Ein solch kollegiales Zusammenwirken von Bischöfen und Papst im Sinne der Kollegialität würde gleichzeitig ein mächtiger Impuls für das ökumenische

Anliegen sein. Auch dies ist nicht eine Infragestellung der Loyalität, sondern der Vorschlag, eine solche Bewusstseinsbildung mit dem Papst und nicht gegen den Papst zu entscheiden. Und hier kommen wieder die oben zitierten Texte aus „Ut unum sint“ zu Hilfe.

Bei diesen Überlegungen geht es nicht um eine Philosophie, sondern um die Gemeinschaft des Glaubens, der nicht von oben vorgeschrieben wird, sondern von allen entsprechend mitzutragen ist. Je mehr in unserer Kirche zu spüren ist, dass das Kollegium der Bischöfe in die Mitverantwortung der obersten kirchlichen Führung hineingenommen wird, je mehr Vielfalt in der Einheit erkennbar ist, desto mehr wird man damit auch der Ökumene selber dienen.

Innerhalb der einen und geeinten katholischen Kirche gibt es ja schon lange verschiedene Beispiele eines möglichen Pluralismus: Nicht nur der Papst wird gewählt, sondern ebenso die Äbte der Klöster und Stifte. Es gibt eine Verschiedenheit in der Liturgie zwischen Ost und West, die die grundsätzliche Einheit nicht stört. Religiöse Orden und Gemeinschaften haben eine große Autonomie, um ihre Lebensform und innere Struktur selbst zu bestimmen. Mehr als tausend Jahre lang wurden Bischöfe vom Volk gewählt und dann vom Papst bestätigt. Das Dekret über die katholischen Ostkirchen des Zweiten Vatikanischen Konzils weist darauf hin, dass die Ostkirchen mit ihren Einrichtungen und liturgischen Ordnungen, mit ihren Überlieferungen und ihrer Lebensordnung in der katholischen Kirche hoch geschätzt werden. Diese haben nicht nur ihre eigenen Riten, sondern auch ihr eigenes Kirchenrecht und verheiratete Priester.

Das Anliegen einer Dezentralisierung angesichts eines überspannten Zentralismus geht in zwei Richtungen: Es ist einerseits das Anliegen einer Stärkung der kollegialen Mitsorge und Mitverantwortung der Bischöfe für die Gesamtkirche im Sinne des Zweiten Vatikanums; andererseits geht es ebenso um eine nicht geschmälerte Zuständigkeit der orts- und regionalverantwortlichen Bischöfe als Leiter ihrer Kirche. In diese Richtung weist, um es noch einmal zu sagen, die Beachtung des Subsidiaritätsprinzips, das Mitwirken bei der Ernennung von Bischöfen, die Rolle der Bischofskonferenzen in der Kirche.

Angesichts eines gegenseitigen Misstrauens, einer Angst im kurialen Bereiche selbst, dass der innerkirchliche Dialog die Einheit gefährde und die Loyalität der Zusammenarbeit untergrabe, muss auch aus meiner Sicht hingewiesen werden: Ohne das Petrusamt in der katholischen Kirche, ohne römischen Papst würden wir alle in Bedrängnis geraten: Wer hätte sonst ein Zweites Vatikanisches Konzil einberufen können außer Papst Johannes? Wer hätte auf internationaler Ebene so eindrucksvoll für Menschenrechte, menschliche Freiheit und Würde gesprochen, in Verbindung mit der Botschaft Christi, als der römische Papst Johannes Paul II.? – Es geht hier nicht um eine einschränkende Bedeutung des römischen Papstes als Garant und Zeichen der Einheit, sondern um jene neue und im Grunde auch alte Form kirchlicher Führung zu finden, die in besonderer Weise auch dem ökumenischen Anliegen dient. Wenn nicht das Kollegium der Bischöfe mitverantwortlich wird in Verbindung mit dem römischen Bischof, so werden weder Orthodoxe noch Anglikaner, noch protestantische Kirchen an der Fortführung der Ökumene mit praktischen Schritten in Richtung Einheit interessiert sein.

Heute geht es darum, die Aufgabe des Bischofs von Rom zu sehen in Verbindung mit der kollegialen Mitsorge, Mitverantwortung der Bischöfe für die Gesamtkirche, im Sinne des Konzils; aber nicht nur das: Es geht gerade an der Schwelle des neuen Millenniums darum, die notwendigen Folgerungen für die Praxis in Angriff zu nehmen.

Solche Überlegungen ändern nichts an der Struktur der Kirche selber, sondern sprechen für eine Rückkehr zu einer dezentralisierten Form der obersten kirchlichen Führung früherer Jahrhunderte, und das scheint mir – angesichts der Weltkirche – ein Gebot der Stunde zu sein.

[Beitrag für die Festschrift: 150 Jahre Österreichische Bischofskonferenz, 1999]

JAHRESKREIS

Osternacht 1999 im Mutterhaus

Die Frauen verließen das Grab und eilten voll Furcht und großer Freude zu seinen Jüngern, um ihnen die Botschaft zu bringen. – So hörten wir es wieder im Evangelium unserer Osternachtfeier. In den Richtlinien unserer Kirche für die Feier der Osternacht heißt es: Nach den ältesten Überlieferungen ist es eine Nacht der Wache vor dem Herrn. Damit, so sagt uns Lukas, wir „mit brennenden Kerzen auf den Herrn warten, bis er wiederkommt; damit er uns wachend findet, um uns einzuladen an seinen Tisch".

In der Zeichensprache der Liturgie haben wir im Hofe unserer Schwestern mit der Segnung des Osterfeuers begonnen, die Osterkerzen daran entzündet und mit dem Ruf „Licht Christi" den dunklen Kirchenraum erhellt.

Die im Lichtglanz erstrahlende Osterkerze als Zeichen des auferstandenen Herrn wurde festlich von uns begrüßt: „O glückliche Schuld, welch großen Erlöser hast du gefunden! – Der Glanz dieser heiligen Nacht nimmt den Frevel hinweg, reinigt von Schuld, gibt den Sündern die Unschuld, den Trauernden Freude. Weit vertreibt sie den Hass, sie einigt die Herzen und beugt die Gewalten." – Diese Gedanken des Osterlobes stehen in schrecklichem Gegensatz zu dem Grauen auf dem Balkan, zu dem unermesslichen Leid so vieler Menschen. Wir können unsere österliche Feier nicht fortsetzen, ohne die Last der Verantwortung als Menschen und Christen auf uns zu nehmen und entsprechend zu handeln.

So sind wir eingetreten in den Wortgottesdienst mit einer größeren Zahl von Lesungen, die so geordnet sind, dass sie einen summarischen Einblick geben in den Plan Gottes mit seiner Schöpfung, hineingeschrieben in die geschichtliche Wirklichkeit der Menschen, mit den Namen von Bethlehem und Jerusalem, aber auch Jugoslawien und Kosovo. Dieser Plan Gottes reicht von der Erschaffung der Welt über das Volk Israel mit seinen Propheten und deren Eingottglauben bis zum Ostermorgen mit der Auferstehung des gekreuzigten Messias. Diesen Plan erläutert der Evangelist Johannes mit den Worten: „Niemand hat Gott je gesehen; er, der ruht am Herzen des Vaters, er hat Kunde gebracht." – Er hat Kunde gebracht als gekreuzigter und auferstandener Herr allen Menschen, die suchen und fragen: „Woher komme ich, wohin gehe ich und welchen Sinn hat mein Leben?" – Er, der ruht am Herzen des Vaters, er hat uns Kunde gebracht: Es ist Kunde und Antwort in einem. Eine Antwort an die Frauen, die voll Schrecken und dann voll Freude zugleich vom Grabe des Auferstandenen zu seinen Jüngern eilten, Kunde und Antwort zugleich in Richtung der heutigen Zukunftserwartungen in der Welt. Eine Botschaft, die der Auferstandene verkündete mit seinem kleinen Jüngerkreis in Jerusalem und damit hinausging in die ganze Welt.

Diese Botschaft, dieser Plan Gottes richtet sich auf ein Reich Gottes unter den Menschen, mit den Menschen: keimhaft, umrisshaft soll der Plan Gottes unter den Menschen Gestalt annehmen, als ein Reich der Gerechtigkeit, der Liebe und des Friedens; als ein Reich des Lebens, in dem der Tod besiegt ist. Und unsere Kirche, mit der wir Osternacht feiern, wirkt mit am Plane Gottes bis heute, an der Schwelle des dritten Jahrtausends.

Aber die Kirche von heute, wie wir sie in unserem Land kennen, entspricht sie noch dem Gottesplan? In ihrer komplexen Wirklichkeit aus menschlichem und göttlichem Element seit Beginn zusammengesetzt, scheint heute nur mehr das Menschliche im Vordergrund zu stehen. Sieht die heutige Kritik an der Kirche, besonders an jenen, die Last und Verantwortung tragen sollen, wie Bischöfe, Priester und auch Laien, noch ihre komplexe Wirklichkeit? – Unsere Kirche ist noch nicht das Reich Gottes. Sie nimmt vielmehr an der Knechtsgestalt Jesu teil: Sie ist die Kirche der Armen und der Leidenden; sie ist die Kirche der Sünder, sie ist stets der Reinigung bedürftig und muss immer wieder den Weg der Buße und der eigenen Erneuerung gehen; sie ist schließlich eine verfolgte Kirche, die ihren Weg durch Prüfungen und Trübsal hindurchgehen muss (LG, Nr. 8). Denn sie ist nur „Keim und Anfang" des Reiches Gottes auf Erden. – Aber wenn es diese Kirche, unsere Kirche, weltweit nicht gäbe, um wieviel wäre die Welt ärmer und armseliger? Wer könnte an ihrer Stelle – in aller irdischen und menschlichen Unvollkommenheit – die Botschaft vom Frieden und der Versöhnung verkünden? Wer würde eintreten für Gottes- und Nächstenliebe in einer zerrissenen Welt voll Egoismus und voller Gegensätze? Und so ist die Kirche, wie es das Zweite Vatikanum sagt, „für das ganze Menschengeschlecht die unzerstörbare Keimzelle der Einheit, der Hoffnung und des Heiles" (LG, Nr. 9).

Was bedeutet das für die Gemeinschaft unserer Kirche heute? Was bedeutet es für Sie und für mich in dieser Gemeinschaft? Wir dürfen nicht an der breiten Front des Menschlichen in der Kirche Gottes hängen bleiben. Wenn diese Kirche nur Menschenwerk wäre, so wäre sie schon längst zugrunde gegangen. Diese Kirche ist immer auch eine Gemeinschaft der Sünder und der Erneuerung bedürftig; eine solche geschieht aber nicht nur durch Kritik, auch nicht durch schöne Worte allein, sondern durch das Beispiel und Zeugnis des Lebens in der kleinen Gemeinschaft. Dazu zähle ich die Pfarrgemeinden und dazu zähle ich auch die klösterlichen Gemeinschaften. Ihr, liebe Schwestern, mit eurem Beispiel als Barmherzige Schwestern, wohl auch immer erneuerungsbedürftig wie wir alle, ihr macht nicht nur das Menschliche, sondern auch das göttliche Element des Auferstandenen als komplexe Wirklichkeit in unserer Kirche deutlich, in eurem Spital, im Kindergarten, in der Schule, im Altenheim.

Eine Zeit kritischer Beobachtung durch die öffentliche Meinung, wie wir sie jetzt erleben, soll uns nicht verzagen lassen. Eine solche Zeit ist auch eine Chance, sie kann in uns das Bemühen verstärken, unser Leben mit der Kirche Gottes so zu leben, in der Familie, in der Pfarrgemeinde, in der klösterlichen Gemeinschaft, dass man uns noch besser als Träger der Hoffnung, als Verkünder einer frohen Botschaft erkennt. Und das Bewusstsein, damit dem Plane Gottes zu dienen, ihm zu entsprechen, gehört besonders zur österlichen Freude mit dem auferstandenen Herrn. Das wünsche ich Ihnen allen vom Herzen an diesem Ostermorgen.

[Predigt in der Mutterhauskirche der Barmherzigen Schwestern, Gumpendorf 1999]

Auferstehung – die 15. Kreuzwegstation

Der Bericht des heutigen Evangeliums vom zweiten Fastensonntag fällt ganz aus dem gewohnten Rahmen. Wir hören sonst in den Texten des sonntäglichen Evangeliums Berichte über die Menschen von damals in Israel, die Jesus mit seinen Worten und heilenden Taten bestaunten und als einfache Leute in wachsender Zahl die Frage stellten: „Wer ist denn dieser Jesus aus Nazareth? Ist er vielleicht der Messias?" Die offiziellen Vertreter Jerusalems, gering an Zahl, aber mächtig an Einfluss, lehnten ihn ab: „Er stiftet nur Unruhe, hört nicht auf ihn!" So hieß es. Heute aber berichtet uns der Evangelist Markus von jenem Licht der Verklärung auf dem Berge Tabor. Die plötzliche Helle, wie aus einer anderen Welt, sollte, so war es wohl die Absicht des Evangelisten, für die Apostel ein Anhaltspunkt sein, um den gänzlichen Zusammenbruch eines noch schwachen Glaubens am Karfreitag zu verhindern.

Für die Pfarre St. Nikolaus in Inzersdorf hat dieser Text von der Verklärung am Berge Tabor noch eine andere Bedeutung: Wenn ich jetzt im Anschluss an das Evangelium, das heißt, mit dem zu Ende gehenden Wortgottesdienst, am Beginn der Eucharistiefeier, das Weihegebet über den neuen Kreuzweg, den Professor Lehmden für Eure Pfarre entworfen und ausgeführt hat, spreche, so fällt, so möchte ich sagen, ebenfalls ein helles Licht der Freude und der Dankbarkeit auf dieses große Werk unseres europaweit bekannten Malers und Grafikers der Wiener Schule des phantastischen Realismus. Mit dem Weihegebet wird nun dieser Kreuzweg in das Eigentum der Pfarre St. Nikolaus in Inzersdorf übergeben. Dieser Kreuzweg wurde in seinem Entstehen vom Interesse und von der Begeisterung der Pfarrgemeinde mitgetragen. Denn die hierfür notwendigen finanziellen Mittel wurden in einer erstaunlich kurzen Zeit durch große und viele kleine Spender aufgebracht. Darüber hinaus aber hat Professor Lehmden in großzügiger Weise ebenfalls seinen Teil dazu beigetragen.

Mit dem Weihegebet fällt aber auch ein helles Licht auf die künstlerische Planung und religiöse Inspiration des Kreuzweges. Die

Weihe des Kreuzweges von Prof. Lehmden in St. Nikolaus, Inzersdorf, am 19. März 2000

Kreuzwegandacht ist erst seit dem 15. Jahrhundert durch den Franziskanerorden besonders gefördert worden und im Laufe der Zeit hat diese Andacht die Form von vierzehn Kreuzwegstationen mit den dazu gehörigen kurzen Betrachtungen und Gebeten angenommen. Diese so in sich geschlossene Andacht des Kreuzweges kann aber, nach dem Bericht der Schrift, fortgesetzt werden durch den Hinweis auf die Auferstehung als Krönung des Heilsweges unseres Herrn. Und als Zeichen der Hoffnung und Zuversicht für uns alle, die wir seinen Weg gehen. In diesem Sinne ist der Kreuzweg von St. Nikolaus mit seiner 15. Station eine Fortsetzung und ein Abschluss der Passionsgeschichte mit der Auferstehung, als Zeichen der Freude und der Zuversicht. Die 15. Station will uns daher sagen, dass unser Weg als Christen wohl durch all die Sorgen und Mühen des grauen Alltags führt, dass wir aber am Ende nicht bloß vor der Frage stehen: „Wozu die Sorgen und Mühen meines Weges? Welchen Sinn hat mein Leben?", sondern dass sich allen, die mit Christus ihren Weg gehen, ein Tor auftut, um in jenes Land zu gelangen, wo der Tod keine Macht mehr hat. So ist der Kreuzweg mit seiner 15. Station eine sichtbare Antwort auf die großen Fragen des Menschen, wie sie das letzte Konzil in der Erklärung über das Verhältnis der Kirche zu den nichtchristlichen Religionen so eindringlich zusammenfasst.

Ich weise immer wieder darauf hin: „Was ist der Mensch? Was ist Sinn und Ziel unseres Lebens? Woher kommt das Leid und welchen Sinn hat es? Was ist der Weg zum wahren Glück? Und schließlich: Was ist jenes letzte und unsagbare Geheimnis unserer Existenz, aus dem wir kommen und wohin wir gehen?"

[Kreuzweg-Segnung in St. Nikolaus, Inzersdorf, 19. März 2000]

„Wer von diesem Brote isst …"

Am hohen Fronleichnamsfest versammelte Gottesdienstgemeinde!

Unter freiem Himmel, im Schatten mächtiger Bäume und umgeben von Blumen im Garten der ehrwürdigen Schwestern versammelt, entbiete ich Ihnen einen herzlichen Gruß im Namen des Herrn. – In eurem Namen, im Namen der Konzelebranten unserer eucharistischen Gemeinde grüßen wir daher auch unsere Patienten, Schwestern und Ärzte im angeschlossenen Krankenhaus. Wir wollen alle Sorgen und Anliegen mitnehmen in unsere eucharistischen Gebete.

Es ist uns heute ein besonderes Anliegen „im wunderbaren Sakrament des Altares das Gedächtnis des Leidens und der Auferstehung des Herrn so zu verehren, dass auch uns die Frucht der Erlösung zuteil wird. Denn er ist das lebendige Brot, das vom Himmel herabgekommen ist. Wer von diesem Brote isst, wird in Ewigkeit leben".

Mit diesem Hinweis auf den heutigen Festtag wollen wir den Herrn miteinander bitten um seine Barmherzigkeit und seine verzeihende Liebe.

Aus der Rede, wie wir sie jetzt im Evangelium gehört und wie sie Christus in der Synagoge von Kapharnaum am See Tiberia gehalten hat, wiederhole ich den abschließenden Satz: „Wie mich der Vater gesandt hat und ich durch den Vater lebe – so wird jeder, der mich isst (das heißt, der Lebensgemeinschaft mit mir aufnimmt) durch mich leben."

Der Anlass zu dieser Rede über das Himmelsbrot war das kurz zuvor geschehene Brotwunder in der Nähe. Mit den damals übrig gebliebenen Resten hätte man zwölf Brotkörbe füllen können.

In den letzten Jahren ist die Sorge um das tägliche Brot immer mehr in Vergessenheit geraten. Dass Brot aber zu einer Lebensfrage werden kann, ist uns in unserer Zeit wieder etwas bewusst geworden. Ein Blick über die Grenzen unseres Landes, ein Hinhorchen auf den täglichen Nachrichtendienst lässt uns nachdenklich werden. Woher werden wir das Brot nehmen, wenn der Boden verwüstet ist? Der Glaube an den Fortschritt allein hat seine Überzeugungskraft verloren.

Ein Blick in die Welt um uns mit ihrem Egoismus und ihrer Aggression, mit ihrem Hass und ihrer großen Gleichgültigkeit macht uns wohl auch nachdenklich. Die wachsenden Sorgen und Probleme bringen uns wieder zum Bewusstsein, dass der Mensch zum Leben auch das geistige Brot braucht. Ich meine damit jenes Brot, das unsere geistigen und seelischen Kräfte stärkt.

Wir vergessen so leicht, dass wir miteinander unterwegs sind und nur miteinander, nicht gegeneinander im Frieden leben können. Heute braucht es viel Kraft, um den Glauben an den Menschen nicht zu verlieren, wenn vor unseren Toren Hass und Krieg so vieles zerstören und nur ganz langsam ein Ende in Sicht zu kommen scheint.

Wie viel Kraft braucht man, um dort an die Zukunft zu glauben, wo der Aufbau einer neuen Gesellschaftsordnung in wirtschaftlicher und menschlicher Hinsicht nur ganz schleppend, wenn überhaupt voranzukommen scheint? Wie viel Kraft braucht man, um an die allgemeinen Menschenrechte, an die unveräußerlichen Lebensrechte nicht nur für Frauen und Männer, sondern ebenso auch für Kinder zu glauben – angesichts des Zynismus, mit dem gerade in unserer Zeit solche Rechte mit Füßen getreten werden.

Wie viel seelische Kraft aber braucht auch jene Familie, wo der Vater arbeitslos geworden ist, wo an sich berechtigte Sparmaßnahmen Familien mit Kindern neue Lasten auferlegen. Wie viel seelische Kraft ist zudem notwendig, um nach einer zerbrochenen Ehe durchzuhalten und Kindern Heimat zu bieten. Die Berichte über Ehescheidungen und zerbrochene Ehen gehören heute zum Alltag. Wer aber denkt an die Not jener Kinder, deren Eltern sich haben scheiden lassen?

Alle diese großen Sorgen wollen wir am heutigen Tag von Fronleichnam auf dem Weg in unsere eigene Zukunft mitnehmen und mitbedenken.

„Ich bin das Brot des Lebens", so heißt es wiederholt im Johannesevangelium, „wer von diesem Brote isst, der wird leben in Ewigkeit." So wie das Brot als Nahrungsmittel unseren menschlichen Hunger stillt, so will Jesus durch das Sakrament des Brotes den anderen Hunger stillen, der nach dem verlangt, was nicht vergeht, sondern bleibt. Dieses Sakrament als äußeres Zeichen einer unsichtbaren Wirklichkeit hat der Herr der Kirche zu treuen Händen übergeben, damit er nicht nur als eine Gestalt der Geschichte unter uns lebendig ist, sondern dauernd in der Welt der Menschen anwesend, gegenwärtig ist. Die Gemeinschaft mit Christus schenkt uns all das, wonach wir in der Welt des Vergänglichen umsonst suchen.

Wenn wir den eucharistischen Herrn im Glauben in unser Leben aufnehmen, dann gibt er uns göttliche Lebenskraft. Wer den Herrn aufnimmt, der findet damit immer noch einen Weg, wo andere schon längst vor einer Mauer stehen. Wer seine Seele mit dem Wort Gottes nährt, der wird von innen her stark.

Diese Stärke braucht jeder Mensch unserer Tage und er braucht viel Kraft, nicht zuletzt um zu teilen. Immer wieder beschäftigt uns die Frage nach den Arbeitslosen, den Fremden, den Randgruppen der Gesellschaft. Die einen sagen, sie sind auszusondern aus der Gesellschaft, weil sie Schmarotzer sind; andere weisen darauf hin, dass sie dieselbe Würde und dieselben Rechte haben wie wir selber.

Wer in seinem Leben auch nur für kurze Zeit ohne Heimat und ohne Brot gewesen ist, wer in seinem Leben ohne Arbeit war, wer einmal in seinem Leben durch schwere Schicksalsschläge an den Rand gedrängt wurde, der weiß, was solches bedeutet. Dann versteht man auch, dass menschliche Probleme nicht nur mit Verordnungen und Vorschriften geregelt werden können, sondern auch vom Verständnis und der Großherzigkeit der Mitmenschen abhängen, noch mehr aber vom Vertrauen auf Gottes Beistand und Hilfe.

Um das tägliche Brot, das wir zum Leben brauchen, beten wir im Vaterunser. Das eucharistische Brot, das uns Leben gibt und das uns der Tod nicht nehmen kann, tragen wir in der Fronleichnamsprozession durch die Straßen als Zeichen unseres Glaubens, als Einladung an alle, diesen Weg zu bedenken, zu suchen und zu gehen.

Wir wollen eines nicht vergessen: Jesus hatte sein Abschiedsmahl vor seinem Sterben im Kreise seiner Freunde, der Apostel, in Verbindung mit dem alten israelitischen Ritus des Pessach-Festes begangen. Dies wurde als eine Erinnerung an den Auszug der Hebräer aus der Sklaverei Ägyptens verstanden.

Der biblische Bericht, eine zweitausendjährige Überlieferung und Geschichte stimmen genau überein: Jesus brach das Brot und reichte es ihnen. Er reichte ihnen den Becher mit Wein mit den Worten, die sagten, dass das Brot nicht nur als Zeichen, sondern in Wahrheit seinen Leib bedeute; dass der Wein nicht nur Zeichen, sondern in Wahrheit sein Blut sei. Damit gab er den Auftrag: „Tut dies zu meinem Gedächtnis!“ – Damit wollte er eine neue Gemeinschaft, einen neuen Bund erstehen lassen, in Verbindung mit seinem Tod und seiner Auferstehung.

Dieser Auftrag Jesu an den kleinen Kreis seiner Apostel wurde zum Mittelpunkt des christlichen Glaubens, der christlichen Gemeinschaft, des Lebens in Gemeinschaft mit Jesus Christus, Gottes Sohn. Sogar die Spaltung der Christen in viele getrennte Kirchen hat diesen zentralen Auftrag im Wesentlichen oder wenigstens als Erinnerung und Zeichen an Jesu Abschiedsmahl und Auftrag mitgenommen.

Wo oder wann immer bei einem eucharistischen Kongress viele Menschen verschiedener Sprachen und aus verschiedenen Rassen und Kulturen sich zu einem großen Gottesdienst versammeln, ahnen wir etwas vom Geheimnis jenes Glaubens, wie es eine zweitausendjährige, morgenländische, abendländische Geschichte und schließlich die Weltgemeinschaft des Glaubens uns bezeugt – die Einheit und Zusammengehörigkeit der Menschen untereinander.

Die Reisen des Papstes mit den großen Gottesdiensten sind immer wieder Anlass zu solchen Überlegungen. Und wenn das Heben des Brotes, das Heben des Kelches sich verbindet mit den Worten: „Tut dies zu meinem Gedächtnis!“, dann spüren wir, dass sich hier etwas immer wieder ereignet, was damals in Jerusalem zum ersten Mal beim Abschied Jesu geschah und eine Welt, die immer im Argen liegt, immer neu zusammenhält.

[Fronleichnamspredigt in der Pfarre Gumpendorf, 1996]

Kirchenschmückerinnen und Kirchenschmücker

Im Evangelium – für den heutigen Tag ausgewählt – hörten wir von einer Debatte der Apostel, die damals noch nichts von der Auferstehung wussten, wer den Anspruch habe, bei Jesus der Erste zu sein, neben ihm den ersten Platz zu belegen. Jesus antwortete ihnen sinngemäß: Ja, bei euch geht es immer um das Ich: Ich will der Beste sein, ich will eine Rolle spielen. Wer aber mich und meine Botschaft ernst nimmt, der denkt anders. Er denkt nicht nur an das Ich, sondern auch an die anderen; er meint nicht nur das Gegeneinander mit Streit und Zank, sondern das Miteinander in Eintracht. Und er fügt dann noch hinzu: Ich bin nicht gekommen, um mich von euch bedienen zu lassen, sondern um allen zu dienen mit meiner Frohen Botschaft.

Und um auch heute auf diese Frohe Botschaft Jesu hinzuweisen, bin ich gerne nach Unterpremstätten gekommen, um auf dem Gelände der Internationalen Gartenschau 2000 mit euch Gottesdienst zu feiern. Nach 26 Jahren ist diese Gartenschau wieder nach Österreich gekommen, um auch hier bei uns auf den Zauber der Gärten hinzuweisen. Ich danke eurem Diözesanbischof Johannes, der mich eingeladen hat, mit euch heute Eucharistie zu feiern. Damit möchte ich aber nicht nur der Intention eures Bischofs entsprechen, sondern ebenso ganz besonders und persönlich allen jenen meinen Dank und meine Anerkennung aussprechen, die, in der Regel ehrenamtlich, jahraus jahrein sich bemühen, den Altar und den Kirchenraum festlich zu schmücken und so etwas von der Schönheit der blühenden Gärten in unsere Kirchen zu bringen. In dieser Stunde wird mir bewusst, wie sehr wir Bischöfe und Priester es als selbstverständlich hinnehmen, dass Ihr, liebe Kirchenschmücker und Kirchenschmückerinnen, oft nicht bedankt und zu wenig beachtet, tagtäglich, besonders an Sonn- und Feiertagen im Einsatz seid, um die Frohe Botschaft für die Menschen in einen würdigen Rahmen zu stellen. Blumen und Blumenschmuck vermitteln den Ausdruck der Freude und der Dankbarkeit Gott gegenüber; sie tragen dazu bei, das Herz zu bewegen angesichts der Größe Gottes, wie sie sich in den kleinen Dingen und ihrer verborgenen Schönheit offenbart.

Damit möchte ich euch allen aber auch danken, die ihr in kluger Weise in euren Kirchen und im Altarraum darauf bedacht seid, dass etwa aus mangelndem Verständnis des zuständigen Seelsorgers keine künstlichen Blumen dort anzutreffen sind, wo das Echte keinen Ersatz duldet.

In einer bischöflichen Anleitung zum Kirchenschmuck heißt es – lasst mich das heute hier wiederholen: Der Schmuck der Kirche soll so sein, dass er als ein Zeichen der Liebe und Ehrfurcht Gott gegenüber erscheint; dem Volke Gottes aber soll er den besonderen Charakter der Feste, inneren Freude und Andacht vermitteln.

Denn Pflanzen, Blumen und Bäume, sind seit jeher mit der Religion, mit dem christlichen Glauben verbunden. Der Lebensbaum zum Beispiel, als christliches Symbol, wird oft mit dem Kreuz zu einer Einheit verbunden. Vom Mittelalter an bis hinauf in die Barockzeit begegnen wir häufig Kreuzen mit Astansätzen und pflanzlichen Formen, daraus entwickelten sich die Baumkreuze mit der schönen und einprägsamen Symbolik: Vom Baum des Paradieses nahm das Unheil seinen Anfang und vom Baum des Kreuzes aus begann der Siegeszug des Heiles.

Christus selbst ist die aus dem Reis der Wurzel Jesse entsprossene Blume (Jes 11,1). Die Kirche selbst wurde von den Vätern oft mit einem blühenden Garten verglichen. Umso mehr gilt dies vom himmlischen Paradies. Die Wandmalereien in den Katakomben zeigen Christus als den Guten Hirten, umgeben von Bäumen und Blumen. Daher sind Blumen als Schmuck der Gotteshäuser seit jeher eine stille Huldigung an den Herrn, zu der bereits die Kirchenväter in ihren Predigten die Gläubigen ermunterten. Damit stehen Sie, meine lieben Kirchenschmückerinnen und Kirchenschmücker, in einer altehrwürdigen Tradition, die oft zu wenig beachtet wird, weil man sie kaum kennt.

In den Evangelien begegnen uns oft verschiedene Pflanzen, die Jesus selber gebraucht, um in seinen Gleichnissen Lebensvorgänge zu erläutern; ich weise hin auf das Getreide als edelste Feldfrucht. An ihm ist alles Symbol: Vom Samenkorn, das in die Erde fällt, bis zum täglichen Brot, das zum Brot des Lebens wird. Sogar das Reich Gottes wird mit einem Mann verglichen, der Samen auf seinen Acker streut ... Und schließlich endet alles menschliche Tun in der Zeit der Ernte, wie es in der Apokalypse (Off 14,15) heißt: „Die Frucht der Erde ist reif geworden."

Damit sehen Sie wieder, meine lieben Kirchenschmückerinnen und Kirchenschmücker, wie sehr Ihre Tätigkeit mit dem Glauben und damit auch mit dem Leben der Pfarrgemeinden verbunden ist. Ihr Verdienst ist auch, mit Hilfe der Schönheit der Natur tief in die Wahrheit einzudringen und hinter der Schöpfung den Schöpfer immer besser zu erkennen. Und alles, was Sie tun, das tun Sie zur größeren Ehre Gottes!

Das führt uns zu einem Anliegen, das heute, in unserem zusammenwachsenden Europa, immer wieder angesprochen wird: Die Verantwortung für die Schöpfung und damit für ihre Bewahrung ist eine Verpflichtung für uns alle gegenüber der jungen Generation, die nach uns in einem Europa mit christlichem Antlitz leben will.

So tragen Sie, meine liebe im Dienste des Kirchenschmuckes versammelte Gottesdienstgemeinde, durch Ihren Dienst zur Schönheit der Liturgie und des Gottesdienstes bei. Und das verbindet Sie mit allen anderen, die zur Ehre Gottes sich mühen: mit den Priestern und Diakonen, den Mesnern und Pastoralassistenten, und schließlich den Gläubigen: Wir haben so viele heilige Güter gemeinsam und dieses Gemeinsame muss auch uns alle zu einer herzlichen Gemeinschaft, zu einer Communio zusammenwachsen lassen.

Wenn die Zeichensprache der Liturgie, die Sprache unserer schönen alten Kirchenlieder zusammenstimmt mit der Ordnung und Schönheit des Kirchenraumes und seiner Ausstattung und besonders des Altares, dann ist der Sonntag als Gedächtnis der Auferstehung nicht ein lästige Pflicht, sondern ein Fest der Freude des ganzen Menschen, inmitten der froh gestimmten Glaubensgemeinschaft. Eine solche Gemeinde sendet positive Signale aus zu den vielen fragenden und suchenden Menschen unserer Tage.

Damit lasst mich mit einem wiederholten und sehr herzlichen „Vergelt's Gott" den Gottesdienst fortsetzen.

[Gottesdienst im Rahmen der Gartenschau, 9. Juni 2000]

Dank und Bitte

Gottesdienst zum 80. Geburtstag von Bundespräsident Kirchschläger

Herr Bundespräsident, liebe Familie Kirchschläger!

Hier in der Curhauskapelle, gewissermaßen geborgen im Schatten von St. Stephan, wollen wir heute miteinander dem Herrn danken für alles, was er an uns Gutes getan hat. „Danket dem Herrn, denn er ist gütig." – Diese Worte aus dem Psalm 118 drängen sich heute gewissermaßen auf, „denn seine Huld währt ewig. Der Herr ist bei mir, ich fürchte mich nicht. – Besser sich zu bergen beim Herrn, als auf Menschen zu bauen. – Dies ist der Tag, den der Herr gemacht hat."

Der heutige Tag ist gleichzeitig der Festtag des hl. Josef. Wegen des hohen liturgischen Ranges des Sonntags, des gestrigen dritten Fastensonntags, musste das Josefsfest auf den heutigen Tag, den 20. März, verlegt werden. Pius IX. erklärte im Jahre 1870 den hl. Josef zum Patron der Kirche Christi. Im Einleitungsvers des heutigen Festes hieß es daher: „Das ist der treue und kluge Hausvater, dem der Herr seine Familie anvertraut, damit er für sie sorge." Und im Tagesgebet hieß es, mit dem Blick auf die Kirche von damals: „Höre auf seine Fürsprache und hilf deiner Kirche, die Geheimnisse der Erlösung treu zu verwalten, bis das Werk des Heiles vollendet ist."

Im Evangelium des heutigen Gedenktages stellt Matthäus – tief im Judenchristentum verwurzelt – den Stammbaum Jesu mit seiner gesetzlichen Erbfolge an den Anfang seines Berichtes. Die Aufzählung der Geschlechter – und hier setzt das heutige Evangelium ein – schließt mit dem lapidaren Satz: „Mit der Geburt Jesu Christi war es so." In wenigen Worten hören wir vom Gewissenskonflikt des Josef, auf Grund der Spannung zwischen der gesetzlichen Ordnung von damals und dem Glauben, dem Vertrauen auf Gottes Wort. Sein Vertrauen auf Gottes Wort und Gottes Plan war stärker als seine Gedanken voll Zweifel. Dieser Konflikt zwischen Gesetz und Glau-

Mittagessen mit Bundespräsident Kirchschläger in Mariazell, 1998

ben, zwischen Vertrauen auf das menschliche Wort mit dem scheinbaren Widerspruch zu Gottes Wort durchzieht die ganze Geschichte der Kirche. Ja, er berührt in der einen oder anderen Form den Lebensweg vieler in der Gemeinschaft der Kirche. In einem solchen Zusammenhang gewinnt die Gestalt des hl. Josef, sein Ringen um Gottes Wort, eine gewaltige Dimension.

Verehrter Herr Bundespräsident, Sie sind heute mit Ihrer Familie gekommen, um schlicht und einfach zu danken dem Geber alles Guten, zu danken, dass er alles so gefügt hat. Es hätte vieles auch anders kommen können. Lassen Sie mich daher auch persönlich Anteil nehmen an diesem Familienfest Ihres Geburtstages.

Und so schlage ich den Abschluss der Bergpredigt bei Matthäus auf, um den Anlass des gemeinsamen Dankes in einen noch größeren Zusammenhang hineinzustellen. Wir wollen heute miteinander dafür danken, dass Sie, Herr Bundespräsident, Ihr Haus, das Haus Ihres Lebens, auf festen Grund stellen konnten. Ich wiederhole die knappen Sätze bei Matthäus: „Wer meine Worte hört und danach handelt, ist wie ein kluger Mann, der sein Haus auf Felsen baute. Als ein Wolkenbruch kam und die Wassermassen heranfluteten, als die Stürme tobten und an dem Haus rüttelten, da stürzte es nicht ein; denn es war auf Fels gebaut."

In einer Zeit der vielen und billigen Worte hat das Beispiel, das gelebte Zeugnis, eine große Wirkung. Viele bauen heute ihr Haus, allein oder in Gemeinschaft, auf schwankendem Grund. Und viele Häuser dieser Art stürzen ein. Ich möchte daher in Gemeinschaft mit Ihnen sagen: Wer auf Gott vertraut, hat auf festen Grund gebaut.

Mit dem Bau Ihres Lebens haben Sie nicht zuletzt auf die Wichtigkeit des Laienapostolates für die Zukunft der Kirche hingewiesen. Sie haben oft im rechten Augenblick, als Mann des Staates, den Finger auf Wunden der Zeit gelegt, damit aber auch gleichzeitig für die Kirche in dieser Welt und Zeit gesprochen. Sie taten damit das, was das Konzil in „Lumen gentium", Nr. 33 in folgende Worte fasste: „Die Laien sind besonders dazu berufen, die Kirche an jenen Stellen und in jenen Verhältnissen anwesend und wirksam zu machen, wo die Kirche nur durch sie Salz der Erde werden kann. So ist jeder Laie, kraft der ihm geschenkten Gaben, zugleich Zeuge und lebendiges Werkzeug der Sendung der Kirche selber."

Sie können heute auf ein reich erfülltes Leben im Dienste unserer Heimat zurückblicken. Dabei haben Sie aber Ihre eigene Familie nie aus dem Blick verloren, die heute hier versammelten Kinder und Enkelkinder sind ein ganz persönlicher Anlass zu dankbarer Freude.

In einer Zeit, in der Ehe und Familie oft nicht mehr auf festem Grund gebaut zu sein scheinen, war Ihr Familienleben – und hier darf ich respektvoll Ihre Gattin erwähnen – ein Hinweis auf die alten und unveränderlichen menschlichen und christlichen Grundlagen unserer Gesellschaft.

Mit Ihnen, Herr Bundespräsident, auf die letzte Wegstrecke gestellt, darf ich in Dankbarkeit all jener gedenken, die uns im Zeichen des Glaubens bereits vorangegangen sind und die vor Ihnen bereits wertvolle Voraussetzungen geschaffen haben, damit Sie das Haus Ihres Lebens auf Felsen bauen konnten.

Und so dürfen wir heute, in Gemeinschaft mit dem hl. Josef, voll Zuversicht in die Zukunft blicken und die Worte aus dem Te Deum wiederholen: „In te, Domine, speravi, non confundar in aeternum." – „Auf dich, o Herr, habe ich meine Hoffnung gesetzt. In Ewigkeit werde ich nicht zuschanden."

[Predigt in der Curhauskapelle, 20. März 1995]

Priesterweihe vor 30 Jahren

Liebe Freunde!

Vor dreißig Jahren habe ich Euch, meine lieben Konzelebranten, in der Bischofskirche zu St. Stephan die Hände aufgelegt und Euch nach den Jahren der Vorbereitung in diesem Hause, im Priesterseminar, hineingenommen in den der Kirche gegebenen Auftrag des Auferstandenen: Geht auch Ihr hinaus in alle Welt und verkündet die Frohe Botschaft allen Geschöpfen; das heißt, in unserem Falle, in der Wiener Erzdiözese. Eure Priesterweihe von damals stand einerseits noch unter dem Schock des knapp einen Monat zuvor verstorbenen Papstes Johannes XXIII.; andererseits unter einer gewissen Euphorie des im Oktober 1962 eröffneten Zweiten Vatikanischen Konzils. Trotz aller kritischen Bemerkungen, die immer wieder im Zusammenhang mit diesem Konzil laut werden, hat es, wie alle anderen früheren Konzilien auch, eine große Bedeutung für die Geschichte, ja, in dem Fall sogar für die Weltgeschichte und das Ansehen der Kirche bekommen. – Aber Euphorie und Kritik sind eine beständige Begleiterscheinung des Weges der Kirche. Wichtig aber ist es, sich dadurch nicht verunsichern zu lassen. Übrigens sind die Schwierigkeiten, die mit der Rezeption eines Konzils in der Kirche verbunden sind, eine Folgeerscheinung aller großen Konzilien der Kirche gewesen.

Vor drei Jahren waren wir gemeinsam Zeugen des plötzlichen Zusammenbruches des kommunistischen Imperiums; ein Ereignis, das – wie der Serbe Milovan Djilas, ein ehemaliger Freund Titos, damals sagte – „die Welt verändert hat“. – Ja, die Welt wurde verändert. Unverändert aber geblieben ist der Auftrag, den wir damals übernommen haben: Geht hinaus und tut das, was die Kirche im Auftrag ihres Herrn immer getan hat: Verkündet die Botschaft vom Reiche Gottes und von der Umkehr der Herzen im Glauben!

Dreißig Jahre sind eine lange und eine kurze Zeit. Eine kurze Zeit in der Geschichte der Kirche; eine lange Zeit, in der Ihr dreißig Jahre Eures Lebens und Eurer ganzen Schaffenskraft investiert habt. Es waren schöne und verantwortungsvolle Jahrzehnte zugleich, die wie

Nach dem Gottesdienst mit dem Jubiläumsjahrgang 1972 in der Domsakristei von St. Stephan, Juni 1997

ein pfingstliches Ereignis tief in Euer Leben hineingeschrieben bleiben: Wie mich der Vater gesandt hat, so sende ich Euch. Dies ist der Auftrag Christi, der mit der Geschichte der Kirche wandert bis zum Ende der Zeit. Um die Verbindung der Sendung, der priesterlichen Sendung mit Christus zu unterstreichen, hat er hinzugefügt: Wer euch hört, der hört mich, und wer euch verachtet, der verachtet mich. Mit diesem Auftrag schreitet die Kirche zuversichtlich durch die Zeiten.

Von ihm gerufen und gesandt zu sein, das ermächtigt und verpflichtet uns, den empfangenen Auftrag auch in unserer Zeit und für unsere Zeit zu verteidigen. So taten es ein Augustinus und ein Franz von Assisi, ein Ignatius von Loyola und Don Bosco, mit vielen anderen für ihre Zeit. Jedes einzelne Leben von ihnen hat leuchtende Spuren in der Geschichte der Welt und der Kirche hinterlassen. Es sind lebendige Beispiele, die uns sagen, welche Gewalt, welche Kraft von Ideen ausgehen kann, wenn sie von der Überzeugung eines Lebens getragen sind.

Handauflegung, Priesterweihe am 29. Juni 1999 im Stephansdom

Hinter unserem Auftrag steht ja das, was Paulus seinem Schüler Timotheus (Tim 4,1f.) geschrieben hat: „Ich beschwöre dich bei Gott und Jesus Christus ... Verkünde das Wort, tritt dafür ein, ob man es hören will oder nicht; weise zurecht, tadle und ermahne in unermüdlicher und geduldiger Belehrung. Denn es wird eine Zeit kommen, in der man die gesunde Lehre nicht erträgt, sondern sich nach eigenen Wünschen immer neue Lehrer sucht." Und ich füge hinzu, das traf in der Kirche immer zu, das trifft für uns auch heute zu, in der Zeit der Medien und oftmals gelenkten scheinbaren Pluralität der Meinungen.

In den vergangenen dreißig Jahren habt Ihr wohl erkannt, dass es allerdings niemandem nützt, wenn man nur den Unglückspropheten sein Ohr leiht oder sich in der Seelsorge durch solche beunruhigen lässt. In unseren Tagen ist die Kirche, die Gemeinschaft unseres Glaubens, in das Schussfeld der Kritik nicht nur von außen geraten. Heute hören wir, vor allem aus Kreisen junger Menschen, so wird uns berichtet: Christus ja, Kirche nein. Auch dieser Satz gehört zu den Fragen – denn es sind im Grunde ja doch Anfragen –, mit denen wir uns beschäftigen müssen.

Die Kirche als Institution, mit nur politischen oder sozialen Konzepten gesehen, ist ja, wie Ihr alle wisst, nur ein sehr einseitiger Aspekt der ganzen Kirche. Dieser Aspekt steht heute leider fast ausschließlich im Vordergrund. Aus meiner Sicht möchte ich behaupten, dass wir es noch zu wenig verstehen, mit der öffentlichen Meinung umzugehen, das heißt einfach, sie in das Auftragsfeld unserer Verkündigung sachgerecht einzubeziehen.

Aber die kirchliche Gemeinschaft, wie wir sie in unseren Pfarren erleben, ist ganz anders. Hier ist vieles lebendig geworden, das aus den Wurzeln der Heiligen Schrift und der Botschaft Christi gewachsen ist und die pfarrliche Gemeinschaft der Menschen untereinander fördert. Auf dieser Ebene liegen die Bausteine für den Frieden in unserer Zeit, im Kleinen wie im Großen.

In meiner Jugend war vieles ganz anders. Damals sprach man nicht von Laienapostolat, nicht von ökumenischer Bewegung, schon gar nicht von einem interreligiösen Dialog. Man wusste nichts von der Soziallehre der Kirche, die im Vorfeld der kirchlichen Verkündigung eine große Bedeutung hat. Damals wäre man einer Flüchtlingsfrage im heutigen Ausmaß ohne die bewährte Mitarbeit der Caritas hilflos gegenübergestanden. Die Lehre von den Menschenrechten, wie sie auf der eben zu Ende gegangenen Weltkonferenz in Wien trotz aller Schwierigkeiten große Aufmerksamkeit auf sich zog, stammt ja, wie man heute laut und deutlich sagen kann, letztlich aus dem christlichen Welt- und Menschenbild. Das beherzte Eintreten für Menschenrechte, für Freiheit, Würde und Grundrechte aller Menschen auf der Welt hat wesentlich am Zusammenbruch des Kommunismus mitgewirkt.

Das alles lässt den Fragenden erkennen, dass der Geist Gottes durch seine Kirche und ihre Gläubigen überall am Werk ist – auch in unserer Zeit.

Liebe Freunde und Mitbrüder im priesterlichen Dienst – und damit schließe ich alle ein, die vor dreißig Jahren am Altar in St. Stephan ihre erste Messe konzelebrierten – in dieser Stunde der Danksagung steht zugleich das Wissen vor unseren Augen, dass wir nicht aus alleiniger Entscheidung diesen Weg gegangen sind, unseren

Beruf gewählt haben. Wir wollen uns heute wieder an den Satz in der Abschiedsrede bei Johannes erinnern: „Nicht ihr habt mich erwählt, sondern ich habe euch erwählt und dazu bestimmt, dass ihr euch aufmacht und Frucht bringt." – Denn „ihr seid meine Freunde, wenn ihr tut, was ich – nicht irgendjemand – euch auftrage". So lasst uns miteinander, um den Altar und in der Kapelle des Priesterseminars versammelt, beten: Für unsere Gemeinden, für die Gesunden und Kranken, für unsere Familien, lasst uns beten für alle Priester unserer Diözese, für die jungen und alten, für alle, die uns vorangegangen sind im Zeichen des Glaubens, die wir gekannt haben und mit denen wir verbunden waren.

Wir empfehlen uns heute in dieser gemeinsamen Stunde der Mutter unseres Herrn. Sie war Christus die Nächste von Anfang an; sie war vom Herzen demütig und ließ sich als Erste durch Gottes Auftrag in seinen Dienst nehmen. Maria, du Mutter der Priester, du Mutter aller, die Christus nachfolgen, wir bitten dich: Lass uns in der Treue ausharren, bis ans Ende!

[Jahrgangsjubiläum 1967 – Predigt in der Seminarkapelle des Wiener Priesterseminars, 28. Juni 1997]

„Der Herr ist mein Hirte, nichts wird mir fehlen ..."

Ja, dankt dem Vater mit Freude" – Dieser Satz aus dem Beginn der heutigen Lesung ist über unser heutiges Seniorenfest in der Bischofskirche von St. Stephan geschrieben. Daher begrüße ich ganz herzlich alle, die aus diesem Anlass als Pfarrer, Seelsorger mit ihren Mitarbeiterinnen und Mitarbeitern, mit allen, die für die Altenpastoral verantwortlich sind, hierher gekommen sind, um unser Seniorenfest in besonderer Weise zu begehen. – Ich bin heute ja selbst als Senior unter den Senioren in eurer Mitte. Ich freue mich daher über alle Mitarbeiter in der Seelsorge, die heute gekommen sind, weil sie sich selbst zu den Senioren zählen oder im Begriff sind dieser Gruppe zugerechnet zu werden.

Auch ich habe daher allen Grund einzustimmen in den Ruf: „Ja, dankt dem Vater mit Freude!“ Denn vor mehr als vierzig Jahren bin ich damals mit klopfendem Herzen hier in St. Stephan eingezogen, um als junger Erzbischof mein Amt zu übernehmen. Damals seid auch ihr jung gewesen, der Schulzeit knapp entwachsen und im Begriff euch in einem Beruf zurecht zu finden. – Wie viel hat sich doch in diesen vergangenen vier Jahrzehnten geändert: Denkt an das, was sich im Fernsehen geändert hat, was der Computer, selbst noch jung, heute alles kann.

Aber auch im staatlichen und gesellschaftlichen Bereich hat sich vieles geändert. Wer vor vierzig, fünfzig Jahren in Pension ging, um den hat sich praktisch außerhalb seiner Wohnung niemand gekümmert, wenn es nicht seine Familie oder sein Freundes- und Bekanntenkreis getan hatte. Heute ist das jedenfalls anders: Die Senioren sind heute ein sogenannter wirtschaftlich wichtiger Faktor geworden auf Grund ihrer großen Zahl in unserem Gemeinwesen. Viele beginnen heute mit dem Eintritt in die Pension Reisen zu machen in die ganze Welt hinaus, sind am Kulturleben interessiert und besuchen Vorlesungen. Sie freuen sich ihrer Lieblingsbeschäftigung viel Zeit widmen zu können. In der Medizin sind neue Arbeitsgebiete entstanden, die sich besonders um den älteren Menschen annehmen.

Lassen Sie mich daher darauf hinweisen, dass jeder Lebensabschnitt seine Chancen und seine Möglichkeiten hat. Das späte Lebensalter besitzt allerdings in dieser Hinsicht eine Eigentümlichkeit – als Vorrang, aber auch als Last –, wie sie keinem anderen Lebensabschnitt gegeben ist. Aber auch hier, wie das ganze Leben hindurch, ergibt sich nichts von selbst, sondern muss erkämpft und oft auch erlitten werden.

Vieles hat sich in unserem Staat Gott sei Dank in Richtung soziale Aufgaben, soziale Versicherung und Hilfe geändert. Vieles ist heute, im Gegensatz zu früher, zu einer großen Entlastung und Hilfe für die Familien, für die Gemeinden und für die karitativen Hilfen geworden.

Im Gegensatz zu früher geht es – auch das wollen wir bedenken – nicht mehr um freiwillige Leistungen, sondern um einen Rechtsanspruch alter Menschen an die Gesellschaft. So ist der ältere Mensch heute wenigstens in materieller Hinsicht wohl versorgt. Diese Hilfe

Senior aktuell, März 1999

ist gesetzlich geregelt und wird in Form von finanzieller Hilfe geleistet. Aber der Mensch besteht aus Leib und Seele.

Daher ist es mir heute aber auch ein besonderes Anliegen, auf die Bedeutung unserer lebendigen Pfarrgemeinden in Verbindung mit der Welt der Senioren hinzuweisen. Ich glaube, wir bedenken zu wenig, was eine Pfarrgemeinschaft auch in diesem Zusammenhang heute bedeutet.

Welcher Segen ist es doch für ältere Menschen und für alle, die mit ihnen, wie es in der Pfarrgemeinde der Fall ist, zusammenleben. Sie machen uns schlicht und einfach aufmerksam, dass wir alle unterwegs sind und dass junge Menschen nicht jung bleiben, sondern ebenso älter und alt werden, wie es als etwas Selbstverständliches in einer solchen menschlichen Gemeinschaft erfahren wird. Wie tröstend ist in einem solchen Zusammenhang der Psalm 23, wo es heißt: „Der Herr ist mein Hirte, nichts wird mir fehlen. Er lässt mich lagern auf grünen Auen und führt mich zum Ruheplatz am Wasser. Muss ich auch wandern in finsterer Schlucht, ich fürchte kein Unheil, denn du bist bei mir. Dein Stock und dein Stab geben mir Zuversicht." Damit möchte ich aber auch zeigen, dass auch das Altsein, das Alter schlicht und einfach, eine schöne Zeit sein kann, in der man in sich und mit sich zu einem versöhnenden Abschluss des Lebens kommen kann oder kommen soll.

Es gehört zu den Eigenschaften des Alters, im Bewusstsein unterwegs zu sein, sich stärker und eindringlicher als in jungen Jahren der Frage nach dem Sinn des Lebens, nach dem Ziel des Weges zu stellen, die Frage zu beantworten: „Woher komme ich und wohin gehe ich? Welchen Sinn hat mein Leben?“

Der vielen von Ihnen bekannte Professor Ringel hat in seinem Buch über das Alter darauf hingewiesen, dass „in keinem Zeitpunkt des Lebens die Beantwortung der Sinnfrage so wichtig ist wie gerade im Alter“. Eine solche Frage führt uns aber direkt oder zumindest indirekt zur religiösen Frage überhaupt. Denn alle Religionen, nicht nur das Christentum, wollen Antwort geben auf die sonst ungelösten Rätsel des menschlichen Daseins: Was bedeutet der Tod in meinem Leben und was kommt danach? Und was ist jenes letzte und unsagbare Geheimnis, aus dem wir kommen und wohin wir gehen?“ – Solche Fragen sind mitten in einem gesunden Leben nicht immer angenehm und es ist verständlich, dass der junge Mensch sie zur Seite schiebt, aber diese Fragen kommen immer wieder. Eine solche innere Stimme kann man nie ganz zum Schweigen bringen und das Steuer des eigenen Lebens nicht einfach gleichgültig aus der Hand geben.

Es ist daher ein Segen, eine Gnade, zu der Feststellung zu gelangen: Jetzt ist die Zeit, um in Gelassenheit und Ruhe mein Leben zu ordnen, zu überdenken. Ich weiß, dass für mich die Zeit kommt, um mein Leben in die Hand dessen zurückzugeben, der es mir als einem getreuen Verwalter übergeben hat.

Daher ist es mir ein besonderes Anliegen, in einem solchen Zusammenhang noch auf das persönliche Gebet hinzuweisen, das manche erst in späteren Jahren ihres Lebens kennen und schätzen lernen. Denn das persönliche Gebet macht still und vereinfacht viele komplizierte Dinge. Erst im Gebet wird der Glauben lebendig und hilft uns, in der Welt des Vergänglichen das Unvergängliche zu sehen und zu lieben.

[Predigt beim Seniorenfest der Erzdiözese Wien, St. Stephan, 15. Oktober 1999]

„Betet für mich!"

Einleitung

Nach diesen liebenswürdigen, mich ehrenden Worten des Wiener Erzbischofs Kardinal Schönborn sowie der Begrüßung der Festgäste wollen wir unseren Dankgottesdienst beginnen – damit besonders verbunden, menschlich und geistlich, mit der gesamten Priesterschaft der Wiener Erzdiözese und ihrem wandernden Gottesvolk. Wir beginnen diesen Gottesdienst, indem wir den Herrn um sein Erbarmen und seine verzeihende Liebe bitten, während der kroatische Chor das Kyrie singt.

Schlussansprache

Der Apostolische Nuntius in Österreich hat als krönenden Abschluss die Wünsche und Grüße des Heiligen Vaters überbracht; er hat sie mit seinen persönlichen Wünschen verbunden und interpretiert.

Wenn ich jetzt mit den Konzelebranten den Segen Gottes auf uns alle herabrufe, so drängt es mich, ein persönliches Wort des Dankes hinzuzufügen. Ich bin gerührt und tief bewegt angesichts der so sorgfältig und mit Liebe vorbereiteten liturgischen Feier in der Domkirche. Aus langjähriger Erfahrung weiß ich, wieviel Arbeit, die man nicht sieht, dahintersteckt.

Ich danke dem Wiener Ordinarius, dem mir freundschaftlich verbundenen Erzbischof Christoph für die gute Idee, diesen Dankgottesdienst mit dem Sonntag der Völker zu verbinden und so in den größeren Zusammenhang der Weltkirche hineinzustellen. Ich freue mich auch darin ein Zeichen zu sehen, dass die Wiener Erzdiözese mit der weltweiten Glaubensgemeinschaft der Kirche Jesu Christi verbunden einen guten Weg in die Zukunft geht.

Ich freue mich und danke euch allen, die ihr gekommen seid: meinen Mitbrüdern im bischöflichen, priesterlichen und diakonalen Dienst der Seelsorge, in ihrer Mitte ragt hervor der aus Rom gekommene Präfekt der orientalischen Kirchen, Kardinal Silvestrini.

Besonders danken möchte auch ich den anwesenden Repräsen-

Agape am Stephansplatz: Fest der Vielfalt zum 95. Geburtstag von Kardinal Franz König, 24. September 2000

tanten des Staates mit dem Herrn Bundespräsidenten an der Spitze.

Ich danke der damit ein Zeichen setzenden Anwesenheit vieler Vertreter der Ökumene, denen ich mich in dieser Stunde besonders verbunden weiß. Ich danke den anwesenden österreichischen Äbten und Pröpsten mit den Vertretern der weiblichen und männlichen Ordensgemeinschaften. Ich danke den neuen geistlichen Gemeinschaften und ich danke nicht zuletzt den afroasiatischen Gemeinden, ich danke allen fremdsprachigen Gemeinden, ich danke ganz besonders den Pfarrgemeinden der Wiener Erzdiözese.

Zwei Dinge sind es, die mir mit zunehmendem Alter immer wichtiger erscheinen. Allen negativen Statistiken zum Trotz stelle ich fest: Religion gehört zum Wesen des Menschen. Bei allem Respekt vor letzter persönlicher Entscheidung steht jeder Mensch immer wieder vor den letzten großen Fragen: „Woher komme ich? Wohin gehe ich? Welchen Sinn hat mein Leben?“ – Die großen Weltjugendtreffen mit dem Papst vor drei Jahren in Paris und jetzt in Rom weisen in diese Richtung.

Religion gehört zum Wesen des Menschen, damit meine ich aber nicht nur zu reden über Religion, sondern Religion im Leben zu verwirklichen. Dies beginnt aber erst mit dem persönlichen und regelmäßigen Gebet. Nicht schöne Worte verändern die Welt zum Besseren, sondern das gelebte Beispiel des christlichen Lebens. Damit sind wir, auch im Verbund mit der Ökumene, die in unserem Lande ein gutes Klima besitzt, besonders herausgefordert. Die Zeiten werden nicht einfacher und wir müssen zusammenhalten.

Weiters: Wir hören täglich viel Negatives. Unsere Aufgabe aber ist es, das Positive zu sehen und das Gute zu verkünden, das bei uns überall zu erkennen ist. Das Gute hat allerdings eine leisere Stimme und wird nicht so leicht gehört.

Aber als Teilnehmer am Zweiten Vatikanischen Konzil weiß ich um die großen Impulse, die von dieser Kirchenversammlung ausgegangen sind: Das neue Kirchenbild eines gemeinsam wandernden Gottesvolkes, die ökumenische Bewegung und der Dialog mit den nichtchristlichen Religionen, besonders das Verhältnis zu den Juden und auch zum Islam, die Mitverantwortung der Laien und die Religionsfreiheit. So ausgerüstet gehen wir als Christen zuversichtlich in das neue Millennium. So steht es in den Konzilstexten, die zu lesen und zu besprechen ich euch herzlich einlade.

Und schließlich meine Bitte: Betet für mich, der ich auf meiner letzten Wegstrecke bin, so wie auch ich es für euch gerne tue. So gehet hin in Frieden und grüßt eure Lieben zu Hause!

[Dankgottesdienst in St. Stephan, 24. September 2000]

Mariazell

Reiche Ernte

Ein Sämann ging hinaus aufs Feld, um seinen Samen auszusäen. Diese Gleichnisrede, wie wir sie jetzt im Evangelium gehört haben, ist ein eindrucksvoller Hinweis auf das bäuerliche Leben in Israel. Denn damals wie heute gehörte es zu den Aufgaben und Sorgen des Bauern, mit einem kleineren oder größeren Besitz, das Land zu pflegen und zu bebauen. Im Herbst oder im Frühjahr ist der Bauer bemüht, den Samen – heute nicht mehr mit der Hand, sondern mit der Maschine – dem Boden, dem Acker, anzuvertrauen. Mit Sorge nimmt er dabei bedacht, ob das Feld auch geeignet ist, den Samen aufzunehmen, um im dunklen Schoß der Erde Wurzel fassen und keimen zu können. Denn: „Wenn das Weizenkorn nicht in die Erde fällt und stirbt, bleibt es allein, wenn es aber stirbt, bringt es reiche Frucht."

Mit wachem Sinn verfolgt der Bauer das Wachsen und Reifen des Samens, damit er eine vielfältige, gute Frucht heimbringen kann, um all denen, die Hunger haben, Brot, Nahrung in vielfältiger Form geben zu können.

Die Gleichnisrede entwirft ein überzeitliches Bild des bäuerlichen, mit dem Boden und der Natur verbundenen Lebens. Keine Form menschlicher Arbeit und Lebens ist ursprünglicher, enger mit der Natur und dem Leben des Menschen verbunden als die des Bauern. Das Leben des Menschen ist aus den Elementen der Erde genommen und kehrt am Ende seines Weges wieder zur Erde zurück. Das Geborenwerden und Sterben ist eingebunden in den Rhythmus des Werdens und Vergehens, lässt ein wenig hellhörig werden für die Frage: Woher komme ich, wohin gehe ich und wo ist das Ziel meiner Mühen und Plagen? Brauchtum und religiöser Glaube werden eingebunden in den Reigen des Jahres, in die größeren Zusammenhänge menschlicher Ordnung und Wege, um Trost zu suchen und Sicherheit zu finden.

Die Technik mit ihren neuen Möglichkeiten hat vor rund 200 Jahren, im aufkommenden Industriezeitalter, tief in die Wirtschaft, in das gesellschaftliche Gefüge eingegriffen, hat die Grundstruktur bäuerlichen Lebens mit hineingezogen in die großen Veränderungen. All das zu verkraften war oft schwierig. Äußere Umstände haben dazu oft Probleme gebracht, haben Ausdauer, Mut und Liebe zum heimatlichen Boden auf die Probe gestellt. Die Eigenverantwortung und Unabhängigkeit des Bauern brachte Vorteile, aber auch Nachteile, in Notzeiten allein gelassen zu sein.

Das Denken in Generationen und Lebenskreisen, in Verbindung mit der bäuerlichen Tradition, legte den Grund für ein weises bäuerliches Sinnen und Trachten, das heißt, was man von den Vorfahren ererbt hat, muss man entsprechend als gutes Erbe an die Nachfahren wieder weitergeben. Verbunden damit waren stets Werte wie Treue und Beständigkeit, Vorausschau, Genügsamkeit und Maßhalten, aber auch Freiheit und Frieden. Vom Bauern können wir auch lernen Geduld zu haben und warten zu können. Daran erinnert uns die Heilige Schrift des Neuen Testamentes, wo es im Jakobusbrief heißt: „Ebenso geduldig sollt auch ihr sein. Macht euer Herz stark, denn die Ankunft des Herrn steht nahe bevor." (Jak 5,8) Auch der Bauer wartet auf die kostbare Frucht der Erde, er wartet geduldig, bis im Herbst und im Frühjahr der Regen fällt.

Und als es nach dem letzten Krieg an allem fehlte, haben die Bauern nicht das letzte, noch vorhandene Korn zu Geld gemacht, sondern es aufbewahrt für die nächste Saat und Ernte. Die Sorge für die anderen gehört gerade heute zum Planen und Leben des Bauern. Viele Frauen und Männer unseres Landes, in verschiedenen Sparten des Lebens und des Berufes, haben durch ihre Familien eine bäuerliche Wurzel und zeigen damit, dass diese bodenständigen Werte wie Genügsamkeit, Maßhalten, Treue und Ehrlichkeit mit dem Land besonders verbunden sind. Der junge Bauer, für den es heute nicht immer leicht ist, eine Frau und Gattin zu finden, die bereit ist die Lasten eines selbstständigen, kleineren oder größeren Hofes mit zu übernehmen, wird heute leicht verunsichert durch viele Änderungen, die etwa auch der Eintritt unseres Landes in die Europäische Gemeinschaft mit sich bringt.

Die bäuerliche Produktion kann heute nicht mehr vorwiegend den Eigenbedarf decken, die Steigerung der Leistung, das Ringen um gute Preise, hineingestellt zu sein in eine immer größere Konkurrenz anderer Länder, das alles zwingt zur Spezialisierung und bringt damit ganz neue Sorgen und Probleme. Der Bauer, der gewohnt ist, in Generationen für seinen Hof und seine Familie zu denken, wird verunsichert, wenn er heute vor der Frage steht: Lohnt es sich noch den Hof zu übernehmen? Hat es noch einen Sinn, für meine eigene Zukunft und die meiner Nachfahren, Bauer zu sein? Die Verunsicherung der bäuerlichen Familie könnte zu einer immer größeren Flucht aus dem bäuerlichen Leben und damit weg vom Land führen. Die Folge davon wäre, und dies ist uns viel zu wenig bewusst, eine Verödung größerer Teile unseres Landes. Es geht also

– alles in allem – so glaube ich, nicht nur um Preise der produzierten Nahrungsmittel, sondern es geht um unsere Lebensgrundlage und den Lebensraum unserer Heimat.

Auf dem Weg nach Mariazell bin ich durch das Land der Diözesen Wien und St. Pölten gefahren, vorbei an Siedlungen und Feldern, wohlbestellt und wohlgeordnet, an Bauernhöfen in der Ebene und an den Hängen des Traisentales bis Türnitz und der Mariazeller Gegend. Vieles ist hier neu gebaut und verbessert worden, vieles ist schöner und lebendiger geworden.

Auf dem Weg nach Europa, so hoffe ich, werden wir unsere Heimat neu sehen und schätzen lernen. Der menschliche und berufliche Lebenskreis unserer bäuerlichen Familien erfährt heute auch bei uns – Gott sei Dank – eine neue und große Wertschätzung. Damit erkennen wir mehr als früher, was es heißt, mit unserem Boden und so mit dem bäuerlichen Lebensraum verantwortungsvoll umzugehen. Es kann also nicht darum gehen, den Boden nach dem Prinzip des höchsten Gewinnes auszubeuten, ohne an die nachfolgende Generation zu denken. Es geht um jene Pflege und Erhaltung, die es erlaubt mit gutem Gewissen ein wohlbestelltes Land der kommenden Generation weitergeben zu können. Die Bauern sind so das Rückgrat unseres ländlichen Raumes, wo man heute, mehr als früher, aus der Stadt und aus den Industriegebieten Ruhe und Erholung sucht, um an den Quellen eines noch gesunden Lebensraumes neue Kräfte schöpfen zu können.

Die Zahl der hauptberuflichen, selbstständigen Bauern nimmt zwar ab, aber das Verständnis und das Interesse für den Bauern und seine Arbeit nimmt zu. Aber auch bei den Bauern selbst wächst die Verantwortung und das Bewusstsein, wie wichtig auch jene Werte sind, die man nicht gleich zu Geld machen kann. Damit ein solches Denken, ein solches Bewusstsein gestärkt wird, kommt der dörflichen Gemeinschaft in unserem Lande, dem heimatlichen Dorf, eine heute wachsende Bedeutung zu. Die bäuerlichen Familien sind die lebendigen Zellen einer solchen gesunden Gemeinschaft. Und dazu gehört nicht nur die Politik, sondern vor allem auch das Brauchtum, gehören die Vereine, wie etwa Musikkapelle und Feuerwehr sowie Jugendgruppen; dazu gehören die Stammtischrunden, aber auch Frauengemeinschaften mit der Pflege heimatlichen Brauchtums.

Zum dörflichen Leben gehört, heute vielleicht mehr als früher, eine lebendige Pfarrgemeinde, als geistige Grundstruktur. Ich freue mich, bei meinen fast regelmäßigen Sonntagsgottesdiensten auf dem Land zu sehen, wie viel hier etwa in den letzten beiden Generationen lebendig geworden ist.

Mit Freude und Genugtuung möchte ich hier feststellen, dass in dieser Hinsicht die von Niederösterreich ausgegangene Idee der dörflichen Erneuerung sehr viel dazu beigetragen hat, viele Impulse gegeben hat, in welcher Weise dörfliche Siedlungen baulich und geistig erneuert werden können.

Die dörfliche Erneuerung geht Hand in Hand mit der kirchlichen Erneuerung unserer Pfarren seit dem Zweiten Vatikanischen Konzil. Durch die Anregungen dieses Konzils ist das Bewusstsein neu gewachsen, dass die Kirche in den Pfarren lebt und lebendig bleibt. Und kirchliche Gemeinschaft besteht nicht nur aus den Geistlichen, sondern aus der Verbindung von Laien und Priestern in der gemeinsamen Verantwortung gerade für die Kirche von heute. Auch hier ist viel in den vergangenen Jahrzehnten lebendig geworden: Die erneuerte Form des Gottesdienstes, das Mitwirken von Lektoren, Kommunionhelfern und Diakonen hat vieles neu in Bewegung gesetzt. In den kleinen geschlossenen Gemeinschaften und Dörfern auf dem Land tritt diese Entwicklung vielleicht noch deutlicher zum Vorschein als im städtischen Bereich.

Die bäuerliche Familie, die lebendig mit der zuständigen Pfarre verbunden ist, gehört zu den Eckpfeilern unserer kirchlichen Gemeinschaft. Hier, in den Familien, ist auch der Ort, wo neue Ideen und Perspektiven wachsen können: mutig neuen Herausforderungen zu begegnen, im Vertrauen auf den, der alles in seinen Händen hält und dem gerade der Bauer oft so unmittelbar in seiner Schöpfung begegnet.

Dazu möchte ich noch besonders auf die Frauen und Mütter hinweisen, die nicht nur einen Großteil der Lasten bäuerlicher Arbeit mittragen, sondern die für die Kinder die ersten Boten und Vermittler des Glaubens sind und so auch das menschliche und geistliche Antlitz der bäuerlichen Familie prägen. Sie weisen auf jene Werte hin, die mit Geld allein nicht gemessen werden können. Unschätzbar sind ihre Dienste, ist ihre Mithilfe im pfarrlichen Leben, bei Kinder- und Jugendgruppen, bei der Vorbereitung auf die Erstkommunion sowie auf die Firmung, bei den Ehevorbereitungen und der Grundlage der jungen Familien. Unsere Frauen und Mütter verdienen gerade auch aus kirchlicher Sicht höchste Wertschätzung und Anerkennung.

Meine lieben Mariazeller Pilger des niederösterreichischen Bauernbundes. Seit fünfzig Jahren kommt heute bereits die zweite Generation niederösterreichischer Bauern nach Mariazell, um so – wie unsere katholischen Staatsmänner der ersten Stunde, Figl und Raab, in den schwierigen und gefahrvollen Jahren der Besatzung unseres Landes durch fremde Truppen – um die Fürsprache Unserer Lieben Frau in Mariazell zu erbitten, damit die damals schwer belastende Unsicherheit von uns allen genommen werde.

In der Basilika zu Mariazell zum festlichen Gottesdienst heute versammelt, möchte ich aber nicht nur von den Sorgen sprechen, die euch, meine lieben Pilger aus Niederösterreich, heute zurecht bedrücken, sondern vielmehr auf die Chancen hinweisen, die in der neuen Wertschätzung und Volksverbundenheit des bäuerlichen Berufes gegeben ist. Ich möchte außerdem darauf hinweisen, dass gerade die mittleren und kleinen bäuerlichen Betriebe im Familienbesitz auch für die Zukunft in Europa Möglichkeiten haben, die wir zu wenig sehen.

Der selbstständige österreichische Bauer, der gelernt hat, sich gegen Schwierigkeiten neu durchzusetzen, steht mit seiner Zähigkeit und Erfindungsgabe vor neuen Herausforderungen, die nicht überall in Europa in gleichem Maße zu verwirklichen sind.

Die uns aus der finsteren Zeit Osteuropas bekannte Kolchosenmentalität in unseren östlichen Nachbarländern hat die Gefahren für Grund und Boden deutlich gemacht. Nur der freie, unabhängige, mit seinem Land verwurzelte Bauer kann die Landwirtschaft vor solchen Gefahren schützen.

Auf dem nicht leichten Weg nach Europa, in Verbindung mit der Sicherung eines überregionalen Friedens und grenzüberschreitender Zusammenarbeit, kann es daher nicht mehr die einzige Aufgabe des Bauern sein, seinen Landsleuten den Tisch zu decken, sondern in zunehmendem Maße gewinnen neue Erkenntnisse und Aufgaben an Bedeutung. Der Bauer weiß: Den Boden muss ich pflegen, ich muss ihm geben, was er braucht, auch ohne dafür unmittelbar Geld zu bekommen.

Angesichts der riesigen Dimensionen grenzüberschreitender Verbindungen und Strukturen, die viele erschrecken, beginnt man in unseren Tagen wieder das Überschaubare zu suchen. Die Erkenntnis beginnt zu wachsen: Wir brauchen Groß und Klein, Rohstoffe und Spezialitäten. Wichtig wird es sein die rechte Mitte zu finden.

Eine erst langsam in das Bewusstsein der Menschen tretende unersetzliche Aufgabe der Bauern ist es auch, das Land, die Natur zu pflegen, um so die Schönheit unserer Heimat zu erhalten und damit zugleich für das seelische Wohlbefinden der Erholung suchenden Landsleute zu sorgen. Dies ist ein erst spät erkanntes Verdienst unserer Bauern vom Neusiedlersee bis zum Bodensee. Die Grundlage hierfür ist vor allem eine nicht materielle: Selbstlos zu sein, nicht nur an sich, sondern auch und vor allem an die Nachkommenden zu denken, genügsam zu sein, Maß zu halten. Dass dies aber auf die Dauer nicht ohne entsprechendes Entgelt durchzuführen ist, braucht eine neue Einstellung und neue Überlegungen von allen Seiten. Sinngemäß heißt es dazu schon im zweiten Timotheusbrief des Apostels Paulus: „Der Bauer, der die ganze Arbeit tut, soll als Erster seinen Teil von der Ernte erhalten.“ (2 Tim 2,6)

Durch euren Dienst am Menschen und an seinem gesunden Lebensraum steht ihr als Bauern ganz besonders im Dienste des Schöpfers und der Schöpfung. Wenn heute wirtschaftliche Probleme manchmal alles zu beherrschen scheinen, dann wissen wir, dass wir nicht allein auf die Gesetze der Ökonomie vertrauen dürfen. Denn: „Nicht die verschiedenartigen Früchte ernähren den Menschen, sondern dein Wort erhält alle, die dir vertrauen.“ – So steht es im Buch der Weisheit des Alten Testamentes (16,26). Wir aber, meine lieben Bauern, wissen auf wen wir vertrauen! In dieser Zuversicht empfehlen wir uns daher hier besonders der Fürsprache Unserer Lieben Frau, damit auch die junge Generation Glaube und Heimat so verbinden möge, wie es unsere Vorfahren getan haben.

[Bauernbundwallfahrt nach Mariazell, 10. September 1995]

Am Festtag der Engel

Der Text des soeben gehörten Evangeliums nimmt Bezug auf das heutige Fest der Erzengel, mit dem heiligen Michael an der Spitze. Unser Evangelium nach Johannes berichtet gleichzeitig zu Beginn, wie Jesus die ersten Freunde und Weggefährten, die Apostel, findet und sie einlädt seine Mitarbeiter zu sein. Neben Petrus und seinem Bruder Andreas hören wir von Philippus und seinem Kollegen Natanaël. Jesus begrüßt diesen Natanaël mit dem Wort: Schau, ein wahrer Israelit, ein Mann, an dem keine Falschheit ist. – Ein Mann ohne Falschheit ist aufrichtig, man kann sich auf ihn verlassen, auch in schwierigen Situationen. An einem aufrechten Mann kann man sich orientieren, an ihn kann man sich halten, wenn man selbst unsicher geworden ist – er geht tapfer und gerade seinen Weg.

Wenn ich heute aus dem Evangelium einen geeigneten Text hätte auswählen müssen für die erste Wallfahrt der österreichischen Gendarmen nach Mariazell, ich hätte keinen besseren gefunden als diesen, der jetzt im liturgischen Kalender ohnehin für den heutigen Tag vorgesehen ist.

Wenn ich daher aus dem festlichen Anlass des heutigen Tages das Buch der österreichischen Gendarmerie im Rahmen der Exekutive aufschlage, so stelle ich fest: Im Jahre 1859 hat der damals junge Kaiser Franz Joseph, damals für ein großes Reich verantwortlich, den Entschluss gefasst eine Gendarmerie zum Schutz der öffentlichen Sicherheit ins Leben zu rufen. Diese sollte in einer unruhigen Zeit im Interesse des gemeinsamen öffentlichen Wohles ein Stück Mitverantwortung übernehmen.

Eine solche Mitverantwortung, so stelle ich fest, erforderte wohl von Anfang an die Bereitschaft, im Notfall Gesundheit und auch Leben zu riskieren. Das gilt heute vielleicht noch mehr als früher. Dabei kann es manchmal um Entscheidungen gehen, die in einem Bruchteil von Sekunden zu treffen sind, was später zu beurteilen nicht immer leicht ist.

Abgesehen von den täglichen Mühen und Belastungen Ihres Berufes müssen Sie auch oft zum Wochenende Dienst tun und wenn notwendig auch in der Nacht. Daher ist es besonders belastend für Sie, wenn das Versagen Einzelner zum Anlass genommen wird, die gesamte Exekutive, und damit auch die Gendarmerie, ins Kreuzfeuer heftiger, verallgemeinernder und nicht immer objektiver Kritik zu nehmen. Dabei handelt es sich aber nicht nur um Ihre Berufsgruppe, ich erinnere an Pauschalurteile über Ärzte, über Lehrer und schließlich auch über uns Priester und Seelsorger. Die beste Antwort auf solche Kritik ist das mutige Beispiel des Lebens und eine gewissenhafte Ausübung des Berufes.

Ich möchte daher diese erste Wallfahrt österreichischer Gendarmen, hier in Mariazell zum Gottesdienst versammelt, zum Anlass nehmen, um Sie meiner Verbundenheit, meiner Wertschätzung zu versichern, um Ihnen allen zu danken für Ihre Hilfsbereitschaft und für Ihren Beistand in allen Sorgen und Nöten. – Das Wort vom „Freund und Helfer", das Ihren Beruf und Ihre Gesinnung charakterisieren soll, ist nicht nur ein schönes Wort, eine hohle Phrase, sondern ein Anspruch, den Sie als Gendarmen an sich selber stellen: Sie wollen allen Freund und Helfer sein, die in Not sind und mit Ihrem Beistand rechnen. Ja, und ich füge hinzu: Gendarmen sind nicht selten auch Seelsorger, weil sie wiederholt in verschiedenen Notsituationen zu Hilfe gerufen werden. Ich nenne etwa plötzliche Unfälle oder Einbrüche, ich weise hin auf ungeklärte Todesfälle in der Familie oder auf Abgängigkeitsanzeigen; nicht zuletzt denke ich dabei auch an Fälle von Gewalt in der Familie und Kindesmissbrauch.

Und schließlich sollen Sie manchmal Brückenbauer sein für eine fehlende Kommunikation der Menschen untereinander. Sie werden zu Hilfe gerufen als Richter und Streitschlichter, wenn es sich um Streitigkeiten unter Nachbarn oder sonstige menschliche Unverträglichkeiten handelt. Das alles ist gleichzeitig auch ein Zeichen des Vertrauens, das man Ihnen überall entgegenbringt; es ist das Wissen um Ihr menschliches Verstehen und Ihre Verlässlichkeit in persönlichen schwierigen Fällen.

Als Gendarmen haben Sie es ja mit allen Menschen zu tun, mit friedlichen und aggressiven, mit Gewalttätigen, auch mit Süchtigen, Betrunkenen, psychisch Verletzten und Kranken. Und wenn Sie dann Ihren Dienst beendet haben, möchten Sie gerne mit Kollegen

Erste österreichische Gendarmerie-Wallfahrt am 29. September 2000

über manche menschliche Probleme, die Ihnen begegnet sind, sprechen und haben dann doch nicht die Zeit dazu. Wenn Sie die Uniform nach Ihrem Dienst ausziehen, so bleiben doch die Sorgen, die Sie kennengelernt haben, mit denen Sie belastet wurden, noch immer weiter bei Ihnen.

Und trotz allem ist Gendarm zu sein eine erfüllende und oft auch beglückende Tätigkeit. Dies ist besonders dann der Fall, wenn es Ihnen gelungen ist etwas zu verhindern, was zu menschlichen Unfällen oder Katastrophen hätte führen können. Aber gerade solche guten Taten sind statistisch nicht erfassbar, lassen sich nicht messen und abwiegen. Gerade das ist es aber, was Ihren Dienst menschlich und christlich so schön und wertvoll macht.

Ihnen allen gilt in dieser Stunde mein Dank, meine große Anerkennung; allen, die in Österreich zur Gendarmerie gehören und sich bemühen, Freund und Helfer zu sein, für das Gemeinwohl unseres Landes Sorge zu tragen.

In dieser Stunde in der Nähe des altehrwürdigen Marienbildes von Zell – der großen Mutter Österreichs – gedenken wir als katholische Gendarmen aller Kameraden des Bundesgebietes – wir, die wir auf dem Weg sind in ein gemeinsames, friedliches Europa. Wir gedenken all jener, die in der Ausübung ihres Dienstes verstorben sind. Wir bitten um den Segen und die Kraft von oben, damit wir auch in einer schwierigen Zeit Freunde und Helfer bleiben.

Und so behüte und beschütze Sie und Ihre Familien auf allen Ihren Wegen der Herr, auf die Fürsprache Unserer Lieben Frau von Zell.

[Wallfahrt der Bundesgendarmerie nach Mariazell, 29. September 2000]

Die Würde des Menschen

Reue und Umkehr

Juden und Christen.
Ein altes Band – eine alte Schuld

Die große geschichtliche Wende der letzten fünfzig Jahre im Verhältnis von Judentum und Christentum wird durch eine geschichtliche und theologische Forschung und eine praktische Zusammenarbeit immer weiter ausgebaut und befestigt.

Es gibt keinen innerkirchlichen Dissens bezüglich der Schuld am jüdischen Volk; ja, man ist heute überzeugt, dass „eine christliche Ökumene erst blühen kann, wenn zuvor das Verhältnis zum Judentum geklärt und bereinigt ist“ (C. Thoma, *Lexikon für Theologie und Kirche*). Jeder dialogische Neuansatz, der die Shoa ausklammern wollte, würde als Rückfall in traditionelles antijüdisches Denken angesehen werden. Das heißt, der Schock, den die nationalsozialistischen Verbrechen weltweit auslösten, hat zu jener wesentlichen Umkehr und Neuorientierung geführt.

Angesichts einer so langen und schwer belasteten Geschichte – gerade auch aus christlicher Sicht – stellt sich mir und vielen anderen aufs Neue die Frage: Warum hat es so lange gedauert, bis sich jene befreiende Sicht in der Mitte unseres Jahrhunderts auftat, bis jener Antijudaismus und – trotz der verschiedenen Wurzeln – ein geschichtlich nicht zu trennender rassischer Antisemitismus bekämpft und widerlegt werden konnten.

Wenn ich damit auch auf die Bedeutung des Zweiten Vatikanischen Konzils mit seinem Dokument „Nostra aetate“ hinweise, das am 28. Oktober 1965, noch vor Schluss der letzten Sitzungsperiode des Konzils mit 2221 Ja- und 88 Nein-Stimmen von der großen Kirchenversammlung angenommen wurde, so sehe ich darin den Durchbruch des neuen Denkens in der katholischen Christenheit. Damit sollte auch das Bemühen verbunden sein einen positiven Einfluss auf die weltweite ökumenische Bewegung in verschiedenen Ländern auszuüben.

Im Vordergrund der teilweise sehr schwierigen Vorbereitung dieses kurzen und weltgeschichtlich bedeutsamen Dokumentes stand daher der theologische Aspekt mit dem Blick auf die lange Geschichte des christlichen Antijudaismus. Dass in diesem Dokument nicht auch eine Verurteilung des Antisemitismus vom Konzil ausgesprochen wurde, ist von jüdischer Seite oft nicht verstanden worden. Aber wer den Antijudaismus verurteilt und ob seiner tragischen Auswirkungen in der Geschichte schmerzlich bedauert, ja, darunter leidet, der verurteilt in der Folge ebenso den Antisemitismus mit seinen politischen Konsequenzen.

Das fundamentale Missverständnis des christlichen Antijudaismus wird im Konzilsdokument „Nostra aetate", Nr. 4 bloßgelegt durch den Hinweis: Es gehört zum „Geheimnis der Kirche", als „Volk des Neuen Bundes mit dem Stamme Abrahams geistlich verbunden zu sein". Und dies wird noch deutlicher zum Ausdruck gebracht durch den Satz: „Da also das den Christen und Juden gemeinsame geistliche Erbe so reich ist, will die Heilige Synode die gegenseitige Kenntnis und Achtung fördern, die vor allem die Frucht biblischer und theologischer Studien sowie des brüderlichen Gespräches ist."

Damit ist nicht nur das korrekte Verständnis der Bibel selbst gemeint, sondern es wird auch auf die Bedeutung des gemeinsamen Dialogs hingewiesen. Dies führt zur praktischen Folgerung: Wenn durch jüdische Obrigkeiten auf den Tod Jesu gedrängt wurde, so könne man dies weder allen damals lebenden Juden ohne Unterschied, noch viel weniger den heute lebenden Juden zur Last legen. Und wörtlich heißt es: „Man darf die Juden nicht als von Gott verworfen oder verflucht darstellen, als wäre dies aus der Heiligen Schrift zu folgern." Die Folgerungen, die sich daraus für die christliche Katechese und Predigt ergaben, sollten daher im Sinne der Konzilsdokumente der Basis in den Diözesen und Pfarrgemeinden vermittelt werden. Dies ist in den einzelnen Diözesen, in den Diözesansynoden in der Folge immer wieder zum Anlass genommen worden, um diese Frage in Liturgie, Katechese, Predigt im Sinne des Zweiten Vatikanischen Konzils zu überprüfen und von Einflüssen einer veralteten Tradition frei zu halten.

Um den Dialog zwischen Juden und Christen auszubauen und

fortzusetzen, um praktische Folgerungen aus dem Text von „Nostra aetate" in den verschiedenen Teilen der Weltkirche anzuwenden, kam es zur Errichtung einer vatikanischen Kommission für die Religiösen Beziehungen zum Judentum (vgl. K. K. Rendtorff, H. H. Henrix, *Die Kirchen und das Judentum).* Zahlreiche praktische Bestimmungen für den Bereich christlicher Lehre, Liturgie und Praxis finden sich in der späteren Fassung des Dokumentes.

Das Konzilsdokument „Nostra aetate" mit der offiziellen Überschrift „Das Verhältnis der katholischen Kirche zu den nichtchristlichen Religionen" ist unter den 16 offiziellen Konzilsdokumenten das kürzeste mit nur zirka fünf Seiten; und nur Kapitel 4 behandelt ausschließlich das Verhältnis zwischen Judentum und Christentum. In seiner geschichtlichen Auswirkung halte ich es für das bedeutsamste Dokument des letzten Konzils.

Dabei dürfen wir nicht übersehen, dass Johannes Paul II. aus sachlichen und persönlichen Gründen viel dazu beigetragen hat, die Bedeutung von „Nostra aetate" für Christen und Juden zu betonen und neue positive Gesichtspunkte hinzuzufügen. Ohne Unterlass hat er bei seinen Reisen und in seinen Ansprachen auf die geschichtliche Wendung aufmerksam gemacht, die sich im Verhältnis von Juden und Christen in unserer Zeit ergeben hat.

Der amerikanische Rabbi Klenicki wies in seiner Veröffentlichung *Fifteen Years of Catholic-Jewish Dialogue* darauf hin, dass seit dem Apostel Petrus und seinem Aufenthalt in Rom Johannes Paul II. der erste römische Papst war, der nach so vielen Jahrhunderten einen offiziellen Besuch in der römischen Synagoge gemacht hatte. Bei diesem Besuch sagte der Papst: Die jüdische Religion sei für uns, die katholische Kirche, nicht etwas „Äußerliches", sondern gehöre in gewisser Weise zum „Inneren" unserer Religion. Und er fügte hinzu: „Zu ihr haben wir somit Beziehungen wie zu keiner anderen Religion." Daraus zieht er den Schluss: „Ihr seid unsere bevorzugten Brüder und, so können wir gewissermaßen sagen, unsere älteren Brüder."

Papst Johannes Paul II. hat bei seinem ersten Deutschlandbesuch im November 1980 in Mainz auf das Vatikanische Konzil unter anderem hingewiesen und festgestellt: „Die Begegnung zwischen dem Gottesvolk des von Gott nie gekündigten Alten Bundes und des

Neuen Bundes“ sei zugleich „ein Dialog innerhalb unserer Kirche“. Die Aufnahme diplomatischer Beziehungen zwischen dem Staate Israel und dem Vatikan (13. 12. 1993) hätte zwei, drei Generationen früher kaum jemand zu hoffen gewagt.

Wenn heute Bücher vorliegen zum Thema *Christliche Theologie des Judentums* oder *Das Christentum, eine jüdische Religion* von D. Flusser, so zeigt dies die Spannbreite des ökumenischen Dialogs, um Christentum und Judentum in ihrem gegenseitigen Verhältnis näher zu bestimmen.

C. Thoma, *Theologische Beziehungen zwischen Christentum und Judentum*, und F. Mussner, in Verbindung mit Petuchowski mit dem *Lexikon für jüdisch-christliche Begegnung*, sind zum Beispiel weitere beachtliche Wegzeichen der gemeinsamen Arbeit. Sie zeigen aber auch, dass antijüdische Themen aus der christlichen Theologie wohl endgültig verschwunden sind. Damit kommt nicht zuletzt deutlich der Hinweis, dass der Gott Israels, der Gott Jesu Christi für die ganze Welt im Kontext der allgemeinen Religionsgeschichte der Menschheit ein Grundpfeiler ist. Die historische Wende ist also nicht nur als Schutz des jüdischen Volkes zu verstehen, sondern es geht hier um weitreichendere, globale religionsgeschichtliche Zusammenhänge zum Thema des Monotheismus.

Dieser summarische Überblick über die vergangenen fünfzig Jahre eines von Grund auf geänderten Verhältnisses zwischen Juden und Christen ist damit auch ein Hinweis auf das Ende der langen europäischen Epoche jüdischer Geschichte mit einer teuflisch geplanten Endlösung.

Der Staat Israel, im Jahre 1948 durch die Vereinten Nationen gegründet, wurde – abgesehen von der bewegten Geschichte der letzten fünfzig Jahre – zu einem geistigen Zentrum für eine in der Diaspora lebende jüdische Mehrheit. Das große Interesse am Neubau eines Staates Israel gehört heute zum Merkmal eines neuen jüdischen Selbstbewusstseins. Die jüdischen Traditionen werden heute mehr gepflegt, aber auch ein Assimilationsverlust im Westen ist zu registrieren. Ein Generationskonflikt zwischen traditionellen Eltern und säkularisierten Kinder gehört zu den Merkmalen einer säkularisierten Umwelt.

Damit stellt sich aber auch die Frage neu: Was bedeutet jüdische

Chanukkafeier bei Professor Jakob Allerhand

Religion, welcher Unterschied besteht zwischen jüdischer Religion und Humanismus? Die Zugehörigkeit zur jüdischen Kultur spielt heute im Zionismus eine immer größere Rolle. Wie weit dieses Phänomen auch ein Bekenntnis zur religiösen Tradition des Judentums einschließt, ist nicht leicht zu beantworten. Auch für einen europäischen Christen erhält diese Frage ein immer größeres Gewicht; denn ein Verlust der jüdischen Religion, des Glaubens an einen Gott der Propheten und an die Thora kann für Christen nicht gleichgültig sein. Dieser Gesichtspunkt erhält im ökumenischen Christentum ein immer größeres Gewicht mit den Perspektiven für die Zukunft.

Ich beziehe mich damit auf die bekannte Zeitschrift *International Review* vom 19. Mai dieses Jahres und die dort von Eliott Abrams gestellte Frage, wie weit heute aus amerikanischer Sicht ein jüdischer Traditionsbegriff die ursprüngliche jüdische Religion ablöse.

Während, so heißt es dort, heute in den USA 55 Prozent Religion für ihr Leben als sehr wichtig ansehen und nur vierzehn Prozent das Gegenteil behaupten, so sind es bei den Juden in den USA nur dreißig Prozent, die ihre Religion für sehr wichtig halten und etwa

33 Prozent halten sie nicht für wichtig. Dazu kommt noch der Hinweis, dass etwa die Hälfte der Juden einen nichtjüdischen Partner heiratet. Das heißt, wenn heute die Beschäftigung mit dem Genozid des Holocaust im jüdischen Volk alles andere verdrängt, so scheint die Besinnung auf die ethnischen Wurzeln den Vorrang zu haben vor einer „Religion Israels“. Oder: Die Identität mit einer jüdischen Kultur scheint die Identität durch die alte Religion Israels abzulösen. Wenn heute an die 85 Prozent der amerikanischen Juden erklären, dass sie sich besonders auf Grund des Holocaust als Juden fühlten, so befürchtet Abrams eine Gefahr für die Zukunft des jüdischen Weges. Denn, so meint er, „Juden sind nur ein Volk vermöge der Thora.“

Zu beachten ist in diesem Zusammenhang ein Hinweis, der sich bei Jonathan Sacks, *The Politics of Hope* findet. Es ist ein Hinweis darauf, dass ausgerechnet bei den Vertretern einer areligiösen oder antireligiösen Aufklärung in den vergangenen Generationen negative Urteile gegenüber dem Judentum aus areligiösen oder humanistischen Gründen besonders hart ausfallen. So zum Beispiel bei Voltaire, der Juden als „unwissendes und barbarisches Volk“ bezeichnet; ähnlich Hegel und besonders Schopenhauer, der in gehässiger Weise von den Juden spricht („sie gehören vertrieben“) und so – lange vor der Nazipropaganda – in deren Sinne sprach. Ebenso ist es der antireligiöse und vor allem antichristliche Nietzsche, der Juden als „Verfälscher natürlicher Werte“ bezeichnet. Und Sartre vertritt in seinem Buch *Antisemitismus und Juden*, erschienen 1946, also nach dem Holocaust, die Meinung, in einer toleranten Welt gäbe es keine Juden, weil nur der Hass anderer sie zu Juden macht. – Aus diesen wenig beachteten Hinweisen ergibt sich, wie wichtig die religiöse Identität für das Judentum ist.

In dieselbe Richtung weist auch eine Passage in dem kürzlich erschienenen umfangreichen Werk des früheren Botschafters in Österreich, Henry Grunwald, *One man's America.* Grunwald war lange Zeit „editor in chief“ der einflussreichen Zeitschrift *TIME-Magazine.* Er gibt einen sehr guten Einblick in die geistigen Strukturen Amerikas seinerzeit, besonders in den Fünfziger- und Sechzigerjahren. In diesem Zusammenhang schildert er seine Überlegungen, sich von seinem jüdischen Bekenntnis zu trennen und sich der katholischen Kirche anzuschließen, die eine besondere „Anziehungskraft für mich ausübte". Nach längeren Überlegungen kam er aber zur Feststellung: „After the Holocaust I felt that it would be shameful to deny my heritage" und fügte am Schluss hinzu: „I simply know that I am a Jew." Das ist wohl ein deutlicher Hinweis auf die Schicksalsgemeinschaft, wie sie heute viele Juden seit dem Kriegsende fast ausschließlich empfinden.

Im jüdisch-christlichen Dialog wird seitens der Christen die religiöse Frage immer im Vordergrund stehen.

Im Vatikanischen Konzil stand die Ablehnung, die Verurteilung des Antijudaismus im Vordergrund. Wenn aber heute aus amerikanischer Sicht ein jüdischer Humanismus als säkularisierte Religionsform wichtiger und bedeutungsvoller zu werden scheint als das religiöse Erbe der Propheten, des Eingottglaubens, der Juden und Christen in besonderer Weise miteinander verbindet, so könnte dies auch im ökumenischen Christentum nur mit Sorge betrachtet werden. Der religiöse Eingottglaube, wie wir ihn bei den Propheten vorfinden, die gemeinsame Basis für Juden, Christen und Moslems, erhält heute eine größere und zusätzliche Bedeutung im Sinne der Religionsgeschichte der Menschheit. Wenn dies verloren ginge oder doch wesentlich geschwächt würde, wäre dies eine zusätzliche Belastung und eine große Schwierigkeit auch für das ökumenische Christentum.

Daher kommt dem gemeinsamen jüdisch-christlichen Dialog für die eins werdende Welt eine nicht zu unterschätzende Bedeutung zu.

[Beitrag für das Jüdische Echo, 1997]

Die Macht des Bösen

Im Bewusstsein der menschlichen und auch geschichtlichen Bedeutung dieser Stunde, nicht ohne innere Bewegung, stehe ich vor Ihnen, um – mit Ihnen gemeinsam – des unermesslichen Leides zu gedenken, das Menschen unschuldigen Menschen hier und an vielen anderen Orten angetan haben. Ich stehe vor Ihnen, um mit Ihnen zu bekennen, dass hier menschliche Freiheit und Würde so tief verletzt und geschändet wurde, dass diese Schuld wohl für immer hineingebrannt bleibt in jede menschliche Existenz. Deswegen trägt unser aller Menschennatur ein solches Schandmal als Mahnmal. Hier wurde das Miteinander menschlicher Solidarität in ein hasserfülltes Gegeneinander verkehrt. Hier wurde der Respekt gegenüber dem anderen mit seinem Denken und Fühlen in Verachtung gewandelt mit der Begründung rassistischer, nationalsozialistischer Ideologien. Hier wurde jede Grundlage demokratischer und menschlicher Gemeinsamkeit umgewandelt in eine menschenverachtende Gewalt. Was Tiere in dieser Art anderen nie antun könnten, das haben Menschen ihren Mitmenschen angetan.

Wiederholt gab es Versuche, das furchtbare Geschehen zuzudecken, um nicht daran erinnert zu werden; es gab Versuche, Täter und Opfer im Lichte der Geschichte sowie der Gegenwart einander nicht gegenüberzustellen, um nicht zu erfahren, was wirklich geschah. Wer aber die Geschichte vergessen will, so heißt es, der ist dazu verurteilt, sie noch einmal zu durchleben. Wenn man gar nicht genau wissen will, was geschehen ist, dann kann man auch aus der Geschichte nichts lernen.

Es gibt eine Macht des Bösen. Dieses Böse wurzelt nicht einfach in der Geschichte, sondern wächst in den Herzen der Menschen. Wenn wir uns daher der Frage stellen, wie es zu einer solchen verheerenden Eskalation des Bösen kommen konnte, dann müssen wir uns damit auch der Frage nach der persönlichen Schuld stellen. Denn eine Kollektivschuld, hinter der man sich gleichsam verstecken möchte, gibt es nicht. Schuld ist etwas, was immer den Kern der menschlichen Person betrifft. Damit steht jeder Einzelne vor seinem eigenen Gewissen, einer inneren Stimme, einem Gesetz, das in unsere Herzen hineingeschrieben ist. Auf diese innere Stimme zu hören verbindet eine humanistische Ethik mit der religiösen Wurzel des Menschen und ist ein Zeichen seiner Würde. Denn – wie das Konzil es formuliert – „das Gewissen ist jene verborgene Mitte, das Heiligtum im Menschen, wo er allein ist mit Gott, dessen Stimme er gewissermaßen in seinem Innersten hört“ (GS, Nr. 16).

Andererseits aber gibt es auch eine Schuldverwobenheit, aus der die Verpflichtung erwächst, Geschehenes aufzuarbeiten und – so weit dies möglich ist – wieder gutzumachen. In diesem Zusammenhang ist aber zu bedenken, dass ein Verzeihen dieser Schuld in allen ihren schrecklichen Auswirkungen – ohne hier auf Gottes Barmherzigkeit einzugehen – nur durch die betroffenen Opfer selbst erfolgen könnte; auch die Angehörigen, die Hinterbliebenen können dies nicht tun. Auch Simon Wiesenthal, der die Schrecken Mauthausens selbst erlebt hat, hat sich mit dieser schwierigen Frage auseinander gesetzt. Ich erinnere an das bewegende Buch *Die Sonnenblume,* das sich mit dem Verzeihen-Können und Verzeihen-Sollen auseinander setzt.

Daraus ergibt sich die Spannung zwischen einer Macht des Guten und der Macht des Bösen. Denn die Macht des Bösen war eine Realität in unserem Lande. Sie nahm von den Menschen, von dem ganzen Land Besitz, mit Schlagworten wurden Machtansprüche verkündet, Ideologien und utopische Hoffnungen verhießen eine neue und bessere Zeit. Aber heute wissen wir: Wenn Rasse, Nation, Klasse als höchster Wert verkündet werden, sich nach Art eines Religionsersatzes mit Intoleranz und Fanatismus verbünden, dann kann eine solche Macht des Bösen furchtbares Unheil in einem ganzen Volk anrichten.

Wir, die ältere Generation, haben es erlebt und wir sind betroffen zu erfahren, wie schnell gerade hier Verharmlosung und Vergessen einsetzten. Aber wir dürfen uns nicht wiegen in der trügerischen Sicherheit von Gedanken wie: So etwas wird nie mehr wiederkehren, denn wir sind wachsam.

Die Macht des Bösen kann übermorgen im Kleide einer neuen attraktiven Ideologie, mit neuer Überzeugungskraft wiederkommen. Daher: „Hütet euch vor den falschen Propheten!“ (Mt 7,15) Und weiter heißt es: „An ihren Früchten werdet ihr sie erkennen. – Jeder gute Baum bringt gute Früchte hervor, ein schlechter Baum aber schlechte.“ (Mt 7,16f.) Die Erkenntnis dieser Früchte hatte ein jähes Erwachen zur Folge.

Daher: Verharmlosen wir nicht die Macht des Bösen in der Geschichte. Denn das ist es, was uns dieses KZ von Mauthausen für immer klar und deutlich vor Augen führt: Die Anfälligkeit des Menschen gegenüber verschiedenen Formen der Propaganda, der Verlust der Stimme des Gewissens, die Missachtung der Geschichte als Lehrmeisterin des Lebens. Und wenn als Folge in einer weithin säkularisierten öffentlichen Meinung nur mehr nach Werten gerufen wird, sie aber nicht mehr gelebt werden, wenn Freiheit ohne Verantwortung, Egoismus und Selbstsucht ohne Solidarität mit Schwachen und Hilfsbedürftigen das Feld erobern, dann relativieren sich ohne viel Umstände die Grundrechte des Menschen, seine Würde, seine Freiheit, seine Verantwortung für sich und den anderen. Man hört nicht mehr aufeinander, die Bereitschaft zum Dialog versagt, es herrscht das Faustrecht des Stärkeren.

Und schließlich – in diesem Zusammenhang – wollen wir nicht, dürfen wir nicht, will auch ich – als Mann der katholischen Kirche – nicht jenes Bewusstsein einer Schuldverwobenheit verschweigen: Dass man seinerzeit seitens der Kirche hier nicht entsprechend jenem irregeleiteten, nationalistischen Denken entgegengetreten ist, einem christlichen Antijudaismus, der ein religiös verbrämtes nationalistisches Denken speiste, einer unrichtigen Auslegung der Passionsgeschichte; das alles wurde zu einer schwärenden Wunde am Leib der Kirche, dadurch wurde viel Unglück über unschuldige Menschen gebracht.

Und so kann es heute nicht nur um eine Bewältigung der Vergangenheit gehen, denn diese lässt sich nicht einfach bewältigen, ungeschehen machen. Aber eine so leidvolle Auseinandersetzung mit der Vergangenheit kann Anlass sein, den Blick auf Gegenwart und Zukunft zu richten, auf die künftige Aussaat unseres Denkens, Redens und Handelns. „Was der Mensch sät, das wird er auch ernten." – Nie wieder soll die Ernte in unserem Land eine des Hasses, der Unmenschlichkeit, der Diktatur sein!

Wir empfinden es heute als selbstverständlich, dass Freiheit und menschliche Würde in einem demokratisch geordneten Staatswesen gesichert sind. Gerade hier im Konzentrationslager Mauthausen aber müssen wir bedenken, dass jede demokratische Staatsform leicht in Gefahr geraten kann, durch den Egoismus einzelner politischer Parteien und Gruppierungen manipuliert zu werden, wenn das Interesse am Gemeinwohl verloren geht. Nicht das politische Konzept der Demokratie ist schwach, sondern eine durch egoistische Eigeninteressen geschwächte Demokratie lässt den Ruf nach dem „starken Mann" aufkommen und bereitet den Weg zur Diktatur. Daher lassen Sie mich gerade hier daran erinnern, dass wir alle gemeinsam Verantwortung tragen für die demokratische Lebensform, mit gegenseitigem Respekt vor menschlicher Würde und Freiheit in unserem Lande. Im Interesse unserer Zukunft und der jungen Generation dürfen wir das wertvolle Gut der Demokratie nicht aufs Spiel setzen!

Vor einem solchen Hintergrund macht uns – als Vertreter der katholischen Kirche, der ökumenischen Christenheit mit ihren Wurzeln im Alten Bund Israels – der Blick auf die Vergangenheit besonders sensibel für die unzerstörbare Würde des Menschen; diese ist nicht nur ein Ergebnis unserer abendländischen Humanität, sondern tief verwurzelt im gemeinsamen religiösen Erbe. Um dies deutlich zu machen, schlage ich das den Juden und Christen gemeinsame Heilige Buch auf, die Bibel, wo die Größe des Menschen skizziert wird mit den Worten: „Gott schuf den Menschen nach seinem Bild und Gleichnis. Als Mann und Frau erschuf er sie." (Gen 1,27). – Eindrucksvoll schildert diese menschliche Würde auch der Psalm 8, wenn es heißt: „Seh ich den Himmel, das Werk deiner Finger, Mond und Sterne, die du befestigt: Was ist der Mensch, dass du an ihn denkst, des Menschen Kind, dass du dich seiner annimmst? Du hast ihn nur wenig geringer gemacht als Gott, hast ihn mit Herrlichkeit und Ehre gekrönt. Du hast ihn als Herrscher eingesetzt über das Werk deiner Hände, hast ihm alles zu Füßen gelegt ... alles, was auf den Pfaden der Meere dahinzieht. Herr, unser Herrscher, wie gewaltig ist dein Name auf der ganzen Erde!"

Daher ist jede Verletzung der menschlichen Würde zugleich eine menschliche Drohung gegen den Schöpfer des Himmels und der Erde.

Vor dem Trümmerfeld der Mächte des Bösen von übermenschlicher Dimension führt uns diese Stunde den Menschen in seinem Elend, aber auch in seiner Größe vor Augen. Seine Freiheit, die ihn in die Nähe Gottes führen sollte, lässt ihn, in seiner Auflehnung gegen eine letzte Weisheit und Güte, in die Abgründe menschlicher Zerstörung stürzen. Hier, in Mauthausen, sind die Masken gefallen, hier fiel die Entscheidung zugunsten der Macht des Bösen.

An jedem von uns wird es liegen, jeden Tag neu die Entscheidung gegen das Böse und für das Gute zu erkennen, der Gewalt des Bösen die gottgewollte Kraft des Guten entgegenzusetzen. Hier stehen wir an der Pforte der humanistischen Ethik, wir stehen besonders aber auch vor dem religiösen Welt- und Menschenbild unserer abendländischen Tradition, in der Hoffnung auf die Kraft von oben angesichts unseres menschlichen Versagens. Dann wird das namenlose Leid dieser Stätte auch nicht umsonst gewesen sein.

[Gedenk-Ansprache in Mauthausen, 10. Mai 1998]

Rassenhass ist Christushass

Achte, o Herr, auf mein Rufen. Denn elend bin ich über die Maßen." Diese Bitte des Psalms ist auch unsere Bitte in dieser abendlichen Sunde des ökumenischen Gottesdienstes, mit dem Blick auf das, was sich in unserer Stadt, in unserem Lande, vor sechzig Jahren zugetragen hat. Den Grund für das „Elend über die Maßen" finden wir ökumenische Christen in der Lesung aus dem Propheten Jeremias. Es ist die belastende Frage: „Warum schließt sich denn nicht die Wunde der Tochter meines Volkes?" Diese Wunde hat sich in den vergangenen sechzig Jahren nicht ganz geschlossen, weil wir, die wir als Christen mitschuldig geworden sind an den Wunden unserer Landsleute aus dem Volke Israel, unsere Mitverantwortung immer weggeschoben haben.

Prälat Oesterreicher, aus dem gleichen Volke Israel stammend, hat uns vor sechzig Jahren mit seinem Buch *Rassenhass ist Christushass* bereits ein Mahnzeichen vorangestellt, um uns damit auf die Gefahren und schrecklichen Folgen des Antijudaismus aufmerksam zu machen.

Damals, als unsere österreichischen jüdischen Mitbürger hier, in unserem und ihrem Land, verfolgt und gedemütigt wurden, im Feuerschein brennender Synagogen, begannen andere österreichische Mitbürger menschliche Freiheit und Würde tief zu verletzen und zu schänden; dies bleibt hineingebrannt in jede menschliche Existenz, nicht nur in der Vergangenheit, sondern auch in Gegenwart und Zukunft. Damals wurde das Miteinander menschlicher Solidarität in ein hasserfülltes Gegeneinander verkehrt. Damals wurde der Respekt vor dem anderen mit seinem Denken und Fühlen in Verachtung gewandelt – mit der Begründung rassischer, nationalsozialistischer Ideologien. Damit wurde die Grundlage demokratischer und menschlicher Gemeinsamkeit durch die Diktatoren von damals in Unrecht umgewandelt.

Und das Gespenst der Menschenverachtung lauert weiter in der Geschichte und kann immer wieder von neuem das Haupt erheben. Es muss daher unsere bleibende und dauernde Sorge sein, eine Wiederkehr solchen Grauens um jeden Preis zu verhindern. Vergessen und Wegschieben des Geschehenen ist der falsche Weg. Denn falsche Ideen und Schlagworte, verpackt in faszinierende Parolen, können auch in unseren Tagen das Klima der öffentlichen Meinung trüben und verwirren. Es muss daher heute einfach darum gehen, das rechte Bild vom Menschen, gemessen an der abendländischen Humanität, am christlichen Welt- und Menschenbild unserer Geschichte als Grundlage zu nehmen für die Vielfalt menschlicher Wege und menschlicher Meinungen.

Eine neue Generation ist in der Zwischenzeit herangewachsen; aber auch Zeitzeugen sind noch unter uns, die jene Novemberpogrome selbst noch miterleben mussten oder die das furchtbare Geschehen aus unmittelbaren Berichten ihrer Eltern oder Verwandten in sich tragen. – Ihnen möchte ich an diesem Abend in ökumenischer Gemeinschaft sagen, wie sehr uns als Landsleute und Christen von heute alles, was hier geschehen ist, bewegt und wie schmerzlich wir es bedauern, gerade im Wissen um eine heimatliche, geschichtliche und menschliche Verbundenheit und Mitverantwortung.

Wir hoffen sehr – und wir tragen dieses Hoffen in unseren Gebeten vor Gott –, dass es uns gelingt, die noch immer nicht geschlossenen Wunden langsam einem Heilungsprozess zuzuführen.

Denn die Erinnerung an das Geschehene soll unseren Blick doch auch schärfen für alles, was Großes unter den Menschen – in gegenseitiger Achtung und Wertschätzung – erreicht werden kann. Das Erinnern an jene leidvolle Geschichte soll sich wandeln in einen verstärkten Beweggrund, die mahnende Stimme des Gewissens nicht zu verschütten, die uns sagt: Was du nicht willst, dass man dir tut, das füge auch keinem anderen zu!, oder wie es in der Bergpredigt heißt: Alles, was ihr von anderen erwartet, das tut auch ihnen!

Jeder Mensch hat eine innere Stimme, ein Gesetz, das in unser

Herz hineingeschrieben ist; es verbindet humanistische Ethik mit der religiösen Anlage des Menschen. Wir nennen es das Gewissen. Es ist jene verborgene Mitte, das Heiligtum im Menschen, wo er allein ist mit Gott, dessen Stimme er gewissermaßen in seinem Inneren hört.

Wir dürfen von hier nicht fortgehen, ohne das Wissen um das Vergangene mitzunehmen, das uns eindringlich mahnt, den Respekt vor der menschlichen Würde nie aus dem Auge zu verlieren. Ich meine jene Würde, die festgelegt ist in unserem gemeinsamen heiligen Buch mit dem Satz: „Gott schuf den Menschen nach seinem Bild und Gleichnis." Das heißt, jeder Mensch, zu allen Zeiten, in allen Kulturen und Rassen, besitzt seine Würde als Abglanz des Göttlichen.

[Ökumenischer Gottesdienst in der Ruprechtskirche, 9. November 1998]

Die Heiligung des Namens

„Gott, verbirg dein Gesicht vor meinen Sünden,
tilge all meine Frevel!
Erschaffe mir ein reines Herz
und gib mir einen neuen, beständigen Geist!"

Dieses Wort aus dem Psalm 51 sagt uns, wozu wir heute hier zusammengekommen sind. Der Wiener Erzbischof Kardinal Schönborn ist, wie Sie wissen, leider erkrankt. Er hat mich gebeten ihn zu vertreten. Eine Bitte, der ich sehr gerne entspreche. Ich begrüße Sie daher alle sehr herzlich und ich danke Ihnen, dass Sie der Einladung gefolgt sind, um diese Stunde des Gedenkens gemeinsam zu begehen. Wir stehen hier vor einer Baustelle, auf der nur für diese Stunde die Arbeit unterbrochen wird. Das macht uns bewusst, dass diese Gedenktafel, die heute hier enthüllt wird, ein Mosaikstein ist an diesem Ort des Gedenkens, der im Entstehen begriffen ist.

Damit möchte ich Ihnen in dieser Stunde berichten, was den Wiener Erzbischof Kardinal Schönborn bereits seit längerem bewogen hat diese Tafel hier anzubringen:

Eröffnung des „Mahnmals für 65000 ermordete Juden" am Judenplatz in Wien. Am Rednerpult: Simon Wiesenthal

Zunächst war es der Platz selbst: Die Wiederentdeckung der Synagoge, im schmerzlichen Kontrast zur mittelalterlichen Tafel hier am Jordanhaus, machte ein klares Wort der Christen notwendig.

Damit stellte sich die Frage nach der Formulierung des Textes: Es entwickelte sich ein spannender Prozess des Gesprächs. Der von Universitätsprofessor Kurt Schubert erarbeitete Text war Gegenstand vieler Konsultationen bis hin zu den Gesprächen mit der israelitischen Kultusgemeinde. Nach der Bekanntmachung des Textentwurfes in der Zeitschrift *Jüdisches Echo* kam es zu einer öffentlichen Debatte. Und so können wir heute von einem „consonare", einem Zusammenklingen bei dieser ökumenischen und interreligiösen „Textwerdung" sprechen.

Und schließlich geht es aber auch um den Blick in die Zukunft: Es geht um ein vertieftes gegenseitiges Wahrnehmen von Juden und Christen. Es ist der Blick des Glaubens, der uns auch hoffen lässt.

Das erste und das letzte Wort auf der Tafel lautet: „Kiddusch HaSchem", das ist: Heiligung des Namens. Diese Heiligung des Namens Gottes ist die große Hoffnung. Dort wo sein Name geheiligt wird, dort wird auch sein Ebenbild, der Mensch, geachtet, jeder

Mensch ohne Ausnahme. Dass dies auch in Zukunft immer so sei, das ist unsere Hoffnung, die diese Tafel bezeugen soll.

Das ist die Botschaft, die Ihnen der Erzbischof von Wien, Kardinal Schönborn, durch mich übermitteln lässt. Daran schließe ich meine Bitte: Der Ewige und Allmächtige möge uns in dieser Stunde besonders nahe sein!

[Ansprache bei der Stunde der Besinnung am Judenplatz, 29. Oktober 1998]

Leben und Sterben

Leib und Seele – eine untrennbare Einheit

Das Evangelium, das wir jetzt gehört haben, ist in die Mitte Ihrer Tagung der Krankenhausseelsorge hineingestellt. Die Freunde des römischen Hauptmannes, so heißt es, kommen Christus entgegen und „baten ihn inständig" um die Heilung des Kranken. Und als sie später in das Haus zurückgekehrt waren, stellten sie fest, dass „der Diener gesund war". Eine plötzliche Heilung im Krankenhaus wäre ein ganz seltenes Ereignis, hier aber, außerhalb des Krankenhauses, kommt es zu einer plötzlichen Heilung als Antwort des Herrn auf den Glauben und das Vertrauen des römischen Soldaten.

In diesem Zusammenhang aber möchte ich Sie daran erinnern, dass der vertrauensvolle Glaubensakt des römischen Hauptmannes sogar in die Liturgie der Kirche beim Gottesdienst eingegangen ist; denn, so hieß es: „Herr, bemüh dich nicht ... ich bin nicht würdig, dass du eingehst unter mein Dach (dass du mein Haus betrittst) ... sprich nur ein Wort und mein Diener wird gesund." – Dieses Wort eines römischen Soldaten – er war also kein frommer Israelit, der von den Propheten und vom Alten Bund wusste – ist zudem ein Beispiel, dass religiöses Ahnen und Sehnsucht im Herzen eines jeden Menschen verborgen ist. Und Christus selber, so das Evangelium, staunte über diesen Mann.

Lassen Sie mich aber damit ein Wort zum Thema Ihrer Tagung sagen. Der Seelsorgedienst, zu dem Sie im Bewusstsein Ihrer Verantwortung ja gesagt haben, war am Beginn meiner Zeit als Erzbischof von Wien in den öffentlichen Krankenhäusern nicht gerne gesehen und wurde wie eine Art Fremdkörper angesehen. Dass Ihr Dienst heute ein geachteter, ein geschätzter Beitrag im Komplex des Krankenhausbetriebes ist, ist nicht nur die Frucht einer guten und geordneten Organisation, sondern wohl auch der Auswahl, Vorbereitung und des Einsatzes der Frauen und Männer in diesem nicht leichten pastoralen Dienst. Dazu möchte ich Ihnen meine persönliche Anerkennung und meinen Dank aussprechen. Ich tue dies aber auch im Namen des Wiener Erzbischofs Kardinal Schönborn sowie aller österreichischen Bischöfe.

Der Mensch steht für Sie im Vordergrund ohne Unterschied, ob er gesund oder wie sehr er krank ist, welchen Beruf er hat und welchen Grad der Hilfsbedürftigkeit er beansprucht. Jeder Mensch ist geschaffen nach Gottes Bild und Gleichnis und die Gottesliebe kann ich als Christ nicht von der Nächstenliebe trennen. Und Christus selber verdeutlicht dieses Gebot: „Was ihr für einen der Geringsten meiner Brüder getan habt, das habt ihr mir getan." Benedikt von Nursia stellt in seiner Regel fest: „Kranke sind wie Christus aufzunehmen", das heißt, sie verdienen den gleichen Respekt, wie wenn Christus selbst an die Tür klopfte. Wenn ich nach Christi Wort und Beispiel meinen Weg gehen will, so trägt jeder Mensch den verborgenen Glanz des Antlitzes Christi. Darin liegt die Würde der menschlichen Existenz aus unserer Sicht, unabhängig vom Verhalten und von der Einstellung des Einzelnen. Dass jeder Mensch eine solche Würde besitzt, erkenne ich an meiner Bereitschaft jedem zu helfen. Ich mache es deutlich an meinem Respekt und meiner Zuneigung jedem Menschen gegenüber. Jedes Menschsein ist geprägt durch das Wort der Schrift: „Gott schuf den Menschen nach seinem Bild und Gleichnis." Dieses Wort hat das abendländische Bild, das öffentliche Bewusstsein, die gesellschaftlichen Strukturen eines ganzen Kontinents – Europa – durch Jahrhunderte geprägt. In der Aufklärung tritt der Mensch als Geschöpf Gottes zurück gegenüber dem Menschen als Herr der Welt und seiner Geschichte und er verändert das gesellschaftliche Verhalten durch die Loslösung vom Glauben an Gott und seine Schöpfung. Im Hintergrund aber bleibt die Würde des Menschen auf Grund der biblischen Schöpfungsordnung. Und von hier und nirgendwo anders leiten sich die allgemeinen Menschenrechte ab.

Dieses christliche Menschenbild, die Zeichen seiner Würde, schufen die Grundstrukturen der heutigen Krankenhäuser. Die Geschichte sagt uns, wie viel die geistlichen Krankenhäuser mit solchen Vorstellungen vom Menschen auch ein Modell geworden sind für das heutige Krankenhaus.

Es ist nicht zuletzt das Verdienst der Krankenhausseelsorge, durch ihren Dienst darauf hinzuweisen, dass der Patient nicht nur patiens – leidend – ist, sondern als Mensch eine einmalige Persönlichkeit, ein Ich und seiner selbst bewusst bleibt, mit seiner unantastbaren Würde und Eigenart. Dies umfasst Leib und Seele als Einheit und nicht als Teile, das persönliche Welt- und Menschenbild des Patienten. Seine gelegentliche Angst vor der Krankheit, seine Hilfsbedürftigkeit, seine Familien- und beruflichen Sorgen fließen als individuelle Lebensgeschichte in das Krankheitsbild dieses Menschen ein. Es ist die Art und Weise, wie jemand mit seiner Krankheit zurecht kommt. Was hier ein liebevolles, verständnisvolles Wort bewirken kann, wissen Sie sehr wohl.

Die Krankheit, vor allem auch die eigene Krankheit nicht nur negativ zu sehen und Kranksein als eine verlorene Zeit zu betrachten, ist daher aus einer solchen Sicht von großer Bedeutung. Die Einsicht, es geht hier nicht um ein schwer durchschaubares Schicksal, sondern die Krankheit kann oft ein Weg zu Reife und Läuterung sein, ist für die menschliche Reifung, nicht nur für den Krankheitsverlauf von entscheidender Bedeutung. Wichtig ist in diesem Zusammenhang aber auch die religiöse, die weltanschauliche Einstellung. Und dies weist wieder auf die Begegnung des Kranken, aber auch des Krankenhauspersonals mit dem Seelsorger hin.

Es geht um die wesentlich menschliche Frage: „Woher komme ich? Wohin gehe ich? Welchen Sinn hat mein Leben? Ja, welches ist das letzte und unsagbare Geheimnis meiner Existenz, aus dem ich komme und wohin ich gehe?“ Und in diesem Geheimnis leuchtet wieder etwas von der unzerstörbaren Würde des Menschen auf. So kann er seine persönliche, seine religiöse Antwort auf die Frage nach dem Warum der Krankheit finden. Denn der religiös orientierte Mensch sieht Gesundheit und Krankheit als Wegabschnitte, die in

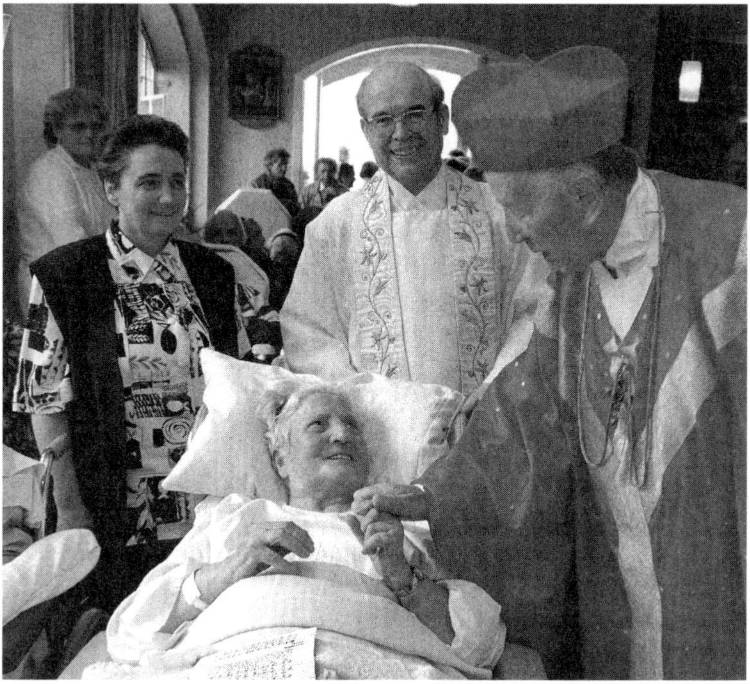

Besuch im Pflegeheim Baumgarten

seinem irdischen Dasein ineinander greifen; sie verweisen den kranken wie den gesunden Menschen auf seine eigentliche Bestimmung und sein letztes Ziel. Der einsichtige Arzt, die Mitglieder des Pflegeteams, aber auch die Verwaltung des Krankenhauses erkennen heute sehr wohl, wie sehr eine religiöse Sinngebung für das Verständnis von Gesundheit und Krankheit wesentlich ist.

Vor einigen Jahren bezeichnete eine Tagung der Krankenhausanstalten ihr Anliegen: „Der Mensch ist das Maß." Die Krankenhausseelsorge zeigt auf diesen Satz bewusst oder unbewusst immer wieder hin: Der Mensch – in allen seinen Dimensionen – ist das Maß.

Ihre Anwesenheit allein, mehr noch Ihr Dienst macht es deutlich: Gerade im modernen Betrieb des Krankenhauses geht es letztlich immer um den Menschen mit seinen existenziellen Sorgen und Fragen. Und so ist Ihr Dienst ein Hinweis auf die größeren Zusammenhänge, auf die Liebe Gottes zu seinen Geschöpfen, den Menschen und ihre Würde, durch die sichtbare Verbindung von Nächstenliebe und Gottesliebe. Damit geben Sie jedem Menschen – ganz gleich wer er ist – Hoffnung und Zuversicht auch im grauen Alltag des Krankenhauses mit allen seinen Schwierigkeiten.

[Ansprache auf der Tagung der Krankenhausseelsorge Lainz, 21. Feber 1999]

Der Sinn des Leidens

Als Gast und Laie am Rande Ihres Onkologenkongresses möchte ich Ihnen danken, dass Sie mich eingeladen haben heute hier zu sprechen und dass Sie damit auch den geistig-religiösen Gesichtspunkt in Ihren Kongress mit einbezogen haben – was für die Medizin nicht immer selbstverständlich war. Zugleich will ich aus diesem Anlass auf die erstaunlichen Fortschritte der Medizin hinweisen, nicht nur in Ihrem Fachbereich, sondern in der Medizin allgemein, um an Krebs erkrankten Menschen zu helfen. Andererseits ist sich aber auch die Medizin bewusst, dass, bei allem Fortschritt und Ausbau von Spezialfächern, es nie gelingen wird, das Leid und den Schmerz ganz aus der Welt des Menschen zu verbannen. Daher wird auch immer der Mensch selbst, nicht nur seine Krankheit, im Mittelpunkt stehen mit all den dazugehörigen Fragen nach dem Sinn des Leidens und der Krankheit. Aus diesem Grund wird, neben dem Arzt, immer auch der seelsorgliche und priesterliche Dienst im weiteren Sinne eine menschliche Notwendigkeit bleiben. Weil man das Leid nicht verdrängen kann, verdrängen soll, soll man dies auch nicht versuchen. Weil man vor dem Leid nur scheinbar flüchten kann, soll man sich ihm und der damit verbundenen Frage nach dem Sinn des Leides stellen, sonst kommt man nicht zur Ruhe.

Die Frage nach dem Sinn des Leidens, das heißt, die Lösung der damit verbundenen Probleme, gehört auch zu den großen Themen der Weltliteratur in Gegenwart und Vergangenheit. Das Leid der Unschuldigen, die Frage nach dem Sinn und Unsinn des Lebens und Sterbens kommt in dem großen Roman *Schuld und Sühne* von Dostojewski ebenso zur Sprache wie bei Albert Camus *La Peste*. Hier finden wir einerseits Hinweise auf die Absurdität der Welt, womit die Autoren den Atheismus rechtfertigen wollen. Es finden sich aber auch positive Antworten auf die gestellte Frage nach dem Sinn des Leides. Sie wird etwa in literarischen Skizzen und Hinweisen angedeutet, dass Leid für die dort handelnden Personen einen Läuterungsprozess beinhalte, womit in einem solchen Zusammenhang das Leid verständlich gemacht, positiv gedeutet werden kann. – Im zweiten Teil des *Faust* etwa erfolgt die Läuterung und Sinndeutung des leidvollen Weges durch ein Hinfinden zum ersehnten Ziel. Bei Hermann Hesse in seinem Roman *Siddhartha* endet das schmerzliche und leidvolle Suchen nach dem Sinn des Lebens mit einem Hinfinden zu einer höheren Wertordnung. Eine menschliche Läuterung kann durch das Leid wieder auf verschiedene Weise erfolgen: Bei Dostojewski geschieht es durch das Einwirken anderer Menschen, bei Gertrud von Le Fort ist es die Gnade Gottes, die der *Letzten auf dem Schafott* Einsicht und Kraft verleiht auf diesem ihrem letzten Gang. Auch Khalil Gibran weist diesen Weg der Erkenntnis.

Aus der Sicht des menschlichen Alltags, vor allem auch im Krankenhaus, sind Krankheit und Leid eine Herausforderung, der sich der Patient je nach seiner Situation stellen muss. Es kann zu einer Art Lebenskrise kommen, vor die der Kranke bewusst oder unbewusst gestellt wird: Nämlich die Erkenntnis, dass nicht nur mein Leben, sondern jedes menschliche Leben begrenzt und zerbrechlich ist. Am Leid kann man daher zerbrechen oder auch reifen. Das Leid als Möglichkeit und als Wirklichkeit gehört zum ganzen Leben des Menschen, zur menschlichen Existenz. Eine solche Einsicht befreit von mancher Illusion des jungen und des gesunden Menschen. So kann eine Korrektur des Lebens erfolgen, die bescheiden, dafür aber auch in einer bis dahin nicht gekannten Art und Weise zufrieden macht. Das Gespräch des Kranken mit dem Arzt, der Schwester, dem Seelsorger erscheint hier besonders wichtig, um dem Fragenden, je nach Einstellung und gegebenen Lebensumständen und Möglichkeiten eine Antwort zu geben. Wichtig ist daher, sich dafür die notwendige Zeit zu nehmen. Hier kennt man die Bedeutung des seelsorglichen Gesprächs, wenn man dafür Zeit und Geduld hat.

Noch wichtiger ist es die weltanschauliche Einstellung des Patienten zu kennen: Ist er auf der Suche nach einer religiösen Antwort oder lehnt er die Gottesfrage grundsätzlich ab. Das sind zwei sehr verschiedene Ausgangspositionen, die man nicht verdrängen kann. Leichter für den Seelsorger ist der erste Fall. Im zweiten Fall wird er aus Respekt vor der Würde der menschlichen Entscheidung auf humanistischer Ebene ihm Verständnis, Zuneigung und Liebe entgegenbringen. Letztlich ist jeder Mensch ein Geheimnis und niemand weiß, was auch in einer solchen Gesprächssituation im Herzen vor sich geht. Jeder Seelsorger könnte dazu vieles aus seiner Erfahrung erzählen.

Wenn es so gelingt, dem Leidenden, dem Kranken zu einer neuen Orientierung auf seiner Wegstrecke zu verhelfen, dann ist dies nicht nur für den Kranken ein helles Licht auf einem dunklen Weg. Denn die französische Philosophin Simone Weil meint in ihrem Buch *Das Unglück und die Gottesliebe* sehr treffend: „Nichts ist erniedrigender als sinnloses Leid."

Heute gehört die Sinnfrage, über die Existenzphilosophie hinaus, zu den großen Themen auch der Psychotherapie. Die sinnorientierte existenzanalytische Psychotherapie von Viktor Frankl hat in der Logotherapie eine neue Richtung begründet. Die Frage nach dem Sinn des Daseins ist zwar nicht identisch mit der Frage nach Gott, wohl aber führt sie in die unmittelbare Nähe. Es geht nicht darum irgendeinen Sinn zu finden, sondern es geht vor allem darum, für mich selbst einen solchen zu finden, das heißt, den Sinn meines Lebens zu finden.

Jedes Leid ist ein persönliches Ereignis, das nicht verallgemeinert werden kann, sodass es dem bloß naturwissenschaftlichen Denken völlig entgeht.

Es ist das große Verdienst von Viktor Frankl – mit seinem besonderen Gespür für Defizite in der menschlichen Seele – auf Grund seiner persönlichen Erfahrung in den Konzentrationslagern die Sinnfrage in den Mittelpunkt gerückt zu haben. Die Subjektivität der Normen und Traditionen, die Relativität menschlicher und religiöser Werte in der öffentlichen Meinung haben zu einer Unsicherheit im Leben vieler Menschen geführt. Als Folge entsteht innere Leere, Langeweile, Ziellosigkeit mit Neigung zu Depression und Suchtgefahren. Darum steht heute die Sinnfrage nicht nur am Krankenbett, sondern in unserer menschlichen Umwelt im Mittelpunkt vieler Fragen. Aus einer solchen Sicht gehört letztlich die Gottesfrage zur Sinnfrage des menschlichen Lebens. In seinem Buch *Der unbewusste Gott* hat der Begründer der Logotherapie gezeigt, dass die Sinnfrage auch zur Gottesfrage hinführt.

Wie sehr Religion und die Frage nach dem Sinn in einem Zusammenhang stehen, zeigt uns ein schöner Text des Zweiten Vatikanischen Konzils, den ich oft zitiere: „Die Menschen erwarten von den verschiedenen Religionen Antwort auf die ungelösten Rätsel des menschlichen Daseins, die heute wie von je die Herzen der Menschen am tiefsten berühren: Was ist der Mensch? Was ist Sinn und Ziel unseres Lebens? ... Woher kommt das Leid und welchen Sinn hat es? Was ist der Tod ... und die Vergeltung nach dem Tode? Und schließlich: Was ist jenes letzte, unsagbare Geheimnis unserer Existenz, aus dem wir kommen und wohin wir gehen?“ (Nostra aetate, Nr. 1)

Wenn ich nun als Christ eine Sinndeutung des Leidens im Leben der Menschen versuche, so schlage ich zuerst einige Stellen aus dem Alten Testament auf. Das Alte Testament mit seinem Glauben an einen Gott und Vater im Himmel als Ausgangspunkt für das Neue Testament ist die Voraussetzung für die Botschaft Jesu Christi. Die Bücher des Alten Testamentes nehmen das Leid, das Leiden ernst. Sie verharmlosen es nicht, sie verbinden damit ein tiefes Mitgefühl. Sie sehen darin ein Übel, das nicht sein sollte. Überall begegnen wir dem Aufschrei der Kreatur, der Klage, dem Anklagen und Rufen, nicht nur im Buche Ijob, sondern ebenso in den Psalmen und einer dadurch charakterisierten Gattung von Schriften, den Klageliedern.

Das Neue Testament schließt an Jesaja 25,8f. an, wo es heißt: „Er beseitigt den Tod für immer. Gott, der Herr wischt die Tränen ab von jedem Gesicht ... auf ihn haben wir unsere Hoffnung gesetzt, er wird uns retten.“ Das Neue Testament greift die Hoffnung und das Zeugnis des gekreuzigten und auferstandenen Jesus von Nazareth auf, um aus der Unheilssituation der Menschen aufzubrechen, in jener Heilsperspektive, die der gekreuzigte und auferstandene Jesus von Nazareth verheißen und bezeugt hat.

Mit diesen kurzen Hinweisen auf die Problematik des Menschlichen, mit der sich der Arzt am Beginn eines neuen Millenniums in gleicher Weise konfrontiert sieht als etwa der Verfasser des Hippokratischen Eides, möchte ich um Verständnis bitten, dass es keine einfachen Antworten gibt auf die hier gestellte Frage nach dem Sinn des Leides. Vieles hat sich verändert in Diagnose und Behandlung der Krankheit, gleichgeblieben aber ist der Mensch in seinem Elend und in seiner Größe. Am Krankenbett stehend schöpfen wir nicht selten Kraft aus dem Ringen des Kranken um seine eigene Sinnfrage; am Krankenbett stehend gehört es aber auch zu den großen menschlichen, nicht nur medizinischen Herausforderungen, dem Kranken so beizustehen, dass er seine Würde nicht verliert, ja, dass er vielleicht sogar inmitten seiner Not auf eine neue Weise zu sich und dem Sinn seines Weges zurückfindet.

[Rede auf dem Onkologenkongress, 9. März 2000]

Menschenwürde bis zuletzt

Im Rahmen Ihrer Enquete darf ich Sie alle herzlich begrüßen und aus meiner Sicht kurz auf die größeren Zusammenhänge Ihrer Arbeit innerhalb der Hospizbewegung hinweisen.

Die rasche Ausbreitung der Hospizbewegung seit den Siebzigerjahren – im deutschen Sprachgebiet allein wurden vor zwei Jahren an die vierzig Hospize und Palliativstationen gezählt – hängt wohl auch mit dem gesellschaftlichen Umfeld, mit dem Welt- und Menschenbild unserer Zeit zusammen. Einerseits wissen wir alle, wie sehr ein ausgeprägter Individualismus die gesellschaftlichen Bindungen gelockert hat; andererseits liegt es nahe, auf die großen Fortschritte der modernen Medizin im Spannungsfeld von Naturwissenschaft und Geisteswissenschaften hinzuweisen.

Aber je mehr die Medizin kann, umso mehr stellt sich dann auch die Frage: Ja, soll man, darf man das alles machen, was man heute in der Medizin machen kann? Hier begegnen sich Medizin und Ethik in dem Bemühen, nach Normen und Prinzipien Ausschau zu halten, die zu erkennen geben, was moralisch noch gut, was recht ist oder was moralisch schlecht und daher abzulehnen ist. Eine solche Ethik wendet unseren Blick auf den ganzen Menschen, auf das gesamte menschliche Handeln in Freiheit und Verantwortung. Das heißt, in der Medizin geht es um solche allgemeine Grundsätze, wie sie sich bereits im Dekalog finden: Du sollst nicht töten, du sollst nicht lügen – oder, wie es in der Bergpredigt zusätzlich heißt: Alles was ihr von anderen erwartet, das tut auch ihnen. Durch solche Überlegungen wird der ganze Mensch, vom Anfang bis zum Ende, auch in der modernen Medizin wieder mehr in die Mitte gerückt. Die Begleitung und Betreuung des Menschen in seiner letzten Lebensphase wurde von der Hospiz-Idee deswegen aufgegriffen, weil die moderne Medizin zum Teil die letzte Lebensphase des Menschen in ihrer Bedeutung für das Ganze zu wenig beachtet oder als medizinisch uninteressant beiseite geschoben hat.

Vor etwas mehr als dreißig Jahren, das heißt, 1966, haben die vereinten Nationen einen „Pakt über bürgerliche und politische Rechte" veröffentlicht. Dabei wurde besonders darauf hingewiesen, dass eine Begründung der allgemeinen Menschenrechte nur aus der dem Menschen inne wohnenden Würde abzuleiten sei. Menschliche Würde als Grundlage der allgemeinen Menschenrechte gilt als eine grundsätzliche Orientierung für eine medizinische Ethik. Die Würde des Menschen, die zur Wurzel der menschlichen Existenz gehört und die diese Existenz vom Anfang bis zum Ende erfasst, kennt keine Unterschiede der Lebensphasen, weil sie alle von der menschlichen Würde umfasst sind.

Die Hospizbewegung versteht sich in ihren Grundsätzen als eine überkonfessionelle Begleitung, in einer respektvollen Achtung vor der Einmaligkeit und Würde eines jeden menschlichen Lebens, vor seinem Leben wie vor seinem Sterben. Aufgabe einer Palliativmedizin ist es, in dieser Phase die Lebensqualität nach Möglichkeit zu verbessern, ohne damit die Lebenszeit selber aber manipulieren zu wollen. Das gilt sowohl in Bezug auf eine sterbensverlängernde Therapie sowie in Bezug auf eine Euthanasie als aktive Sterbehilfe. Beides verstößt gegen die Würde des Menschen: sowohl die künstliche Verlängerung seines Sterbens als auch die bewusste Tötung in der Form der Euthanasie. So erteilen Hospizbewegung und Palliativmedizin – gerade in unserer Zeit und unserer multikulturellen Gesellschaft, mit unterschiedlichen religiösen und weltanschaulichen Standpunkten – der aktiven Sterbehilfe in welcher Form auch immer eine eindeutige Absage und unterstreichen ganz bewusst die

Bedeutung der Zuwendung und menschlichen Nähe in Grenzsituationen des Lebens.

Dies festzuhalten erscheint mir besonders wichtig angesichts eines kürzlich veröffentlichten „Manifests für Selbstbestimmung“, mit welchem Ärzte und Juristen in Österreich Straffreiheit für aktive Sterbehilfe erreichen wollten.

Diese Konflikte weisen auf die beiden bekannten Vorstellungen vom Menschen hin: Das humanistische Weltbild geht von rein menschlichen Voraussetzungen einer allgemeinen Ethik aus; das religiöse Menschenbild aber, ich meine das christliche Menschenbild, nimmt Bezug auf die Schrift, das Buch der Genesis, wo es heißt: Gott schuf den Menschen nach seinem Bild und Gleichnis. Aus der europäischen Geschichte wissen wir, wie sehr das christliche Menschenbild in seiner Gottesebenbildlichkeit die Würde des Menschen im Einzelnen wie in der menschlichen Gesellschaft zur Grundlage der christlichen Abendlandes gemacht hat.

Eine an sich überkonfessionelle Hospizbewegung wird weithin getragen von der Caritas der einzelnen Länder, von den Werken der Diakonie in den evangelischen Kirchen sowie vom Malteser Hilfsdienst.

Die Würde des Menschen, die durch Ihre Bewegung wieder in den Mittelpunkt gerückt wurde, beeinflusst auch – und das ist eine erfreuliche Feststellung – das Klima in der Medizin. Das heißt, die Frage nach dem Sinn des Lebens, nach dem Sinn der Krankheit wird auch im Interesse des Patienten zur Kenntnis genommen und neu gestellt. Denn jeder Patient ist und bleibt als Mensch eine einmalige Persönlichkeit, ein „Ich“ und seiner selbst bewusst, mit seiner unantastbaren Würde und Eigenart, vom Anfang bis zum Ende. Ja, die letzte Lebensphase ist oft entscheidend für eine abschließende Orientierung und Antwort auf letzte Lebensfragen.

Der Arzt stellt, wie man weiß, oft fest: Im Heilungsprozess kommt es sehr darauf an, was ein Patient aus seiner Krankheit macht oder wie er mit seiner Krankheit umgeht bzw. wie er sein eigenes Lebensende, sein Sterben in die Überlegungen während seiner Krankheit mit einbezieht. Denn ein Ausklammern des Gedankens an das Lebensende kann ihn oft mehr belasten als eine Auseinandersetzung damit im verständnisvollen Gespräch. Es erscheint mir wichtig, darauf hinzuweisen: Menschliche Größe liegt nicht nur in Gesundheit und Leistung, sondern ebenso in der Art und Weise, wie jemand mit seiner Krankheit, mit dem Wissen um seine Grenzen, zurechtkommt. Was hier ein liebevolles Wort bewirken kann, wissen Sie alle wohl besser. So gesehen ist Krankheit nicht nur negativ zu sehen und krank zu sein nicht nur eine verlorene Zeit. Sie ist nicht bloß ein schwer durchschaubares Schicksal, sondern sie kann oft ein Weg zu Reife und Läuterung sein, im Wissen um die Einmaligkeit und Würde eines jeden Menschen; dabei hängt viel von der religiösen bzw. weltanschaulichen Einstellung ab.

Inmitten des großen medizinischen Fortschrittes mit fast unglaublichen Heilerfolgen konnte es geschehen, dass die Krankheit als medizinischer Fall alles so sehr beherrschte, dass der Patient, der Mensch selber, mit seinen seelischen Nöten und Sorgen gerade auf dieser Wegstrecke allein gelassen wurde. Und gerade dort, wo die Medizin im technischen Sinne nicht mehr helfen kann, darf das nicht sein. Wir wissen aus Erfahrung, dass in solchen Stunden oft alles getan wurde, getan wird, um der Wirklichkeit des Todes nicht ins Antlitz schauen zu müssen. Aber das Rätsel des Todes bedrückt den Patienten und seine Angehörigen, auch wenn dies in der Regel nicht in Worte gefasst werden kann. Und so rückt die Hospiz-Idee den Menschen selber, jenseits der Grenzen der Medizin, ganz in den Vordergrund.

Viktor Frankl war es, wie Sie wissen, der mit seinen zehn Thesen in seinem Buch *Der Wille zum Sinn* als Psychologe auf die Bedeutung der Sinnfrage im menschlichen Leben aufmerksam gemacht hat. Das gilt für den gesunden, aber ebenso oder noch mehr für den kranken Menschen. Es geht um die Frage: „Woher komme ich, wohin gehe ich, welchen Sinn hat mein Leben. Welchen Sinn hat das Leid? Welches ist das letzte und unsagbare Geheimnis meiner Existenz, aus dem ich komme und wohin ich gehe?" Eine Antwort auf solche Fragen kann gerade in der letzten Lebensphase von schicksalhafter Bedeutung sein.

Letztlich steht der Gesunde wie der Kranke vor der Entscheidung, Glaube und Leben miteinander zu verbinden. Erst hier, im innersten Bezirk seines Denkens, findet der Mensch seine persönliche und damit seine religiöse Antwort. Er erkennt Gesundheit und

Krankheit als Wegabschnitte, die in seinem irdischen Dasein ineinandergreifen; sie verweisen ihn auf seine eigentliche Bestimmung und sein letztes Ziel. Und so wird die Krankheit, ich zitiere Viktor von Weizsäcker, für den Kranken „eine Etappe auf dem Weg zu seiner eigenen Bestimmung".

Zu den bleibenden Erinnerungen meiner eigenen frühen Kindheit gehört es, am Bette eines sterbenden Verwandten gestanden oder gekniet zu sein, um mit dem Kranken im Gebet das letzte Stück Weges zu gehen, in menschlicher Geborgenheit und Fürsorge. Mit Kinderaugen konnte ich sehen, wie das Leben am Ende in Ruhe, Gelassenheit und Frieden heimkehrt zum Schöpfer, von dem es ausgegangen ist.

In den vergangenen Jahrzehnten hat sich aber in dieser Hinsicht manches geändert. Aber den Tod aus dem menschlichen Leben wegzuschieben, hat sich nicht als Fortschritt, sondern als Rückschritt erwiesen. Das hat die Gründerin des Londoner Hospizes erkannt und die weltweite Entwicklung der letzten zwanzig bis dreißig Jahre hat ihr Recht gegeben.

In diesem Sinn hat sich Ihre heutige Enquete mit wesentlichen Aufgaben zwischenmenschlicher Verbindungen beschäftigt: den Menschen zu helfen, auch dort, wo die Medizin an den Grenzen ihres Könnens angelangt ist, und sie in die Lage zu versetzen, diesen Lebensfragen nicht auszuweichen, sondern ihnen vielmehr in Würde zu begegnen. In dieser Würde, die sich ableitet von der Tatsache, dass alle Menschen zu allen Zeiten und in allen Lebenssituationen Kinder und Ebenbilder Gottes sind.

[Enquete anlässlich des Abschlusses des ersten österreichischen Palliativlehrganges im Kardinal König-Haus, 30. Oktober 1998]

Religion gehört zum Wesen des Menschen

Als ob es keinen Gott gäbe ...
Religiöser Indifferentismus und Monotheismus

In unserem vom Christentum durch Generationen geprägten Europa stellt sich heute die Frage, ob Religion noch Zukunft habe oder wie weit der Gottesglaube – der heute zu einer Gottesfrage geworden ist – das Welt- und Menschenbild von morgen noch bestimmen werde; Glaubenskrise und Säkularisierung gehören daher zum Thema dieses Kongresses. In unserer säkularisierten Welt eines vorwiegend westlichen Europa – in anderen Kontinenten ist die Situation zum Teil wieder ganz anders – steht der Mensch mit seiner Frage nach dem Sinn seines Lebens vor vielen Fragezeichen. Die Antworten auf solche Fragen sind verschieden, sie konvergieren zumeist in der Feststellung: Transzendieren ja, aber Transzendenz nein, wie es der Philosoph Ernst Bloch in seinem Buch *Das Prinzip Hoffnung* ausdrückte, und dies wurde zur Parole: Religion ja, Gott nein.

Ein Atheismus mit seinem Widerspruch, nicht nur gegen die Erkennbarkeit, sondern gegen die Existenz Gottes selbst, ist durch zwei Weltkriege, durch das Scheitern einer rassistisch-nationalistischen Ideologie und schließlich durch den Zusammenbruch des kommunistischen Imperiums in große Schwierigkeiten gekommen. In der Form des Agnostizismus und Skeptizismus hat er den Prozess einer europäischen Säkularisierung im Sinne der Aufklärung und der Französischen Revolution aber weiterhin beeinflusst.

Das Zweite Vatikanische Konzil ist ausführlich auf die Formen eines praktischen Atheismus eingegangen, um zu zeigen, wie dadurch der religiöse Indifferentismus, die religiöse Gleichgültigkeit, gefördert wurden. Religiöse Indifferenz ist eine Lebensform, „als ob es keinen Gott gäbe" und zeigt sich in naturwissenschaftlichen, technischen Forschungen, wo Gott weder bejaht noch verneint wird, um damit einem areligiösen Klima zu entsprechen.

Der Konzilstext spricht aber auch davon, dass ein Teil der Verantwortung für das Entstehen des modernen Atheismus mit seiner agnostischen Ausprägung auch bei den Christen, bei der Kirche sel-

Abendessen in der Hofburg zu Ehren des Präsidenten der russischen Föderation Wladimir Wladimirowitsch Putin und seiner Frau Ludmila Alexandrowna Putina, 8. Feber 2000

ber zu suchen sei: „Der Atheismus, allseitig betrachtet", so der Konzilstext, „ist nicht eine ursprüngliche und eigenständige Erscheinung; er entsteht vielmehr aus verschiedenen Ursachen, zu denen auch die kritische Reaktion gegen die Religionen und zwar in einigen Ländern vor allem gegen die christliche Religion zählt. Deshalb können an dieser Entstehung des Atheismus die Gläubigen einen erheblichen Anteil haben, sofern man sagen müsse, dass sie durch Vernachlässigung der Glaubenserziehung, durch missverständliche Darlegung der Lehre oder auch durch Mängel ihres religiösen, sittlichen und gesellschaftlichen Lebens das wahre Antlitz Gottes und der Religion eher verhüllen als offenbaren." (GS, Nr. 19). – Soweit der Konzilstext zum Thema der Mitschuld der Christen am Atheismus.

Im Fahrwasser der Aufklärung wuchs um die Wende zu unserem Jahrhundert, neben der Theologie und unabhängig von ihr, eine eigene Religionswissenschaft, die der philosophischen Evolutionsthese verhaftet war. Damit vertrat man die Meinung, das Christentum sei eine Religion wie alle anderen, sei so gut oder so schlecht wie alle anderen. Erst später erkannte man, dass eine monotheistische Gottesidee, das heißt, der Glaube an einen Gott als Schöpfer des Himmels und der Erde, gerade für religiöse Fragen von entscheidender Bedeutung sei.

Heute nun stehen wir vor dem Phänomen, dass eine vordergründige religiöse Indifferenz sich in einem merkwürdigen Gegensatz zu einem tiefer liegenden Interesse befindet, ja, zu einer religiösen Sehnsucht des Menschen, wie sie sich heute in einer Vielzahl von neureligiösen Bewegungen und Sekten offenbart. Die Menschen unserer Tage erfahren das religiöse Defizit in weiterer Sicht auch als ein menschliches Defizit. Denn, wie das Konzil sagt: Die Wahrnehmung und Anerkennung einer höchsten Gottheit „durchtränkt das Leben der Menschen mit einem tiefen religiösen Sinn" (NA, Nr. 2).

Zu diesem Gegensatz zwischen religiösem Indifferentismus und religiöser Sehnsucht unserer Tage ergeben sich einige Überlegungen:

1. Wenn wir das Buch der Geschichte der Menschheit und ihrer Kulturen aufschlagen, so stellen wir fest: Überall und zu allen Zeiten haben sich Menschen suchend, fragend und bittend an ihre Gottheit, an ihre Götter gewandt, um damit auch indirekt oder direkt die Sinnfrage ihres Lebens zu beantworten, eine Orientierung des Lebens zu finden. – In diesem Zusammenhang ist die Feststellung des Zweiten Vatikanischen Konzils von Bedeutung, wo es heißt: „Die Menschen erwarten von den verschiedenen Religionen eine Antwort auf die ungelösten Rätsel des menschlichen Daseins, die heute wie eh und je die Herzen der Menschen am tiefsten bewegen: Was ist der Mensch? Was ist der Sinn und Ziel des Lebens? ... Was ist der Weg zum wahren Glück? Was ist jenes letzte, unsagbare Geheimnis unserer Existenz, aus dem wir kommen und wohin wir gehen?" – Damit erinnert uns das Konzil daran, dass alle Religionen in ihrer Verschiedenheit des Kultes und der Ausdrucksformen etwas besitzen, das ihnen allen gemeinsam ist, nämlich die Frage nach dem Sinn und dem Geheimnis des Lebens.

Auf die Verwurzelung der Religion im menschlichen Leben finden wir entsprechende Hinweise auch bei den Vertretern der Psychotherapie. Ich denke hier zum Beispiel an Viktor Frankl als Vertreter der

Existenzanalyse, der in seinem Buch *Der unbewusste Gott. Psychotherapie und Religion* darauf hinweist, dass er auf Grund seiner praktischen ärztlichen Erfahrung eine „unbewusste Religiosität“ im Menschen erkannt habe und dies „im Sinne einer unbewussten Gottesbezogenheit“ verstehe. Dies sei, so meinte er, eine oft latent bleibende Beziehung zum Transzendentalen.

So sind es heute nicht mehr nur die christlichen Apologeten, sondern – für unsere Zeit vielleicht wirksamer – die Psychotherapeuten, die uns sagen, dass der Mensch ein Wesen ist, das über sich hinausreicht durch das Bewusstsein unterwegs zu sein, frei zu sein und dafür Verantwortung zu tragen.

2. Angesichts unserer säkularisierten, religiös indifferenten Umwelt hat man allerdings oft übersehen, dass Religion vor allem mit dem Menschen und der menschlichen Gemeinschaft zu tun hat; man hat Religion zu ausschließlich als ein wissenschaftliches Gedankengebäude verstanden. Der religiöse Glaube aber braucht zwar ein religiöses Wissen, das sich in vielen Büchern finden lässt; das allein aber genügt nicht, denn Religion wurzelt letztlich im Menschen selber und ist so vor allem eine existenzielle Frage.

Religion ohne Mensch ist etwas Totes, ist wie ein leeres Haus ohne Bewohner. Alle hinterlassenen religiösen Spuren in ihrer Vielfalt der Deutung müssen mit dem in Verbindung gebracht werden, von dem sie stammen, das heißt, vom Menschen. Mit Recht sagt man daher heute, dass die Wissenschaft der Religion eine Wissenschaft des religiösen Menschen ist, und das heißt wiederum, dass der Mensch in Vergangenheit und Gegenwart, in allen Kulturepochen der Weltgeschichte sich von religiösen Mächten, einem höchsten Wesen abhängig wusste und weiß und das Ziel seines Weges daher in einer anderen Welt erahnt.

Wenn daher persönliche Erfahrung in der eigenen Religion fehlt – und das betrifft heute besonders die Familien –, ist die große Fülle religionsgeschichtlicher beziehungsweise religionswissenschaftlichen Wissens oft ein totes Wissen. Erst in Verbindung mit persönlicher Erfahrung, mit persönlicher Religiosität im Sinne christlichen Glaubens und eines persönlichen Gebetes kann religiöses Wissen zu einer großen Bereicherung und Orientierung des Lebens werden.

3. Die steigende Zahl neuer religiöser Bewegungen und Sekten, was zweifellos viele Probleme mit sich bringt, ist ein sehr deutlicher Hinweis darauf, dass die Aussagen der Politik, der Wirtschaft und der Wissenschaft die Frage nach dem Sinn des Lebens für den Einzelnen letztlich nicht beantworten können. Und ohne eine solche Antwort für den Einzelnen werden Politik, Wirtschaft und auch Wissenschaft selbst orientierungslos. Hier muss man aber auch die Frage stellen: Wie weit erreicht die christliche Botschaft die Menschen von heute überhaupt?

4. Religiöse Indifferenz ist nicht selten ein Zeichen persönlicher Unsicherheit, die ihre Ursache in einer großen Unwissenheit auf dem Gebiet des Religiösen hat. Verstärkt wird diese innere und äußere Gleichgültigkeit durch ein negatives Bild der katholischen Kirche, der christlichen Kirchen in der Öffentlichkeit. Menschliches Versagen, soweit es den Tatsachen entspricht, wird leicht verallgemeinert und erfährt kein Korrektiv durch das Wissen um eine Glaubensgemeinschaft im Sinne des Konzils, das die Kirche als „eine komplexe Wirklichkeit, die aus menschlichem und göttlichem Element zusammenwächst“ (GS, Nr. 8), versteht.

Was folgt daraus? – Das Zweite Vatikanische Konzil, das die Kirche aus der Defensivhaltung des vorigen Jahrhunderts der Welt gegenüber, mit allen ihren Problemen, geöffnet hat, weist uns hier einen Weg. Es ist der Weg des Dialogs, wie ihn bereits Paul VI. in seinem Rundschreiben „Ecclesiam suam“ in seiner Bedeutung für Kirche und Welt besonders hervorgehoben hat. Der Dialog, bei dem es nicht nur um die Gottesfrage, sondern ebenso auch um Fragen und Probleme der Menschen von heute geht.

Dieser Hinweis des Konzils auf den Dialog war etwas ganz Neues. Denn in der europäischen Geschichte gab es bis dahin von Seiten der katholischen Kirche wenig Anlass sich mit solchen Fragen bzw. mit solchen Aufgaben weltweit auseinander zu setzen. Das Christentum war, trotz der beiden Spaltungen des 11. und 16. Jahrhunderts, praktisch das einigende Band, das dem Kontinent sein Gepräge gab.

Geschichte und Geografie Europas wurden aber auch zum historischen Schauplatz spannungsreicher Begegnungen vor allem der drei großen monotheistischen Religionen, das heißt, der Juden, Christen und Moslems. Europa und das Christentum – ich spreche hier als Vertreter der katholischen Kirche – haben aus der Geschichte gelernt und wissen heute um die Bedeutung des interreligiösen Dialogs gerade in Verbindung mit den drei großen monotheistischen Religionen.

So gesehen ergibt sich – und das von einer Seite, wo man es nicht erwartet – eine neue Herausforderung für die heute festgestellte religiöse Indifferenz: Ich meine das religiöse Gespräch, den religiösen Dialog. Ich meine den ökumenischen Dialog im Interesse der getrennten christlichen Kirchen, ich meine aber darüber hinaus vor allem den interreligiösen Dialog mit allen großen Religionen unserer Welt, zu wenig beachtet vor allem unter jenen drei monotheistischen Religionen.

Ein solcher interreligiöser Dialog als Zeichen religiösen Interesses in unserer Welt dient einerseits der gegenseitigen Verständigung, andererseits dem Abbau vorhandener Spannungen, Gegensätze und Vorurteile und damit dem Frieden. Ein solcher Dialog bedarf besonders des Respektes gegenüber der religiösen Welt des Gesprächspartners sowie der Aufrichtigkeit. Die Gefahr einer Vermischung der Religionen ist dabei keinesfalls gegeben – ein solcher Dialog ist vielmehr ein Ansporn die eigene Religion jeweils besser und tiefer verstehen zu lernen. – Ich erinnere hier an die Gottesfrage als Mittelpunkt aller Religionen, als Voraussetzung auch für die Frage nach Christus. Jeder ernsthafte Dialog verlangt aber Wissen und führt so hin zur existenziellen Frage eines jeden Menschen nach seinen eigenen religiösen Wurzeln.

So stellt gerade die Begegnung mit fremden Kulturen, das Gespräch mit anderen Religionen den Agnostiker, den religiös Indifferenten heute schließlich wieder vor die Frage: Und was hältst du selbst von der Religion, von deiner Religion?

[Ansprache auf dem Kulturkongress, 29. November 1996]

Jenseits und Diesseits. Die Frage nach Gott bleibt durch die Zeiten

Lassen Sie mich zuerst das Buch der Geschichte aufschlagen und feststellen, dass sich Menschen in der Vergangenheit, überall und zu allen Zeiten – Naturvölker, Hochreligionen verschiedener Kulturen – bittend und suchend an ihren Gott oder ihre Götter gewandt haben. Überall, wo Menschen uns Zeichen, Denkmäler ihres Lebens, hinterlassen haben, sehen wir Beweise dafür, dass sie ihrem Gott geopfert und ihn um Hilfe angefleht haben. In allen Kontinenten und Zeiten haben Menschen bittend und lobend, dankend und sühnend, vor der Gottheit, den Göttern, das Knie gebeugt, haben Formeln von Anrufungen und Gebeten hinterlassen, durch die wir heute noch einen Blick in das Innerste der Menschen längst vergangener Zeiten tun können.

Das schlichte Dankgebet der Yamana auf Feuerland, das Bittgebet in den ägyptischen Grabkammern, die auf kleinen Tontäfelchen in Keilschrift verewigten Klagerufe, die Anrufung des Himmels in China, die Bittgebete der Griechen und Römer um Sieg und Erfolg, die Formeln der Ergebenheit in den Büchern des buddhistischen Kanons, die Lobrufe an die Götter des awestischen und vedischen Pantheons in Indien und Persien sind ein vielstimmiges, nicht verstummendes Gloria, in Felsen geritzt, auf Ton geschrieben und in Stein gemeißelt. Sie sind ein ergreifendes Miserere und De profundis einer um Erlösung zu den Superi rufenden, um Hilfe von oben flehenden Menschheit vergangener Jahrtausende. So weit wir imstande sind den Weg menschlicher Lebensäußerung und Kultur durch die menschliche Geschichte zu verfolgen, so weit begleiten uns die Zeichen und Stimmen suchender und betender Menschen.

Sowohl der Einzelne wie der im gesellschaftlichen Gefüge lebende Mensch hatte immer Respekt vor einer unsichtbaren jenseitigen Welt. Das heißt mit anderen Worten: Der Mensch hat Religion nicht erfunden, sondern sie gehört zu seinem Leben, zu seinem Wesen in allen möglichen Formen, in allen Weisen seines Daseins.

Damit lege ich das Buch der Geschichte zur Seite und frage

bekannte Vertreter der Wissenschaft und Forschung in unseren Tagen um ihre Meinung. Ich wähle einen bekannten Biologen aus Frankreich und einen bekannten Atomphysiker aus Amerika. Der eine ist enttäuscht von der modernen Wissenschaft, weil sie ihm weder Weg noch Ziel zeigt, weil sie vielmehr ihre zerstörenden Kräfte dem Menschen in die Hand gibt; der andere ahnt durch die Größe und Schönheit des Universums den unsichtbaren Gott und Schöpfer.

Der französische Molekularbiologe und Nobelpreisträger Jacques Monod, *Zufall und Notwendigkeit,* stellt fest: Der Mensch von heute sei in der Gesamtschau der Evolution ein Zufallsprodukt und müsse endlich aus seinem tausendjährigen Traum erwachen, um „seine totale Verlassenheit, seine totale Fremdheit zu erkennen". – „Darum wendet der moderne Mensch sich von der Wissenschaft ab oder vielmehr gegen sie. Er kann jetzt ihre schreckliche Zerstörungskraft ermessen, die sich nicht nur gegen den Leib, sondern gerade auch gegen den Geist richtet." Dies ist das Bild eines einsamen Menschen, der weder Weg noch Ziel des Lebens kennt, denn er findet keine Antworten in der Religion.

Anders der Nobelpreisträger für Physik und Generaldirektor des Europäischen Forschungszentrums für Atomwissenschaft (CERN) namens Charles Rubia. Er stellt fest (ich zitiere die *Zürcher Zeitung* vom März 1992): „Wenn wir die Galaxien der Sternenwelt zählen oder die Existenz von Elementarteilchen beweisen, so sind das wahrscheinlich keine Gottesbeweise. Aber als Forscher bin ich tief beeindruckt durch die Ordnung und die Schönheit, die ich im Kosmos finde sowie im Inneren der materiellen Dinge. Und als Beobachter der Natur kann ich den Gedanken nicht zurückweisen, dass hier eine höhere Ordnung der Dinge im Voraus existiert. Die Vorstellung, dass dies alles das Ergebnis eines Zufalls oder bloß statistischer Vielfalt sei, ist für mich vollkommen unannehmbar. Es ist hier eine Intelligenz auf einer höheren Ebene vorgegeben, jenseits der Existenz des Universums selbst."

Zu einem ähnlichen Schluss kommt der größte Physiker des 20. Jahrhunderts, Albert Einstein. Er gehörte selbst keiner kirchlichen Gemeinschaft an. In seinem letzten Aufsatz *Science and Religion* stellt er fest: „Meine Religion besteht in meiner demütigen Bewunderung einer unbegrenzten geistigen Macht, die sich selbst in den kleinsten Dingen zeigt, die wir mit unserem gebrechlichen und schwachen Verstand erfassen können. Diese tiefe, emotionelle Überzeugung von der Anwesenheit einer geistigen Intelligenz, die sich im unbegreiflichen Universum eröffnet, bildet meine Vorstellung von Gott."

Und dazu will ich noch einen Menschen befragen, der es aufgegeben hat Gott zu suchen, der seine Hände beschwörend im Aufruhr gegen Gott erhoben hat. Es ist Friedrich Nietzsche, der Kämpfer gegen Religion und Glaube, der als Verfasser des „Antichrist" auf einer Suche war, jenseits von Gut und Böse den „Übermenschen" zu verkünden. Ich zitiere aus seinen Aphorismen, 285, eine Stelle, die uns einen Blick tun lässt in das Innere eines Menschen, der keinen Sinn mehr darin sieht, Gott oder ein höchstes Wesen anzuerkennen:

„*Du wirst niemals mehr beten, niemals mehr anbeten,*
niemals mehr im endlosen Vertrauen ausruhen.
Du versagst es dir, vor einer letzten Weisheit,
letzten Güte, letzten Macht stehen zu bleiben
und deine Gedanken abzuschirren.
Du hast keinen fortwährenden Wächter und Freund
für deine sieben Einsamkeiten.
Du lebst ohne den Ausblick auf ein Gebirge,
das Schnee auf dem Haupte und Glut in seinem Herzen trägt.
Es gibt für dich keinen Vergelter,
keinen Verbesserer letzter Hand mehr.
Es gibt keine Vernunft in dem mehr, was geschieht,
keine Liebe in dem, was dir geschehen wird.
Deinem Herzen steht keine Ruhestatt mehr offen,
wo es nur zu finden und nicht mehr zu suchen hat.
Du wehrst dich gegen irgendeinen letzten Frieden,
Mensch der Entsagung, in alledem willst du entsagen?
Wer wird dir die Kraft dazu geben?
Noch hatte niemand diese Kraft."

Ein solches Bekenntnis sagt uns, dass jeder Mensch – so auch der Mensch von heute – Sehnsucht hat nach etwas, das noch kommen muss, worauf er wartet, worauf er ungeduldig wartet, nämlich auf eine Antwort der Religion. Man sollte meinen, dass ein reiches Europa diese Sehnsucht gar nicht mehr nötig hat. Es scheint, dass wir schon alles haben – und doch ist gerade der Mensch unserer Breiten und unserer Zeit voll der Unruhe und Rastlosigkeit. Er sucht hektisch das Glück und ist voller Sehnsucht. Die einen suchen Hilfe beim Arzt, die anderen greifen zu Drogen oder Alkohol. – Was sucht der Mensch, was fehlt ihm? Was kränkt ihn so sehr, dass er sogar körperlich daran krank wird? Es ist immer wieder die Frage, die wiederkehrt: Welchen Sinn hat im Grunde mein Leben? Wer gibt mir letzte Antworten auf letzte Fragen?

Es gibt im Leben jedes Menschen lange Zeiten, da lebt er einfach dahin und stellt diese Fragen überhaupt nicht. Aber dann taucht plötzlich wieder diese Frage auf: Ist das wirklich alles? Diese Frage verschärft sich, wenn einer gerade das verliert, wofür er im Grunde gelebt hat: Wenn ein geliebter Mensch stirbt oder unheilbar erkrankt: das eigene Kind, der Partner, die Eltern. Oder wenn man selbst die Hand des Todes spürt.

Aber dann tauchen auch andere Erlebnisse auf: Es kommt der Tag, an dem der Mensch in seinem Leben Sinn erfährt. Vielleicht war es damals, als er zum ersten Mal erlebte, dass er gebraucht wird, dass er einmal wirklich helfen konnte. In solchen Augenblicken erfährt er, dass sein Leben sinnvoll ist, einen Sinn haben kann, einen Sinn, der über den Alltag seiner Existenz hinausweist.

In solchen Augenblicken erlebt der Mensch etwas Absolutes. Er kann nicht genau sagen, was es ist; er kann solche Erlebnisse nur beschreiben. Auch dies ist ein Hinweis darauf, dass die geheime Sehnsucht nach Gott in sehr vielen Menschen lebendig ist. Sie ist oft verschüttet durch die Unrast, durch die Hetze und wilde Jagd des Alltags. Aber immer gibt es Augenblicke und Erfahrungen, in denen das Irdische transparent wird und etwas Unvergängliches und Bleibendes erahnt wird.

Dazu zeigt uns ja die Religionsgeschichte mit aller Deutlichkeit, dass, soweit unsere Kenntnis reicht, es niemals ein religionsloses Volk gegeben hat. Diese Tatsache allein wäre schon geeignet, um hinreichend zu bezeugen, dass Religion mit dem Menschen eng, wesentlich verbunden ist und nicht nur als bloß eine zufällige besondere Veranlagung zu bezeichnen ist.

In einem solchen Zusammenhang erklärt sich das eigenartige Phänomen des Religionsersatzes, das beim Menschen immer dann auftritt, wenn er echte Religion verloren hat oder wenn ihm Gott als Gegenstand seiner letzten Bindung verloren gegangen ist. Das heißt, wenn jenseitige Bindungen an einen Gott gefallen sind und das Wesen der Religion missverstanden wird, dann kommt es zu Ersatzbildungen wie etwa im Irrationalismus; es sind Stimmungen und Gefühle als eine Art Übergangsform.

Alles kann der Mensch mit dem Glanze des Göttlichen umgeben, um es dann als seinen Gott anzubeten. Daher werden sich auch die Formen des Religionsersatzes ändern wie die Mode, die zeitliche Stimmung und das unbefriedigte, immer weiter suchende Herz wird sich wandeln. – Aber die Enttäuschung über den eigenen Götzen kann den Suchenden und Fragenden schließlich zur Wirklichkeit Gottes führen.

Der Russe Dostojewski, der aus eigener Leiderfahrung einen Blick in die Abgründe des Menschen getan hat, meinte: „Was soll man denn viele Worte machen? Man kann ja gar nicht Mensch sein, ohne sich vor irgendetwas beugen zu müssen. Ein solcher Mensch, der sich nicht selbst beugen kann, kann sich selber auch gar nicht ertragen; ... Wer also Gott leugnet, der schnitzt sich ein Gottesbild. Wer sich nicht vor Gott beugt, tut es vor einem der vielen Götzen, die das entchristlichte Abendland als Gottesersatz sich geschaffen hat: Er beugt sich vor der Macht, vor der Rasse, vor dem Geld."

Schon Augustinus hat in seinen *Bekenntnissen* – einem Werk der Weltliteratur – bei seinem Gottsuchen bekannt: „Mein Herz sprach immer bereits mit dir." – Das kann man aus heutiger Sicht wohl als die unbewusste Gottverbundenheit des Menschen verstehen.

So steht die Gottesfrage als Schicksalsfrage des Menschen immer vor uns. Darauf können sich mit Recht jene berufen, die von einer „Renaissance der Religion in unserer Zeit" sprechen.

Religion ist aber nicht nur mit dem Einzelnen, sondern ebenso mit der Gesellschaft verbunden. Die Kulturen etwa von Babylon, Griechenland, Rom zum Beispiel zeigen, wie sehr Religion und Glaube das öffentliche, gesellschaftliche und staatliche Leben prägen können. Besonders deutlich zeigt dies der Islam, der, aus einer kleinen Bewegung hervorgehend, in wenigen Jahren über Kontinente fegte, Reiche zerstörte, eine neue Denkweise und Kultur für Millionen von Menschen schuf.

Religion und Gesellschaft, Religion, Kultur und Kunst sind nicht nur aufeinander bezogen, sondern durchdringen sich gegenseitig. Damit will uns die Geschichte sagen: Die Gottesfrage ist eine Schicksalsfrage nicht nur für den Einzelnen, sondern auch für die Gemeinschaft. Und überall, so bezeugt uns die Geschichte der Religionen, erwarten die Menschen von ihrer Religion eine Antwort auf die ungelösten Rätsel des menschlichen und des gesellschaftlichen Daseins.

Und doch ist in unserer modernen, pluralistischen Gesellschaft Religion und christlicher Glaube im Schwinden, rückt an den Rand der Gesellschaft, der Politik und Wirtschaft. Seit dem 19. und 20. Jahrhundert ist in unseren Ländern durch den Einfluss der Aufklärung ein Prozess der Entfremdung zwischen Kirche und Staat, zwischen Kirche und gesellschaftlicher Wirklichkeit, zwischen Kirche und öffentlicher Meinung im Gange. Die Wohlstandsgesellschaft in unserer westlichen Welt drängt – anders als in anderen Kontinenten – Religion, religiösen Glauben und religiöses Leben an den Rand des Geschehens. Sowohl Einzelne wie die Gesellschaft mit ihrer öffentlichen Meinung, aus den Medien bezogen, drängen den Einfluss der Religion, des christlichen Glaubens zurück, denn: Religion ist Privatsache, darüber spricht man nicht.

Durch Unwissenheit und Missdeutung gestützt wehrt man sich gegen eine persönliche Herausforderung und persönliche Entscheidung, wie es ein christlicher Glaube verlangt. Seit dem Zweiten Weltkrieg, seit den Sechzigerjahren spricht man von einer rasch wachsenden Säkularisierung. Die Zahl der Kirchenaustritte, die Zahl der Ungetauften ist im Ansteigen, Ehe und Familie verlieren an Stabilität.

Oder wie es der amerikanische Historiker Huntington in seinem bekannten Buch *Kampf der Kulturen* für die westliche Welt schildert: „Immer weniger Menschen bekennen sich zu einer religiösen Überzeugung, beachten religiöse Gebote und beteiligen sich an religiösen Aktivitäten. Diese Tendenz spiegelt weniger eine Feindschaft gegen die Religion wider als die vollkommene Gleichgültigkeit gegen sie. Und trotzdem ist die europäische Kultur durchdrungen von christlichen Begriffen, Werten und Praktiken." Dies bedeutet, so Huntington, dass Europa durch die „Schwächung seines zentralen Elementes, des Christentums, in schwere Krisen geraten könne oder unterminiert werde."

Im Grunde gibt es in unserer westlichen Welt heute zwei entgegengesetzte Meinungen in Bezug auf Religion und Gesellschaft. – Der Londoner Religionssoziologe David Martin, er war Vorsitzender der „Internationalen Gesellschaft für Religionssoziologie", ist der Meinung: In Europa habe ein Prozess der Säkularisierung, das heißt, der Befreiung von jeder Religion, besonders des Christentums, ein Ausmaß erreicht, das in der modernen Welt einmalig ist. Es handle sich, so der Religionssoziologe, heute nicht um einen Kampf des Atheismus gegen Religion und Christentum, wie es im kommunistischen Einflussbereich etwa der Fall war, sondern, so meinen die Soziologen, es handle sich vielmehr um eine Emanzipation aller weltlichen Bereiche vom Einfluss der Religion. Damit sei aber auch ein „Niedergang der religiösen Überzeugungen und Verhaltensweisen" gemeint. Und emotionslos fasst David Martin die heutige Situation zusammen: „Europa ist der einzige wirklich säkulare Kontinent der Erde geworden." Das bedeutet wohl, so füge ich hinzu: In der öffentlichen Meinung unserer Zeit ist Religion, das heißt vor allem das Christentum in die Bedeutungslosigkeit hinabgesunken. Die Gottesfrage der Christen, so heißt es, sei heute keine Schicksalsfrage mehr.

Dieser These der Religionssoziologen steht allerdings eine andere Auffassung gegenüber: Dass nämlich heute weltweit eine religiöse Erneuerung, eine religiöse Renaissance im Gange sei. Eine solche Auffassung vertritt zum Beispiel der Franzose Gilles Kepel in seinem Buch *Die Rache Gottes (La Revanche de Dieu)*. Einer solchen Meinung schließen sich Historiker aus Amerika an, unter anderem George Weigel und Samuel P. Huntington. Denn nur Religion, so heißt es in *Kampf der Kulturen*, biete auf die Frage nach dem Sinn des Lebens überzeugende Antworten. „In einem umfassenderen Sinn ist das Wiederaufblühen der Religion weltweit eine Reaktion auf Säkularismus, moralischen Relativismus und Hemmungslosigkeit; ist eine Bekräftigung von Werten wie Ordnung, Disziplin, Arbeit, Hilfsbereitschaft und Solidarität."

Was folgt aus diesen beiden einander widersprechenden Thesen? – Wohl dies: In der westlichen Welt von heute – ganz im Gegensatz zu anderen Kontinenten wie Asien mit dem Subkontinent Indien und Afrika – gibt es beides; nämlich eine weltweit verbreitete religiöse Gleichgültigkeit im Spiegel der öffentlichen Meinung einerseits; andererseits unabhängig davon auch entgegengesetzte Zeichen einer religiösen Erneuerung, auf die man heute wohl hinweisen kann.

Ich nenne etwa eine ökumenischen Bewegung der jungen Generation von heute, die ihr Zentrum in Taizé in Frankreich hat. Das letzte Treffen Ende 1997 in Wien brachte an die 80 000 junge Menschen aus dem westlichen und dem östlichen Europa zu einer Begegnung – mit allen Zeichen einer religiösen Erneuerung unter dem Stichwort „Versöhnung". Und eine solche Versöhnung deutet nicht nur auf die getrennten Christen hin, sondern auch auf die Spannungen, die heute zwischen eine westlichen und einem östlichen Europa bestehen.

Auch das Weltjugendtreffen im Sommer vergangenen Jahres in Paris mit dem Papst wurde – trotz aller Komplexität der Motive – zu einem Weltereignis. Die zahlreichen Kommentare, sie sich in jenen Tagen in der Weltpresse fanden, mussten feststellen, dass sich solches mit den Ereignissen der Sechzigerjahre oder mit dem französischen Laizismus nicht verbinden lasse. Dies, so hieß es, deute in die Richtung eines sonst schwer erklärlichen religiösen Aufbruches.

In unserer säkularisierten Welt und Zeit tritt bereits allenthalben die Angst in Erscheinung, dass – vor allem in der Anonymität der Großstadt – sich jener entwurzelte Typus ausbreitet, dem wir heute bereits immer wieder begegnen: Der sinnlose Mensch, der in seinem Leben kaum noch Sinn sieht, – der gewissenlose Mensch, der keine innere Verpflichtung mehr spürt, – der wertfeindliche Mensch, der über Werte und Ideale nur mehr müde lächelt; – der besinnungslose Mensch, der um Stille und Besinnung nicht mehr weiß, – der apathische Mensch, dem das geistige Rückgrat gebrochen wurde, – der aggressive Mensch, der seine innere Spannung und geistige Not an anderen abreagiert, – der wahrheitsunfähige Mensch ohne Überzeugungen. Menschen ohne persönliche Überzeugung können sich nur mehr anpassen. In dem Maß, als der Mensch geistig verkümmert, wird er immer weniger imstande sein, seine Probleme und damit auch die Probleme seiner Umwelt zu lösen.

Aus einer solchen Sicht rücken wesentliche Fragen des Menschen in unserer Zeit wieder in den Vordergrund – und dies gerade innerhalb des raschen Wandels unserer gesellschaftlichen Lebensformen, Denkweisen, Schlagworte im Netz unserer medialen Informationen und Kommunikationssysteme.

Es sind existenzielle Fragen, die gerade heute wieder, wie eh und je, eine existenzielle Antwort einfordern. Mit Recht sprechen wir von einem Wandel der Zeiten, heute vielleicht von einem allzu raschen Wandel. Der Mensch aber, in seiner leib-seelischen Grundstruktur, bleibt immer derselbe. Daher sind seine Fragen, die ihn bedrängen, auch immer wieder dieselben; der Mensch fragt auch an der Schwelle des neuen Millenniums nach Sinn und Ziel seines Weges, das heißt, er fragt letztlich nach Gott. Und Gott hat auf die Fragen des Menschen geantwortet, indem er seine Antwort, sein Wort – wie es die Propheten verkündet haben – in Menschengestalt zu den Menschen gesandt hat. Daher ist seit 2000 Jahren die Gottesfrage eng und unlöslich mit der Christusfrage verbunden .

„Niemand hat Gott je gesehen", so heißt es bei Johannes, „der Einzige, der Gott ist und am Herzen des Vaters ruht, er hat Kunde gebracht." (1,17f.) Und der uns Kunde gebracht hat, ist Jesus Christus. Er ist nicht gekommen, „damit er die Welt richtet, sondern damit die Welt durch ihn gerettet wird"(Jo 3,17). Dazu verkündet er als Grundlage das große Gebot der Liebe zu Gott und zu jedem Menschen: „Kein anderes Gebot", sagte Jesus, „ist größer als dieses Gebot." Und darauf kann man ein Reich des Friedens unter den Menschen in der Welt aufbauen. Die durch Christus gestiftete Gemeinschaft christlichen Glaubens durch all die Jahrhunderte ist der Sauerteig, um das Reich der Menschen mit dem Reich Gottes zu verbinden.

Dass Gott durch Jesus Christus zur Menschheit gesprochen hat, ist nicht eine Projektion menschlicher Sehnsucht, sondern die Antwort einer 2000-jährigen Geschichte mit einer unübersehbaren Zahl von Menschen, die dafür durch ihr Leben Zeugnis gegeben haben.

Denn: Schöne Worte allein genügen nicht, sondern es ist das Zeugnis des Lebens, in dem das Gottesbild durch das Christusbild aufleuchtet. Religion und christlicher Glaube sind nicht nur Wissen und Diskussion, sondern bedeuten Leben, Zeugnis geben für das Leben, durch das christliche Welt- und Menschenbild, welches große Zeiträume verbindet.

Nach der Konstantinischen Zeitenwende hat Johannes Chrysostomos, seinerzeit Patriarch von Konstantinopel und Zeitgenosse des jungen Augustinus, erstaunlich aktuell zu den jungen und frei gewordenen Christengemeinden des oströmischen Reiches gesprochen; und was er sprach, das gilt ungekürzt auch für uns Menschen des ausgehenden 20. Jahrhunderts. Ich zitiere aus einem seiner Kommentare zu den Paulusbriefen: „Leuchtet wie Licht in der dunklen Welt ... man brauchte so etwas nicht zu sagen, wenn unser Leben wirklich leuchtete. Es brauchte keine Belehrung, wenn wir Taten sprechen ließen. Es gäbe keine Heiden, wenn wir wahre Christen wären, wenn wir die Gebote Christi hielten ... aber: Dem Geld huldigen wir genauso wie sie (d. h. die Heiden), ja, noch mehr als sie. Vor dem Tod haben wir Angst wie sie. Armut fürchten wir wie sie. Krankheit ertragen wir schwerer als sie ... Wie sollen sie vom Glauben überzeugt werden? Durch Wunderzeichen? Wunder geschehen nicht mehr. Durch unser Verhalten? Das aber ist schlecht. Durch Liebe? Keine Spur davon ist zu sehen. Darum werden wir auch einst nicht nur über unsere Sünden, sondern auch über den Schaden Rechenschaft ablegen müssen, den wir angerichtet haben." Was Chrysostomos am Beginn eines christlichen Europa gesagt hat, gilt auch heute unverändert.

Das Bekenntnis, die Überzeugung des Johannes Chrysostomos spiegelt ein Gottesbild wider, das im Gottesbild der Propheten Israels wurzelt. Es ist ein anderes Bild, als wir es in unseren oft naiven und kindlichen Vorstellungen erfahren. Solche naiven Gottesbilder stehen nicht nur im Widerspruch zu den Propheten, sondern heute auch zur modernen Naturwissenschaft. Je größer das Universum als Schöpfung innerhalb von Raum und Zeit, je unauslotbarer die Tiefen seiner Geheimnisse, vom Atom bis zu den Gestirnen in unendlicher Zeitenferne, desto größer das Staunen über die Größe Gottes, desto bewegender die Botschaft Christi von einem Vater im Himmel, der auf die Menschen zugeht.

Hören wir daher am Ende des zweiten nachchristlichen Jahrtausends auf die Stimme des Propheten Jesaja aus dem 8. vorchristlichen Jahrhundert. Die Leuchtkraft seiner Bilder, die Wucht seiner Sprache, hat niemand anderer später wieder erreicht. Hören wir auf seine gewaltige Stimme:

„Wer misst das Meer mit der hohlen Hand?
Wer kann mit der ausgespannten Hand den Himmel vermessen? –
Wer wiegt die Berge mit einer Waage und mit Gewichten die Hügel? –
Wer lehrt ihn das Wissen und zeigt ihm den Weg der Erkenntnis?
Seht, die Völker sind wie ein Tropfen am Eimer,
sie gelten so viel wie ein Stäubchen auf der Waage.
Ganze Inseln wiegen nicht mehr als ein Sandkorn. –
Alle Völker sind vor Gott wie ein Nichts, für ihn sind sie wertlos und nichtig.
Mit wem wollt ihr Gott vergleichen und welches Bild an seine Stelle setzen? –
Wisst ihr es nicht, hört ihr es nicht? –
Der Herr ist ein ewiger Gott, der die weite Erde erschuf.“ (40,12f.)

Ein solches Gottesbild steht kraftvoll und unverändert auch in unseren Tagen.

[Text für den Bayrischen Rundfunk, 31. 1. 1998]

Die Gottesfrage klopft wieder an unsere Tür

Der internationale Club of Rome – eine vor dreißig Jahren (1968) gegründete Weltgemeinschaft anerkannter Vertreter von Wissenschaft und Forschung – gedachte unlängst in festlicher Weise (1. April 1998) der vor dreißig Jahren erfolgten Gründung. Das Anliegen dieser wissenschaftlichen Forschergemeinschaft aus allen Kontinenten ist es, in unserer rasch sich wandelnden Zeit die auf uns zukommenden großen Probleme zeitgerecht zu erkennen und entsprechende Entscheidungen für alle internationalen und nationalen Entscheidungsträger vorzubereiten.

Bei dieser festlichen Versammlung auf dem Kapitol wurde unter anderem hingewiesen auf die weltweite Sorge in Bezug auf die Wasservorräte der Erde, auf die Zukunft unserer Ozeane angesichts der bekannten Umweltschäden. Vor allem aber war man besorgt angesichts einer steigenden Gleichgültigkeit, einer fehlenden Orientierung ohne allgemein gültige ethische und religiöse Werte, angesichts zunehmender Intoleranz und Rassenhass, von Gewaltverbrechen und Drogen in vielen unserer Städte. In diesem Zusammenhang stellte sich auch die Frage, ob nicht auch die Massenmedien ihren Teil zur Verschlechterung des gesellschaftlichen Bewusstseins bei uns beitragen.

Bei allem Fortschritt in Bezug auf Verbesserung der Lebensverhältnisse, Seuchenbekämpfung, Verbesserung von Schulen und Erziehung auf Weltebene wolle das genannte Forum einen Appell an alle Verantwortungsträger auf kontinentaler und globaler Ebene richten, um den Schutz menschlicher Würde und Freiheit für die Zukunft zu sichern.

In ähnlicher Weise meinte seinerzeit der amerikanische Atomphysiker und Nobelpreisträger Albert Einstein, in Erinnerung an den großen Schock, den der Abwurf der ersten Atombombe 1945 auslöste: Die entfesselte Kraft des Atoms habe alles verändert, nur nicht unser Denken; Letzteres aber müsse sich ändern, wenn die Menschheit überleben will. Eine Änderung unseres Denkens, so füge ich hinzu, kann sich aber nur auf unsere ethische und religiöse Verantwortung beziehen, um eine entsprechende Änderung zu bewirken.

Und doch spricht man seit dem Ende der Sechzigerjahre von einer wachsenden Säkularisierung. Das heißt, die Zahl der Kirchenaustritte, die Zahl der Ungetauften ist im Ansteigen; Ehe und Familie verlieren an Stabilität. Oder: Immer weniger Menschen bekennen sich zu einer religiösen Überzeugung, beachten religiöse Gebote und beteiligen sich an religiösen Tätigkeiten. Diese Tendenz spiegelt weniger eine Feindschaft gegen die Religion wider als eine vollkommene Gleichgültigkeit ihr gegenüber.

In dieser unruhigen und verunsicherten Zeit stoßen wir auf eine interessante literarische Diskussion in Italien, die in der großen Presse, in der Öffentlichkeit, ein beachtliches Aufsehen erregt hat. Der Text dieser gedanklichen Auseinandersetzung liegt bereits auch in deutscher Übersetzung vor. Der Titel des Buches lautet: *Woran glaubt, wer nicht glaubt?* Hier begegnen wir jenem großen Thema, das das westliche Europa in verschiedener Weise unablässig beschäftigt; es ist dies das breite Spannungsfeld zwischen religiöser Indifferenz und religiöser Renaissance.

Zwei in der Weltöffentlichkeit sehr bekannte Männer und Namen – es ist einerseits der Mailänder Kardinal Carlo Maria Martini, andererseits der bekannte Romanschriftsteller und Philosoph Umberto Eco von der Universität Bologna – führten in kürzeren Abständen einen literarischen Dialog, der in der Zeitschrift „Liberal" veröffentlicht wurde. Diese auf hohem Niveau geführte schriftliche Diskussion drehte sich um die Frage, ob eine humanistische Ethik im Sinne der griechisch-abendländischen Tradition in der Lage ist, eine ähnliche Sicherheit zu geben, wie es im abendländischen Christentum nur der religiöse Glaube geben kann.

Während Kardinal Martini von Mailand in seiner Antwort auf den einleitenden und fragenden Brief von Umberto Eco zu verstehen gibt, dass man an der Gottesfrage nicht vorbeikomme, wenn man nach einer gültigen Antwort auf die großen Fragen und Probleme unserer Zeit suche, stellt Umberto Eco selbst die Frage, ob nicht auch der Nichtglaubende letzte Werte und Maßstäbe besitze, an denen er sich orientieren könne, um zum Beispiel zwischen Gut und Böse in eigener Verantwortung unterscheiden zu können. Umberto Eco ist übrigens auch bei uns sehr bekannt geworden durch seinen in verschiedene Sprachen übersetzten Roman *Der Name der Rose*, in dessen Einleitung er auch auf das Stift Melk an der Donau Bezug nimmt.

Mit römischer Noblesse, ohne Apologetik oder verletzende Bemerkungen wird hier darum gerungen, worauf es in unserer Zeit ankomme, um zu verstehen, woran man sich halten könne, wenn man sich auf nichts mehr verlassen kann. Dieser hier vorliegende Text, der bereits in der italienischen Ausgabe ein großes Echo gefunden hat, deutet auf ein europäisches Interesse an solchen Fragen.

Im Grunde stehen wir damit wieder vor der Gottesfrage, die im multireligiösen Umfeld unserer Zeit, europaweit, aus der psychologischen Immanenz als religiöses Erlebnis oder religiöse Beliebigkeit – der Agnostiker Freud sprach von Religion als psychischer Neurose

– ausgerechnet durch das Ergebnis der Naturwissenschaften wieder in die menschliche Transzendenz durch die Sinnfrage menschlicher Existenz gehoben wird.

Wir begegnen heute, besonders in der westlichen Welt, einer ausgesprochenen Skepsis in Bezug auf wissenschaftlichen Fortschritt und wissenschaftliche Erkenntnis, die kaum mehr in der Lage sei, uns eine früher vermutete Sicherheit zu geben. Von dieser Skepsis gegenüber moderner Wissenschaft spricht der französische Molekularbiologe und Nobelpreisträger Jacques Monod in seinem Buch *Zufall und Notwendigkeit:* Der Mensch von heute sei in seiner Gesamtschau der Evolution ein Zufallsprodukt. Der Mensch müsse endlich aus seinem tausendjährigen Traum erwachen, um „seine Verlassenheit, seine totale Fremdheit zu erkennen". Daher „wendet sich der moderne Mensch von der Wissenschaft ab oder vielmehr gegen sie. Er kann jetzt ihre schreckliche Zerstörungskraft ermessen, die sich nicht nur gegen den Leib, sondern auch gegen den Geist richtet". Solches ist das Bild eines einsamen Menschen, der von der Wissenschaft enttäuscht weder Weg noch Ziel des Lebens kennt.

Im Gegensatz dazu erhält die Gottesfrage als Frage nach dem Sinn – in diesem Zusammenhang taucht der Name des französischen Mathematikers Blaise Pascal wieder auf – eine neue Dimension durch die Hinweise der Atomphysik und der Astronomie auf Grund neuester Forschungen. Es ist nicht nur der Kopf mit seinem rationalen Erkennen und Zweifeln, es ist das aus der menschlichen Existenz stammende Ahnen und Staunen, das unserem Fragen neue Akzente verleiht.

Vor dem säkularisierten Hintergrund eines aufgeklärten Europa gibt es die getrennten christlichen Kirchen – durch den ökumenischen Dialog aufeinander bezogen –, es gibt die drei großen monotheistischen Religionen der Christen, Juden und Muslime, die durch ihren Glauben an den einen Gott eine mögliche Nähe erkennen könnten. Noch mehr aber ist es heute der einzelne Mensch, losgelöst von geschichtlicher religiöser Gemeinschaftsbildung, der heute in das Zentrum unserer Aufmerksamkeit rückt: In der Vielfalt geistiger Strömungen, Meinungen, Weltanschauungen sieht man viele Fragezeichen, ob der Blick über das Ich, über die vergängliche Welt des Menschen hinausführen soll in eine transzendente, bleibende Wirklichkeit, ob dort noch etwas zu erwarten ist auf die letzten Fragen nach dem Sinn des Lebens.

Ja, hier stehen wir vor der Gottesfrage des modernen und einsamen Menschen: Was ist jenes letzte und unsagbare Geheimnis unserer Existenz, aus dem wir kommen und wohin wir gehen? – Er, Gott, steht an deiner Tür und klopft, er wartet, bis du ihm öffnest.

[Vorwort zum Buch von Umberto Ecco und Carlo Maria Martini: Woran glaubt, wer nicht glaubt?, April 1998]

Gehört Religion zum Wesen des Menschen?

Was die Menschen heute wirklich glauben, versuchte unlängst der Berliner Religionssoziologe Klaus-Peter Jörns in seinem Buch *Die Gesichter Gottes – was die Menschen heute wirklich glauben*, zu beantworten. Das Ergebnis seiner umfangreichen religionssoziologischen Untersuchung, anhand einer gut vorbereiteten und weit gestreuten Befragung im Berliner und norddeutschen Raum, in evangelischen und katholischen Wohngebieten, war in mancher Hinsicht überraschend: Religion und Glaube seien wieder interessant geworden.

Während *Der Spiegel* in einer 1992 durchgeführten Befragung (Emmid-Institut) festzustellen versuchte: „Was glauben die Deutschen?“ und zu dem Ergebnis kam: Es ist ein „Abschied von Gott“, meinte Jörns fünf Jahre später: Es gäbe vielfältige Gründe für ein heute in vielen Büchern und Zeitschriften feststellbares „neues Interesse“ an Religion und Glaube.

Ohne hier auf die Frage einzugehen, welcher Zusammenhang heute zwischen Religion im Allgemeinen und christlicher Glaubensvorstellung besteht, scheint die Gottesfrage neues Interesse zu wecken, vor allem seit den durch Heidegger lebendig gewordenen Fragen einer Existenzphilosophie. Diese ist bestrebt, über den deutschen und französischen Sprachraum hinausgehend, die Frage nach dem Sein und dem Seienden im Ganzen am Menschen zu exemplifizieren. Damit, so könnte man sagen, klopft die Gottesfrage, anders als früher, wieder an die Tore des Abendlandes.

Der in der Zeit der Aufklärung gewachsene Konflikt zwischen christlichem Glauben und Vernunft, als Frage nach dem Verhältnis von Wissenschaft und religiösem Glauben, drängte eine christliche Theologie mit ihrer Glaubensvorstellung immer mehr in die Defensive. Eine allgemeine und vergleichende Religionswissenschaft, eine Religionssoziologie stellte mit ihren neuen Lehrkanzeln seit Beginn des 19. Jahrhunderts neue Ansprüche, um Wissenschaft und Religion miteinander zu versöhnen. Das führte unter anderem in Verbindung mit einer vergleichenden Religionswissenschaft auch zu der Feststellung: Wenn alle Religionen gleich sind, gleich wahr und gleich falsch, dann gerät die Frage nach der Bedeutung der Religion in den Bereich des Privaten und damit in den Bereich der Beliebigkeit. Aus dieser Sicht gehört Religion sicher nicht zum Wesen des Menschen, sondern ist Sache derer, die sich dafür interessieren.

Aber damit stellt sich unsere Frage wieder neu und anders: Religiöse Ersatzformen in Verbindung mit Esoterik, Orientkunde, Astro-Psychologie sowie eine Vielfalt pseudo-religiöser Sondergemeinschaften und Sekten nehmen das öffentliche Interesse in Anspruch. Damit will man etwas Neues an die Stelle eines obsolet gewordenen christlichen Welt- und Menschenbildes europäischer Tradition setzen.

Ganz unabhängig davon tritt aber der fragende und suchende Mensch selbst wieder in den Mittelpunkt. Denn eine Wissenschaft allein, ein unpersönliches, abstraktes Wissen vom menschlichen Verhalten und den Ausdrucksformen religiöser Verbrämung führt nicht zum Eigentlichen der Religion. Die Frage des Todes, die Frage nach dem Woher und Wohin ist mit dem Menschen in allen Zonen und Zeiten verbunden, ist hineingeschrieben in die Vielfalt menschlicher Kulturen, umkleidet vom bunten Wechsel menschlicher Lebensformen. Solche Fragen begleiten den fragenden Menschen vom Anfang seiner Geschichte, so weit unsere heutige Kenntnis reicht.

Auch der säkularisierte Europäer unserer Tage erwartet, fragend und suchend, eine Antwort von den verschiedenen Religionen auf die ungelösten Rätsel des menschlichen Daseins: Was ist der Mensch? Was ist Sinn und Ziel unseres Lebens? Woher kommt das Leid und welchen Sinn hat es? Was ist der Tod, das Gericht und eine

Kardinal König mit Schülern des Wiener Schottengymnasiums und Gastschülern aus Moskau.

Vergeltung nach dem Tode? Und schließlich: Was ist jenes letzte, unsagbare Geheimnis unserer Existenz, aus dem wir kommen und wohin wir gehen? Eine solche Frage geht über die Existenzanalyse des Menschen wohl weit hinaus.

Wenn ich mich der Frage nach dem Geheimnis meiner menschlichen Existenz verschließe, so muss ich ein menschliches Vakuum, ein Defizit zur Kenntnis nehmen, das heute als Ratlosigkeit, Nervosität, Verwirrung oder als weltanschauliche Desorientierung großen Ausmaßes bezeichnet wird.

Im Jahre 1799, also genau vor 200 Jahren, als die Aufklärung von den Gebildeten bereits Besitz ergriffen hatte, hielt der evangelische Theologe und Philosoph Friedrich Schleiermacher, später der große Prediger an der Charité in Berlin, eine Rede *Über die Religion ... an die Gebildeten unter ihren Verächtern,* um so „das Gefühl schlechthiniger Abhängigkeit" wieder bewusst zu machen. Damit rückte er die menschliche Existenz mit dem Bewusstsein einer transzendenten Abhängigkeit wieder in den Mittelpunkt. Damit hatte er, bewusst oder eher unbewusst, auf den großen französischen Mathematiker Blaise Pascal zurückgegriffen, der an die 200 Jahre zuvor in seinen *Pensées* das existenzielle Denken unserer Zeit vorwegnahm. Mit rund siebzehn Jahren hatte der junge Pascal bereits seine bedeutende Arbeit über die Kegelschnitte geschrieben. In seinem Ringen mit der religiösen Frage kam er zu der Erkenntnis, dass man nicht alle Fragen „mit der Vernunft allein" lösen könne, sondern dazu auch die Intuition des menschlichen Herzens braucht. In *Pensées* 277 fasst er die existenzielle Erfahrung des suchenden Menschen zusammen: „Das Herz hat seine Gründe, welche der Verstand nicht kennt." Dieser Satz ist in der europäischen Geistesgeschichte noch immer nicht verblasst: „Le coeur a ses raisons que la raison ne connait point"; und dazu stellt er fest: „Man erfährt solches in tausend Dingen."

Heute gehört die Sinnfrage, über die Existenzphilosophie hinaus, zu den großen Themen der Philosophie, der modernen Literatur sowie der Psychiatrie. Die sinnorientierte, existenzanalytische Psychotherapie von Viktor Frankl hat ärztliche Seelsorge in eine neue Richtung gewiesen. Die Frage nach dem Sinn des Daseins ist jedoch nicht identisch mit der Frage nach Gott, wohl aber führt sie in unmittelbare Nähe. Es geht nicht darum irgendeinen Sinn zu finden, sondern darum für mich selbst einen solchen zu finden. Frankls Logotherapie, die sich an der Sinnfrage orientiert, geht mit Recht von der Voraussetzung aus, dass der Mensch nicht nur durch den Trieb des „Müssens", nicht nur durch die Macht des „Wollens", sondern durch Sinnfindung und Sinngebung, durch die Kraft des „Sollens" zu charakterisieren sei. In seinem Buch *Der unbewusste Gott* hat der Begründer der Logotherapie gezeigt, dass die Sinnfrage wohl auch zur Gottesfrage führt. Die Gottesfrage in diesem Sinne ist allerdings nicht gleichzusetzen mit der Christusfrage.

Bereits zuvor wies der Begründer der analytischen Psychologie, C. G. Jung, der sich aus der Gefolgschaft Freuds losgelöst hatte, in eine ähnliche Richtung. Mit seinen universalen seelischen Grundmustern, von ihm Archetypen genannt, erklärte er nicht nur deren krank machende, sondern ebenso deren heilende Wirksamkeit. – Und das bedeutet wohl nichts anderes, als dass Religion zum Wesen des Menschen gehört. In einem seiner Vorträge meinte er: „Unter allen meinen Patienten jenseits der Lebensmitte ist nicht ein Einziger, dessen zentrales Problem nicht das seiner religiösen Einstellung wäre. Ja, jeder krankt in letzter Linie daran, dass er das verloren hat, was lebendige Religionen ihren Gläubigen zu allen Zeiten gegeben haben. Und keiner ist wirklich geheilt, der seine religiöse Einstellung nicht wieder erreicht hat, was mit Konfession oder Zugehörigkeit zu einer Kirche nichts zu tun hat." – Ja, so füge ich hinzu, Angst und Zwangsvorstellungen im religiösen Bereich, falsche Schuldgefühle, weisen schließlich auf die andere Seite des Normalen und Gesunden hin. Auch irregeleitete Ausdrucksformen des religiösen Lebens sind nicht zuletzt Sehnsucht nach einer verlässlichen Antwort auf letzte Fragen des Menschseins, auf die Unsicherheit des eigenen Lebens.

Im Grunde bedeutet dies an der Schwelle des dritten Jahrtausends, dass wir wieder vor der Gottesfrage stehen, vor allem auch im multireligiösen Umfeld unserer Zeit, auch im schwindenden Glauben an den wissenschaftlichen und technischen Fortschritt. Es sind Archetypen als Zeichen menschlicher Sehnsucht, die auch auf ethische und religiöse Verantwortung hinweisen.

Was folgt daraus für mich selbst? Mit einer zeitgeschichtlichen Analyse ist es nicht getan. Weil Religion als Bewusstsein einer transzendenten Abhängigkeit im Sinne von Schleiermacher und noch mehr im Sinne von Blaise Pascal ein deutlicher Hinweis ist, dass Religion zum Wesen des Menschen gehört – die Geheime Offenbarung, das letzte Buch im Neuen Testament, sagt uns auch im Jahr 1999: „Ich stehe vor der Tür und klopfe an. Wer meine Stimme hört und die Tür öffnet, bei dem werde ich eintreten und wir werden Mahl halten." (Off 3,20)

Und weil Religion zum Wesen des Menschen gehört, brauche ich das religiöse Gespräch und brauche ich das persönliche Gebet. Das religiöse Gespräch deswegen, weil religiöser Glaube religiöse Gemeinschaft sucht, und das Gebet, weil ich erst durch das persönliche Gebet religiös werde, religiös bin. Dieser Satz eines Thomas von Aquin *(Summa theologiae)* aus dem hohen Mittelalter gilt für die gesamte Religionsgeschichte.

[Beitrag für Die Zeit, April 1999]

Abschied von Gott? Wert und Bedeutung von Religion und Christentum in der Gesellschaft an der Jahrtausendwende

Der belgische Jesuit Jan Kerkhoffs – er ist als Religionssoziologe über sein Land hinaus bekannt – hat in seinem Buch *Europe without priests* aufmerksam gemacht, dass die sinkende Zahl geistlicher bzw. priesterlicher Berufe eine europaweite Tendenz zeige. In seinem gut belegten statistischen Bericht über dreizehn verschiedene Länder, Staaten in Europa, die einen Zeitraum von zwanzig Jahren umfassen, gebe es praktisch Jahr für Jahr eine sinkende Zahl von Priesterberufen. Auch der Wiener Pastoraltheologe Paul Zulehner zeigt in seiner großen Untersuchung *Gott nach dem Kommunismus* deutlich, dass der Einfluss des religionsfeindlichen Kommunismus in den sogenannten Reformstaaten (früher kommunistischen Oststaaten) viel tiefer reiche, als man ursprünglich meinte. Im früheren kommunistischen Ostdeutschland beträgt die Zahl derer, die keiner kirchlichen Glaubensgemeinschaft angehören, rund 73 Prozent; eine ähnliche Zahl ergibt sich auch für Tschechien. In einem neuen, soeben von Zulehner mit herausgegebenen Band solcher Untersuchungen zeigt sich, dass zum Beispiel sowohl in Ungarn, in Slowenien und auch in Litauen die religiöse Unwissenheit, die Distanz zu einer christlichen Kirche viel höher ist, als man angenommen hatte.

Für den Bereich der katholischen Kirche in England und Wales hat der bekannte Religionssoziologe Gordon Heald ausführliche statistische Berichte über die vergangenen dreißig Jahre vorgelegt und festgestellt, dass in England und Wales die Zahl der Kirchenbesuche an Sonntagen, die Zahl der geistlichen Berufe, der Taufen, der Erstkommunion, besonders auch der kirchlichen Trauungen Jahr für Jahr beständig weiter absinkt. Kerkhoffs meint dazu anhand einer gesamteuropäischen Studie *European Values Studies,* dass jene rückläufigen Zahlen in der katholischen Kirche Englands auch – und zum Teil noch mehr – für die anglikanische und die protestantischen Kirchen in England gelte. Dies ergibt als Fazit: Die vorliegenden statistischen Berichte zeigen deutlich, dass es einen gesamteuropäischen Trend, weg von den christlichen Positionen, hin zu einem vagen Agnostizismus, zu einem postmodernen, postchristlichen, säkularisierten Europa gibt.

Mit der Frage, ob Religion Zukunft hat, ob Gott verlorengegangen sei, befasste sich auch die deutsche Zeitschrift *DER SPIEGEL*. Sie beauftragte ein deutsches Meinungsforschungsinstitut, um zu untersuchen, „was die Deutschen glauben" (1992). Das Ergebnis der Untersuchungen lautete: „Abschied von Gott", das will besagen, die Deutschen haben den Gottesglauben und damit ihre christliche Weltanschauung verloren oder sind im Begriffe es zu tun.

Allerdings gibt es eine Reihe von Fakten, die einem solchen Ergebnis widersprechen. Ich bringe hierfür folgende Beispiele. Die statistischen Angaben für das Christentum, das katholische Christentum, sprechen heute von einem starken Zuwachs auf dem asiatischen und afrikanischen Kontinent. Das Ansehen des gegenwärtigen Papstes als ökumenischer Vertreter der gesamten Christenheit auf Weltebene, besonders außerhalb Europas, erweckt große Aufmerksamkeit in der Berichterstattung.

Damit stehen wir schließlich vor der Frage: Was bedeuten diese entgegengesetzten Standpunkte für uns Christen am Beginn eines neuen Millenniums? Einerseits berichten die Zahlen über eine Loslösung von den christlichen Kirchen als Glaubensgemeinschaft, andererseits gibt es das sehnsuchtsvolle Fragen nach Gott. Zudem will ich darauf hinweisen, dass Religion und Christentum nicht einfach identisch sind, obwohl man allgemein von christlicher Religion spricht. Religion meint das menschliche Suchen und Fragen nach Gott, nach der Möglichkeit und Vielfalt seiner Verehrung; das Christentum aber ist eine Zäsur in der Religionsgeschichte: Nicht nur der Mensch fragt, sondern Gott antwortet in der Offenbarung als Gottes Wort in Menschengestalt, und reicht damit weit über das hinaus, was in den anderen Religionen „wahr und heilig" ist (GS, Nr. 2). Die Religionswissenschaft unterscheidet heute zwischen drei großen Religionstypen: Monotheismus (Juden, Christen, Moslems), Dualismus (das böse und gute Prinzip) und Polytheismus in seiner Vielfalt.

Als katholischer Christ möchte ich aber jetzt fragen: Woher kommt der rückläufige Trend in den christlichen Kirchen aus europäischer und ökumenischer Sicht? Liegt es an der Gesellschaft, den Menschen, liegt es an den Christen oder an der Vermittlungsaufgabe der christlichen Kirchen, die die Zeichen der Zeit nicht verstehen oder nicht verstehen wollen?

Ich versuche ein knappe Zusammenfassung möglicher Gründe anhand einer bereits umfangreichen Literatur zum Thema „Krise der Kirche“ oder: „Ist Gott tot?“

Unsere Gesellschaft ist in diesem Jahrhundert plural und multikulturell geworden wie nie zuvor. Wissenschaft und Technik haben unsere Lebenswelt von Grund auf verändert. Aber auch der wissenschaftliche Fortschritt als Religionsersatz am Beginn unseres Jahrhunderts ist ins Wanken geraten.

Ein Bewusstseinswandel in der öffentlichen Meinung ist eingetreten. Die stabile Ordnung fest gefügter Systeme der Vergangenheit wurde abgelöst durch die Dynamik und Flexibilität der Mediengesellschaft. Ein allgemeiner Wertewandel greift um sich. Davon sind vor allem Ehe und Familie betroffen.

Die ambivalente Macht der Medien als Instrument der Information in der wachsenden Vielfalt wird, kaum bewusst, zum bestimmenden Faktor einer multikulturellen öffentlichen Meinung. Alles ist im Fluss und alles scheint möglich: Einerseits eine große Bereicherung des Wissens und der Erfahrung, eine neue Bereitschaft zum Helfen durch globale Information, andererseits spricht man von der „Macht der bösen Bilder“. Ein Klima der Rücksichtslosigkeit und Gewalt wird von nicht wenigen mit dem Einfluss der Medien in Verbindung gebracht, ob zu Recht oder Unrecht, kann ich nicht entscheiden. Es scheint jedoch die Überzeugung zu wachsen, dass man Konflikte besser durch Gewalt als durch Dialog lösen könne. Wo hat christliche Religion hier überhaupt noch ihren Platz?

Grundsätzlich werden lokale Berichte global vergrößert und einzelne Fakten global verallgemeinert; jeder glaubt vollkommen informiert zu sein und alles, auch die entferntesten Vorgänge, kommentieren und kritisieren zu können.

In diesem Zusammenhang hat auch das Image der Kirche in der Öffentlichkeit sehr gelitten. Dazu stelle ich fest: Das größte Anliegen der christlichen Kirchen, jeder Kirche, besonders der katholischen

Kirche, für die ich spreche, kann nicht primär das öffentliche Image sein, sondern die Weitergabe der Botschaft mit ihrem wandelbaren und nicht-wandelbaren Aspekt. Und so stehe ich vor der Frage: Wie entspreche ich meinem Auftrag der Vermittlung meiner Botschaft in einer Welt, wie sie eben heute ist. Diese Aufgabe ist nicht leicht und verlangt heute, viel mehr als früher, die ehrliche Zusammenarbeit von Bischöfen, Priestern und Laien.

Dazu kommt noch hier, wie immer bei schwierigen Fragen, die Notwendigkeit der Klärung von Begriffen: Was meinen wir, wenn wir von Kirche reden? Hier ist zunächst wieder die Antwort des Konzils, LG, Nr. 8; sie lautet: Die Kirche Gottes als christliche Glaubensgemeinschaft besteht nicht aus zwei verschiedenen (geschiedenen) Größen, sie bildet vielmehr „eine einzige komplexe Wirklichkeit, die aus menschlichem und göttlichem Element zusammenwächst". Dies ist zugleich ein Hinweis auf die beiden Naturen in Christus, eine menschliche und eine göttliche, zu einer Person in Christus verbunden. Jede Einseitigkeit führt zu Missverständnissen. Wenn man nur den menschlichen Aspekt – in Christus wie der Kirche – wahrnimmt, geht etwas vom Geheimnis, von der Faszination verloren. Etwas Ähnliches gilt auch von der Kirche. Als humanistische Institution allein ist sie einseitig und verliert das Geheimnis ihres Wurzelgrundes.

So wiederhole ich: Entscheidend ist das Zusammenwachsen aus menschlichem und göttlichem Element. Das heißt, die breite menschliche Vielfalt allein als bloß irdische Institution geht am eigentlichen Wesen der Kirche vorbei. Daraus erklärt sich zum Teil auch die europaweit sinkende religiöse Praxis, soweit sie sich in Zahlen darstellt. Wohlstand, Unwissenheit und Skepsis drängen eine christliche Lebensordnung aus der objektiven Gegebenheit in die subjektive Beliebigkeit.

Was heute Not tut, ist ein wiederholtes und vertieftes Hinweisen auf das, was Kirche, was christliche Glaubensgemeinschaft wirklich ist. Das in der Öffentlichkeit transportierte verkürzte und subjektiv adaptierte Bild der Kirche muss in die Irre führen.

Kirche, und ich spreche jetzt wieder als katholischer Christ, ist Weltkirche und Ortskirche. Sie umfasst, mit allen ihren Schwächen, als Glaubensgemeinschaft Frauen und Männer, Priester und Laien,

Am Rednerpult in Passau, 6. Dezember 1999

Papst und Bischöfe. Sie ist das „wandernde Gottesvolk" durch Welt und Zeit, zusammengewachsen aus menschlichem und göttlichem Element; sie ist nicht nur eine hierarchisch-kirchenrechtlich geordnete Struktur. – Welt und Zeit ändern sich fortwährend. Dementsprechend ist die Kirche geografisch, geschichtlich und gemeinschaftlich vielfältig. In Vergangenheit und Gegenwart zeigt sie sich in ihrer Einheit und Vielfalt; sie umfasst eine mögliche Vielfalt in der notwendigen Einheit. Allein Christus als das Mensch gewordene Gotteswort ändert sich nicht. Das gibt der Kirche Sicherheit im Wandel der Zeiten.

Aus diesem Grund ist auch menschliche Angst in der obersten Kirchenführung vor einer zu großen kirchlichen Vielfalt nicht angebracht; dies hat im Laufe der Zeit zu einem überspannten defensiven Zentralismus und Bürokratismus geführt. Seit dem letzten Konzil wird überdies immer deutlicher: Hier steht die katholische Kirche vor einem Zukunftsproblem besonderer Art: Das katholische Volk in Pfarrgemeinde und Diözese wird entmutigt, wenn von der zentralen Kirchenführung keine ermutigenden, tröstenden Worte kommen, wenn in den zahlreichen Dokumenten – hier möchte ich aber ausdrücklich die persönlichen Dokumente, Rundschreiben des Papstes ausnehmen – nur Warnungen vor Irrtümern und Irrwegen dominieren. Das katholische Volk erwartet sich Zeichen des Vertrauens und gegenseitige Information im Zeichen der Einheit und der Vielfalt.

Es geht immer um das gute Verhältnis von Einheit und Vielfalt. Diese Vielfalt umfasst den Wurzelgrund der Kirche, dem man – im Vertrauen auf den Geist von oben – Raum geben muss, in allen Lebensbereichen und Problemen der Kirche. Die Glaubensgemeinschaft hat ihren Wurzelgrund in den Familien, in den Pfarren, wo die Menschen durch die Taufe und die Sakramente in die Glaubensgemeinschaft hineinwachsen, zu Christen werden.

Es sind die kleinen, lebendigen Gemeinschaften, die mit christlichem Wissen, mit religiösem Grundwissen für Erwachsene (Katechismus) und gläubiger Verbundenheit das Netzwerk der Kirche auf Erden bilden, im Dienste der Völkerverständigung, der Menschenrechte, des Eintretens für Schwache und Minderheiten, für die Bewahrung der Schöpfung, für den Frieden. Ein solches Netzwerk braucht Information, Kommunikation, Stärkung und Aufmunterung in den Stürmen der Zeit durch die großen Strukturen der Weltkirche, die nach dem Prinzip der Subsidiarität nicht befehlen, sondern unterstützen sollen. Daraus wächst die Solidarität der kirchlichen Gemeinschaft.

Aber Gott hat lebendige Menschen, nicht Strukturen erschaffen. Daher geht es letztlich immer um den Menschen. Die besten Strukturen helfen nichts, wenn der Mensch versagt. – Das hat auch Jesus gemeint, als Lehrer in Israel, wenn er, wie Matthäus (5,13f.) berichtet, in der Bergpredigt sagt: „Ihr seid das Salz der Erde. Wenn das Salz seinen Geschmack verliert, womit kann man es wieder salzig machen? Es taugt zu nichts mehr, es wird weggeworfen. ... Ihr seid das Licht der Welt. Eine Stadt, die auf dem Berge liegt, kann nicht verborgen bleiben. ... So soll euer Licht vor den Menschen leuchten, damit sie eure guten Werke sehen und euren Vater im Himmel preisen." Und abschließend (Mt 7,24) heißt es: „Wer diese meine Worte hört und danach handelt, ist wie ein kluger Mann, der sein Haus auf Felsen baute."

Das heißt: Es genügt nicht das Wort Gottes zu diskutieren und zu kommentieren, sondern es geht vor allem darum, es zu leben und im Leben zu bezeugen.

Das Christentum ist und bleibt eine Herausforderung auch im neuen Millennium, der man – besonders und verständlicherweise in einer hektischen Konsumgesellschaft – zu entgehen sucht.

Lassen Sie mich zusammenfassen: Eine seit der ersten Konstantinischen Wende, am Beginn des 4. Jahrhunderts, vom Respekt der öffentlichen Meinung gestützte christliche Glaubenswelt in Europa wird heute wie in den Anfängen durch eine entchristlichte, gleichgültige, mitunter feindliche öffentliche Meinung auf sich zurückverwiesen, auf ihre eigene Lebenskraft, zusammengewachsen aus göttlichem und menschlichem Element. Denn das Christentum war und ist eine Herausforderung, der man – besonders und verständlicherweise in einer Konsumgesellschaft – zu entgehen sucht. Die Spuren der Konstantinischen Reichskirche scheinen heute zu schwinden und eine zweite Konstantinische Wende kommt auf uns zu: Das heißt, im rauen Wind des Widerstandes wächst die Kraft der ökumenisch verbundenen, christlichen Glaubensgemeinschaft, wird wieder Salz der Erde und Licht auf dem Berge. Denn die Forderung nach dem Licht auf dem Berge, das leuchten soll, nach dem Salz, das nicht schal werden soll, gilt für alle Jahrhunderte christlichen Lebens.

[Vortrag an der Universität Passau, 6. Dezember 1999]

Die Kirche von morgen

Die Frage nach der Kirche von morgen, nicht nur in Österreich, liegt nahe an der Schwelle zum Jahr 2000. Dieses Jahr 2000 – auch wenn es nicht allen bewusst ist oder man es nicht wahrhaben will – hat seine geschichtliche Wurzel im Ereignis von Bethlehem, genau belegt durch Zeugen zur Zeit des Kaisers Augustus. Und die Geschichtsbücher berichten uns seit Generationen, dass dieser Kaiser am 19. August des Jahres 14 nach Christus gestorben ist, in einer Zeitzählung, die nicht durch ihn, sondern durch diesen Jesus von Nazareth verursacht wurde. Damals war es, als eine junge Frau namens Maria – unmittelbar vor der Geburt ihres Kindes – mit ihrem Mann Josef in der Herberge keinen Platz mehr fand.

Aus diesem winzigen Samenkorn menschlicher Geschichte entstand die christliche Glaubensgemeinschaft, die größte Religionsgemeinschaft im Kreis der Weltreligionen. Die Botschaft von Jesus von Nazareth breitete sich vom Nahen Osten rasch in der alten Mittelmeerwelt aus; diese Botschaft hat Europa zutiefst geprägt; tausend Jahre lang war diese christliche Gemeinschaft ungeteilt in einer großen Vielfalt lebendig von Konstantinopel bis Rom. Im Laufe der späteren Geschichte zweimal geteilt, hat sie ihren grundsätzlichen Zusammenhalt nie ganz verloren. Heute ist sie in allen Teilen der Welt präsent. Auch nach 2000 Jahren zeigt die Kirche – trotz aller Falten und Runzeln – ein ewig junges Gesicht, wie es die Konvertitin Gertrud von Le Fort in ihren bekannten *Hymnen an die Kirche* ausdrückt. Denn die Kirche ist sich wohl bewusst, dass sie einer ständigen Erneuerung bedarf – wie es das letzte Konzil in seiner Dogmatischen Konstitution über die Kirche, Lumen gentium, festhält: Die Kirche „ist stets der Reinigung bedürftig, sie geht immerfort den Weg der Buße und der Erneuerung. Ein Gedanke, der bereits im zweiten nachchristlichen Jahrhundert bei Irenäus, dem Bischof von Lyon, auftaucht, wenn er darauf hinweist: Jesus Christus ist in der Geschichte etwas unüberbietbar Neues und „in seiner Neuheit ist er immer neu gegenwärtig zu machen“, damit der Glaube der Kirche jung und lebendig bleibt.

Dieses Antlitz der Kirche ist auch in Europa noch sichtbar und erfahrbar, in einem Europa, das nach den Zerstörungen durch zwei Weltkriege und zwei Totalitarismen einen neuen Weg der Gemeinsamkeit sucht. Aber am Ende dieses zweiten christlichen Jahrtausends ist das Christentum, ist die Kirche gerade in Europa in eine Phase der Kritik und der Unsicherheit geraten, wie uns allen bekannt ist.

Religionssoziologische Untersuchungen sind Anlass für das viel zitierte Wort von der „Verdunstung des Glaubens“, als ob Europa von den christlichen Kirchen Abschied nehmen wolle. Die Hoffnungen auf eine religiöse Renaissance nach dem Ende des Kommunismus haben sich als Illusionen herausgestellt: Im früher kommunistischen Ostdeutschland beispielsweise beträgt die Zahl derer, die keiner christlichen Kirche angehören, rund siebzig Prozent. In der Tschechischen Republik ist die katholische Kirche eine Minderheit, sogar in Polen hat sie mit wachsenden, eher unerwarteten Schwierigkeiten zu kämpfen.

Der scheinbare Triumph der Säkularisierung ist umso erstaunlicher, als die mit dem Christentum während des 19. und 20. Jahrhunderts in Europa konkurrierenden Ideologien – Nationalismus, Sozialismus, Fortschrittsglaube – ihre Kraft verloren haben. An die Stelle dieser konkurrierenden Wahrheitsansprüche ist in der Folge Ratlosigkeit und postmoderne Beliebigkeit getreten. Hier stellt sich die Frage nach der Bedeutung des Christentums. Gehört es der Vergangenheit an? In Europa könnte man das manchmal glauben.

Glauben zu können, glauben zu wollen, ist aber offensichtlich – so zeigt uns die Geschichte, vor allem die allgemeine Religionsgeschichte, die vergleichende Religionswissenschaft – ein solches Grundbedürfnis des Menschen, dass es sich auf alle Fälle Ausdruck zu verschaffen sucht. Von da her ist auch die These vom säkularisierten Europa zu hinterfragen. Wenn der Weg zu einem religiösen

Glauben im Sinne der christlichen Botschaft verschlossen ist, dann sucht er eine Ersatzlösung: in Okkultismus, Aberglauben, neureligiösen Bewegungen wie New Age und modernen Sekten.

Wie sehr die religiöse Frage zum Wesen des Menschen gehört, zeigt uns heute die Existenzphilosophie und vergleichende Religionswissenschaft. Der Mensch sucht eine transzendentale Bindung an Gott oder an die Gottheit.

Es stellt sich daher sehr vehement die Frage nach der Zukunft des Christentums, nach der Kirche von morgen. Ist sie identisch mit der Frage nach der Zukunft der Religion im Allgemeinen? Das Christentum ist gewiss nicht eine Religion wie jede andere. Das Unterscheidende am christlichen Glauben ist es, dass er Kunde gibt von einem unmittelbaren Eingreifen Gottes in die Geschichte der Menschen, dass Christus als Gottes Wort in Menschengestalt in die menschliche Geschichte eingetreten ist und so auf die letzten Fragen des Menschen eine sichere Antwort gibt.

Die Verharmlosung des Weihnachtsfestes als Familienfest hat allerdings dazu geführt, dass das Überwältigende dieser Botschaft – Gott wird Mensch, nicht mit Macht und Glanz, sondern als schutzloses Kind – heute nicht mehr so gespürt wird wie in den ersten Jahrhunderten des Christentums. Das Christentum stellt eine Zäsur in der Religionsgeschichte dar: Nicht nur der Mensch verbleibt fragend und suchend, wie in allen nichtchristlichen Religionen, sondern Gott antwortet selbst in der Offenbarung als Gottes Wort in Menschengestalt.

Die Überzeugung, dass das Christentum keine Religion wie jede andere ist, beinhaltet allerdings keinen „religiösen Imperialismus". Das Zweite Vatikanische Konzil sagt in der Erklärung über die nichtchristlichen Religionen (Nostra aetate, Nr. 2) deutlich: „Die katholische Kirche lehnt nichts von alledem ab, was in diesen anderen Religionen wahr und heilig ist." Das im Zeitalter der Globalisierung und der Multikulturalität so wichtig gewordene Gespräch der Weltreligionen, der interreligiöse Dialog, soll den Christen nicht verunsichern. Im Gegenteil, mit immer neuer Eindringlichkeit stellt es ihn angesichts einer 2000-jährigen Geschichte des Christentums vor die Frage: Was bedeutet Christus für mich und für die anderen?

Das Christentum unterschiedet sich von den anderen Religionen und ist doch auch wieder eine Religion mit Kult, mit Geboten, mit Normen, Sünde, Schuld und Vergebung. Die verschiedenen Formen christlich-religiösen Ausdrucks decken sich zum Teil mit den Ausdrucksformen anderer Religionen, denn die menschliche Natur ist überall dieselbe. Wer all das ablehnen möchte, was das Christentum mit den religiösen Ausdrucksformen der anderen Religionen an Gemeinsamkeiten oder Ähnlichkeiten aufweist, um vom Evangelium nur den Geist der Liebe zu behalten, der baut sich ein privates, subjektives Christentum auf, das nicht Bestand haben kann. Wer im Christentum nur eine Anleitung zur sozialen Revolution sieht, der sieht das ebenso falsch wie derjenige, der nur sein persönliches Seelenheil im Auge hat und meint, man könne ein Christ für sich allein sein ohne Verbindung mit der Glaubensgemeinschaft.

In der öffentlichen Diskussion wird Kirche heute vielfach nur als bloß irdische Institution gesehen – mit ihren Auseinandersetzungen und Flügelkämpfen, wie sie auch in anderen menschlichen Gemeinschaften üblich sind. Kirche ist aber mehr: Sie bildet – wie das Zweite Vatikanische Konzil in seiner Konstitution über die Kirche (Lumen gentium, Nr. 8) sagt – „eine einzige komplexe Wirklichkeit, die aus menschlichem und göttlichem Element zusammenwächst". Jede Einseitigkeit muss daher zu Missverständnissen führen: Wenn man nur den menschlichen Aspekt wahrnimmt, geht die Faszination verloren; als bloß humanistische Institution verliert die Kirche das Geheimnis ihres Wurzelgrundes. Entscheidend ist das Zusammenwachsen aus menschlichem und göttlichem Element.

Daher kann der christliche Glaube mithelfen die Irrwege des schrankenlosen Individualismus wie des Kollektivismus zu vermeiden: In der Kirche wird die Person respektiert, zugleich aber wird auch Beheimatung in der Gemeinschaft geboten. Die Kirche ist auf ihrem Pilgerweg durch die Zeit oft mühsam unterwegs. Aber es ist auch eine realistische Zustandsbeschreibung, die in Persönlichkeiten und Pfarrgemeinden, in Ordensgemeinschaften und Bewegungen immer wieder aufleuchtet.

Das Ringen um ein ausgewogenes Verhältnis von notwendiger Einheit und möglicher Vielfalt kennzeichnet in den letzten Jahren die Situation der katholischen Kirche. In gewissem Sinne verbirgt sich dahinter auch eine Wachstumskrise. Die Kirche ist wahrhaft

Weltkirche geworden, aber manche ihrer Institutionen tragen noch immer das zu eng gewordene europäische Kleid. Zudem ist in den Strukturen der Weltkirche mitunter ein Geist der Verzagtheit und Kleingläubigkeit zu verspüren, der auch zum überspannten defensiven Zentralismus und Bürokratismus führen kann.

Es geht immer um das gute Verhältnis von Einheit und Vielfalt. Diese Vielfalt umfasst den Wurzelgrund der Kirche, dem man – im Vertrauen auf den Geist von oben – Raum geben muss, in allen Lebensbereichen und Problemen der Kirche. Die Glaubensgemeinschaft hat ihren Wurzelgrund in den Familien, in den Pfarren, wo die Menschen durch die Taufe und die Sakramente in die Glaubensgemeinschaft hineinwachsen, zu Christen werden. Es sind die kleinen, lebendigen Gemeinschaften, die mit christlichem Wissen, mit religiösem Grundwissen für Erwachsene (Katechismus) und gläubiger Verbundenheit das Netzwerk der Kirche auf Erden bilden, die eintreten für die Schwachen und Minderheiten, für die Bewahrung der Schöpfung, für den Frieden. Ein solches Netzwerk braucht Information, Kommunikation, Stärkung und Aufmunterung in den Stürmen der Zeit durch die großen Strukturen der Weltkirche, die nach dem Prinzip der Subsidiarität nicht nur befehlen, sondern unterstützen sollen. Daraus wächst die Solidarität der kirchlichen Gemeinschaft.

Die Pfarrgemeinden aber sind in unserer mobilen Gesellschaft ein wesentlicher Kristallisationspunkt. In den Pfarrgemeinden wachsen die Menschen durch die Taufe und die anderen Sakramente in die Glaubensgemeinschaft hinein; hier lernen sie das Christsein. Hier wird Kirche durch Verkündigung des Evangeliums, Feier des Gottesdienstes (Liturgie) und Ausübung der Nächstenliebe (Caritas) praktisch greifbar, hier ist sie auch den Sorgen und Freuden der Menschen am nächsten. Die Erklärung des Zweiten Vatikanischen Konzils über die Kirche in der Welt von heute (Gaudium et spes) beginnt mit den programmatischen Worten: „Freude und Hoffnung, Trauer und Angst der Menschen von heute, besonders der Armen und Bedrängten aller Art, sind auch Freude und Hoffnung, Trauer und Angst der Jünger Christi.“ In den lebendigen Pfarrgemeinden wird dieses Programm umgesetzt; diese kleinen Zellen der Kirche bilden ein weltweites Netzwerk des Glaubens.

In der öffentlichen, aber auch in der innerkirchlichen Diskussion nimmt die Frage der Zulassungsbedingungen zu den Weiheämtern der Kirche heute einen zentralen Platz ein. In einer weiteren Sicht hat bereits das Zweite Vatikanische Konzil die Aufmerksamkeit auf die Laien gelenkt – die getauften und gefirmten Christen, die im Beruf stehen und in der Familie oder allein ihren Lebensweg in gläubigem Vertrauen gehen wollen – und damit bewusst die Bedeutung der Stellung der Laien in der Kirche hervorgehoben.

Die Laien sind in den letzten Jahrzehnten aus passiven Objekten der Seelsorge zu aktiven Subjekten der Glaubensverkündigung geworden. In der großen Vision des Zweiten Vatikanischen Konzils gibt es die Trennung zwischen Kirche (Bereich der Priester) und Welt (Bereich der Laien) nicht mehr; dies wird auch für die Kirche von morgen kennzeichnend sein müssen. Natürlich sind die Laien in erster Linie dazu berufen, die Kirche in den konkreten Lebensverhältnissen sichtbar zu machen. „Dort sind sie von Gott gerufen, ihre Aufgabe, vom Geist des Evangeliums geleitet, auszuüben und vor allem durch das Zeugnis ihres Lebens Christus den anderen kund zu machen“, wie das Zweite Vatikanische Konzil in „Gaudium et spes“ sagt. Aber zugleich haben die Laien auch in der Kirche mitzureden, sie sollen den Hirten ihre „Bedürfnisse und Wünsche“ mit „Freiheit und Vertrauen“ eröffnen. „Entsprechend dem Wissen, der Zuständigkeit und hervorragenden Stellung, die sie einnehmen, haben sie die Möglichkeit, bisweilen auch die Pflicht, ihre Meinung in dem, was das Wohl der Kirche angeht, zu erklären“, betont das Konzil.

Was also für die Kirche von morgen – genauso wie für die von heute – Not tut, sind überzeugte christliche Frauen und Männer, die die ehrliche Zusammenarbeit mit Bischöfen und Priestern suchen und die bereit sind, in ihrem Lebensumkreis „Zeugen des Evangeliums“ zu sein. Wer in die Pfarrgemeinden hinausgeht, weiß, dass es viele solcher Frauen und Männer in allen Altersstufen heute bereits gibt.

Aber der Einsatz der Christen in der Welt ist nur die eine Seite der Medaille. Es gibt eine zweite Seite, die ebenso wichtig ist: das persönliche Gebet, das die Verbindung des Menschen aus der vergänglichen Welt in die unvergängliche Wirklichkeit herstellt. – „Der

Christ der Zukunft wird ein Mystiker sein oder er wird nicht sein", stellte der große Theologe Karl Rahner fest. Mystik meint in diesem Zusammenhang keine außergewöhnlichen Erkenntnisse, sondern die Verankerung des Lebens im glaubenden Vertrauen auf Gott, im persönlichen Gebet. Wer noch nicht zum persönlichen Gebet gekommen ist, hat noch keine Religion – eine Einsicht, auf die schon Thomas von Aquin hingewiesen hat. Persönliches Gebet und gläubige Gemeinschaft sind die Quellen, aus denen sich auch das Leben der Kirche von morgen speisen wird.

Denn Gott hat lebendige Menschen, nicht Strukturen erschaffen. Daher geht es letztlich immer um den Menschen. Die besten Strukturen helfen nichts, wenn der Mensch versagt. Das heißt: Es genügt nicht das Wort Gottes zu diskutieren und zu kommentieren, sondern für die Kirche von morgen, für alle, die an der Frohen Botschaft und der Verantwortung dafür mittragen, geht es vor allem darum, es zu leben und im Leben zu bezeugen.

[Beitrag für DIE PRESSE, Dezember 1999]

Wer ist Jesus Christus?

Zu der großen Frage der Weltgeschichte gehört immer wieder jene, welche lautet: Wer ist Jesus Christus?

Zunächst hat Jesus Christus selbst diese Frage im Kreise seiner eigenen Jünger, Freunde, aufgeworfen. Jesus fragte sie (nach dem Bericht des Evangelisten Matthäus 16,13ff.): „Wofür halten die Leute den Menschensohn?" Und dann wiederholt er, mit noch mehr Insistenz, die Frage an seinen eigenen Jüngerkreis: „Ihr aber, für wen haltet ihr mich?"

Seit dem Tod und der Auferstehung Jesu Christi richtet sich diese Frage an jeden von uns: „Wofür haltet ihr ihn?" – Das heißt: Wenn Christus nur Mensch ist, mit besonderen Qualitäten, aber nur Mensch, dann ist eine solche Frage unbedeutsam. Wenn aber Gott in ihm Menschengestalt angenommen hat und durch ihn sein Wort an uns richtet, dann geht diese Frage jeden von uns an. An einer solchen Provokation kann ehrlicherweise niemand vorbeigehen. In den ersten christlichen Jahrhunderten taucht im Mittelmeerraum, zwischen Rom und Byzanz, wieder die Frage auf: „Ihr aber, wofür haltet ihr mich?" Das heißt, es ging jetzt um die Frage der gläubigen Christen, wie man das Gott-Sein und Mensch-Sein in Christus – um Irrtümer im Glaubensverständnis fernzuhalten – sprachlich und unmissverständlich festhalten könne. Die Spuren dieser großen Auseinandersetzung finden wir in der Kirchengeschichte ebenso wie auch in der politischen Geschichte von damals. Die Konzilien von Nizäa (325) bis Chalkedon (451) suchten darauf Antwort zu geben. Der erste Einbruch in die Einheit der Christen hängt auch damit zusammen es ist dies das große abendländische Schisma von 1054; mit den Bannbullen von Ost und West.

Und wenn wir das große Buch der Geschichte der Weltreligionen aufschlagen, so stellen wir immer wieder fest: Alle Menschen erwarten von ihrer Religion, von den Religionen, eine Antwort auf die ungelösten Rätsel des menschlichen Daseins: Woher komme ich, wohin gehe ich und welchen Sinn hat mein Leben? Was ist jenes letzte Geheimnis unserer Existenz, aus dem wir kommen und wohin wir gehen?

Ist dies aber alles dem Fragen und Suchen der Menschen überlassen, wie es in so vielen Traditionen und Formen der Religionen geschehen ist? Oder hat uns ein Vater im Himmel durch Jesus Christus eine letzte Antwort gegeben auf diese Frage, so wie es im Hebräerbrief (1,1ff.) steht: „Auf vielerlei Weise hat Gott einst zu den Vätern gesprochen durch die Propheten; in dieser Endzeit aber hat er zu uns gesprochen durch den Sohn."

Und so stehen wir alle, bis auf den heutigen Tag, vor der Frage: Ist Jesus Christus ein großer Religionsführer der Menschheit, aber letztlich doch nur ein Mensch – oder spricht ein Vater im Himmel durch ihn, um so auf die letzten großen Fragen der Menschheit hinzuweisen und die Antwort zu geben? Das Letztere ist die Überzeugung der Christen.

Damit ist und bleibt die Christusfrage eine Frage der Weltgeschichte.

[Text für TABLET, 1996]

Lebensdaten

Kardinal Dr. Franz König

3. 8. 1905	In Warthgegend, Gemeinde Rabenstein/Pielach geboren
1912-1918	Besuch der Volksschule in Kirchberg/Pielach
1919-1927	Stiftsgymnasium Melk
14. 6. 1927	Matura mit Auszeichnung
ab Herbst 1927	Studium der Philosophie und der Theologie an der Päpstlichen Universität Gregoriana in Rom; Studium der altpersischen Religion und Sprachen am Bibelinstitut
1930	Promotion zum Dr. phil.
29. 10. 1933	Priesterweihe in Rom
1936	Promotion zum Dr. theol.
1934-1937	Kaplan in Altpölla, Neuhofen an der Ybbs, St. Valentin und Scheibbs
ab 1938	Domkurat in St. Pölten, Jugendseelsorger
ab 1945	Religionsprofessor in Krems/Donau; in dieser Zeit Habilitation an der Universität Wien, Habilitationsschrift: *Der Jenseitsglaube im Alten Testament und seine Parallelen in der Religion des Zarathustra*
1947	Erscheint das Buch *Das Alte Testament und die altorientalischen Religionen*
1948	Berufung nach Salzburg als a.o. Professor für Moraltheologie; in dieser Zeit Herausgabe des dreibändigen Standardwerkes *Christus und die Religionen der Erde*
31. 5. 1952	Ernennung zum Titularbischof von Livias und Bischofs-Koadjutor c. i. s. von St. Pölten
31. 8. 1952	Konsekration im Dom zu St. Pölten durch Bischof Michael Memelauer
Herbst 1952	Von den österreichischen Bischöfen zum Referenten für Jugendfragen gewählt
1956	Erscheint das *Religionswissenschaftliche Wörterbuch;* zugleich Fachleiter für Religionswissenschaft bei der Neuherausgabe des *Lexikons für Theologie und Kirche*
10. 5. 1956	Ernennung zum Erzbischof von Wien durch Pius XII.
17. 6. 1956	Inthronisation in St. Stephan in Wien
29. 6. 1958	Überreichung des Palliums

15. 12. 1958	Ernennung zum Kardinal mit der Titelkirche San Eusebio in Rom durch Johannes XXIII.
21. 2. 1959	Ernennung zum Militärvikar (bis 1969)
13. 2. 1960	Schwerer Autounfall auf der Fahrt zum Begräbnis von Kardinal Stepinac nach Agram; der Kardinal und sein Zeremoniär, der spätere Weihbischof Krätzl, werden schwer verletzt, der Chauffeur findet den Tod
September 1961	Päpstlicher Legat bei den Feierlichkeiten anlässlich der 900-Jahr-Feier des Kaiserdomes in Speyer
27. 11. 1961	Als erster Kardinal Besuch bei S. H. dem Ökumenischen Patriarchen Athenagoras I. in Istanbul
1962	Mitglied der „Zentralen Vorbereitungskommission" für das Zweite Vatikanische Konzil
11. 10.-8. 12. 1962	Erste Sitzungsperiode des Konzils; Kardinal König wird in die Theologische Kommission gewählt
18. 4. 1963	Erstes Zusammentreffen mit Kardinal Mindszenty in der amerikanischen Gesandtschaft in Budapest
8. 5. 1963	Ehrendoktorat der Universität Wien
30. 6. 1963	Teilnahme am Konklave bei der Wahl Pauls VI.
29. 9.-4. 12. 1963	Zweite Sitzungsperiode des Konzils
1964	Im Rahmen des Eucharistischen Weltkongresses in Bombay Leitung des großen Religionsgespräches, an welchem Vertreter aller Weltreligionen teilnehmen
14. 9.-21. 11. 1964	Dritte Sitzungsperiode des Konzils
4. 11. 1964	Gründung von Pro Oriente
31. 3. 1965	Auf dem Rückweg von Bombay einige Tage in Ägypten; Vortrag an der Universität Al-Azhar *Monotheismus in der Welt von heute* (als erster christlicher Kleriker)
April 1965	Errichtung des Sekretariates für die Nichtglaubenden
14. 9.-8. 12. 1965	Vierte Sitzungsperiode des Konzils
19.-24. 11. 1967	Besuch beim Rumänischen Patriarchen in Bukarest
21. 5. 1968	Von Papst Paul VI. zum Mitglied der Kongregation für die Weltmission ernannt
20. – 29. 6. 1968	Besuch SS. des Patriarchen Justinian von Rumänien in Wien
1. 7. 1968	Vortrag zum „Fall Galilei" in Lindau/Bodensee anlässlich der Tagung der Nobelpreisträger – Überwindung des Galilei-Traumas im Verhältnis von Kirche und Profanwissenschaft
22.-28. 10. 1968	Auf der Universität Teheran Vortrag über das vorislamische Weltbild – die persischen Urreligionen gehörten zu seinem engeren wissenschaftlichen Arbeits-

	gebiet; Empfang bei Schah Resa Pahlewi. Inoffizieller Besuch beim österreichischen Hospiz in Jerusalem sowie beim lateinischen Patriarchen von Jerusalem, Msgr. Alberto Gori, und der Höhlen von Qumran
17. 12. 1968	Ehrenbürger der Bundeshauptstadt Wien
27. 9. 1969	Übernahme des Präsidentenamtes der „Katholischen Weltbibelgesellschaft" für drei Jahre
27. 11. 1969	Der Kardinal hebt das Interdikt über die von den Altkatholiken als Gottesdienststätte benützte St. Salvator-Kapelle in der Wiener Innenstadt auf
1970	Ehrendoktorate der Universitäten Innsbruck und Zagreb
1969-1971	Wiener Diözesansynode
26. 4.- 1. 5. 1971	Auf Einladung des polnischen Episkopates Besuch von Breslau, Danzig und anderen polnischen Städten; Zusammentreffen mit Kardinal Wyszyński und den übrigen polnischen Bischöfen in Tschenstochau
1972	Ehrendoktorat der Universität Salzburg; Rede über den notwendigen Freiraum der theologischen Wissenschaft
23.-26. 8. 1972	Reise nach Kampala in Uganda zur Konferenz von Vertretern afrikanischer Diözesen; Hauptziel ist die Errichtung eines kontinentalen Nichtgläubigen-sekretariates für Afrika
22.-27. 10. 1972	Besuch S. H. des Patriarchen Ignatius Yacoub III. Serverius von Antiochien in Wien
27. 2. 1973	Als erster kirchlicher Würdenträger seit der Gründung der Zweiten Republik hält der Kardinal vor dem Bundes-vorstand des ÖGB einen Vortrag zum Thema „Kirche und Gesellschaft"
April 1973	Österr. Synodaler Vorgang in Wien
5.-10. 5. 1973	Besuch von Kopten-Papst Shenouda III. bei Papst Paul VI. in Rom
5. 11. 1973	Der Dalai-Lama trifft als persönlicher Gast des Kardinals in Wien ein; der zweitägige Aufenthalt in Österreich hat ausschließlich religiösen Charakter
5. 9. 1974	Einer der drei „delegierten Präsidenten" der römischen Bischofssynode mit dem Thema: Evangelisierung
10.-18. 11. 1975	Besuch beim koptisch-orthodoxen Patriarchen von Alexandrien, Kairo, S. H. Papst Shenouda III., dabei auch Zusammentreffen mit Präsident Anwar as-Sadat
7. 8. 1976	Teilnahme am Eucharistischen Weltkongress, Philadelphia
11.-18. 5. 1977	Zweiter Besuch des Patriarchen Ignatius Yacoub III. in Wien

27.-31. 3. 1978	Besuch beim syrisch-orthodoxen Patriarchen von Antiochien, in Damaskus und Sednaia, S. H. Ignatius Yacoub III.
1.-2. 4. 1978	Auf Einladung des armenischen Katholikosates von Kilikien in Antelias und Bkerke, Audienz beim Staatspräsidenten des Libanon, Elias Sarkis
24.-16. 4. 1978	Unter der Patronanz der Bayrischen Akademie der Wissenschaften Einberufung eines Symposiums des römischen Sekretariates für den Dialog in München (Wissenschaft und Glauben)
August 1978	Teilnahme am Konklave bei der Wahl Johannes Pauls I.
September 1978	Teilnahme am Konklave bei der Wahl Johannes Pauls II.
26. 9. 1978	Vortrag an der Universität Helsinki zum Thema „Atheismus, Humanismus und Christentum“
27.-30. 9. 1978	Auf Einladung der evang.-luth. Fakultät der Universität Helsinki und des Ökumenischen Rates von Finnland Vortrag: „Zwölf Jahre nach dem Konzil. Ein Rückblick“
2. 2. 1979	Ehrenbürger von St. Pölten
30. 3.-1. 4. 1979	Auf Einladung S. H. des Ökumenischen Patriarchen Demetrius I. von Konstantinopel im Phanar in Istanbul
31. 3. 1979	Besuch im armenischen Patriarchat von Konstantinopel; Audienz bei S. S. Patriarch Shnorkh Galoustian
18. 5. 1979	Besuch des Großmufti von Damaskus in Wien; Vortrag: „Die Einheit der Religion und die Brüderlichkeit zwischen Christentum und Islam“
24.-29. 9. 1979	Auf Einladung S. H. des serbisch-orthodoxen Patriarchen German und des Hl. Synods Besuch in Belgrad, Kragujevac, Zial, Sremski Karlovci und Novi Sad
10.-12. 11. 1979	Leitung des Symposiums „Nova spes“ in Rom
9. 3. 1980	Auf offizielle Einladung Reise nach China
18.-22. 9. 1980	Besuch im russisch-orthodoxen Patriarchat in Moskau und Sagorsk
22.-25. 9. 1980	Besuch im armenischen Katholikosat von Etschmiadzin; Audienz bei S. H. Katholikos Vasken I.
25.-28. 9. 1980	Besuch im grusinisch-orthodoxen Patriarchat in Tbilissi; Empfang durch Patriarchalvikar Konstantin
2. 4.-1. 5. 1981	Besuch des obersten Patriarchen und Katholikos aller Armenier, S. H. Vasken I., in Wien
5. 5. 1981	Auf Einladung des Erzbischofs von Laibach, Aloizij Šuštar, besucht der Kardinal erstmals die katholische Kirche in Slowenien

2.-18. 10. 1981	Besuch des Oberhauptes der äthiopischen Kirche, Patriarch Tekle Haimanot, in Wien
4.-8. 10. 1982	Vor dem V. Symposium der europäischen Bischöfe in Rom Vortrag zum Thema: „Die Voraussetzungen und Notwendigkeit der Evangelisierung Europas"
18. 10. 1982	„Ökumenische Pilgerreise" nach Ägypten und ins Hl. Land
16.-22. 1. 1983	Besuch der äthiopisch-orthodoxen Kirche in Äthiopien auf Einladung von Patriarch Abba und Patriarch Tekle Haimanot
9.-13. 9. 1983	Österreichischer Katholikentag und Besuch Papst Johannes Pauls II. in Wien
11.-23. 5. 1984	Besuch der orthodoxen Kirche in Griechenland mit einer Delegation der Stiftung Pro Oriente
8.-12. 9. 1984	Päpstlicher Legat beim nationalen Eucharistischen Kongress in Zagreb und Marija Bistrica
16. 9. 1985	Annahme der Resignation als Erzbischof von Wien durch Papst Johannes Paul II.
6. 10. 1985	Offizielle Übernahme der Internationalen Präsidentschaft von Pax Christi International bis 1990
17. 11. 1988	Ernennung zum Protektor der Stiftung Pro Oriente
3.-18. 6. 1986	Teilnahme am Millennium der Taufe der Kiewer Rus
26.-28.10.1991	Regionalsymposium von Pro Oriente im koptischen Kloster Wadi Natrun (Patriarchenresidenz) auf Einladung von Papst Shenouda
März 1994	Errichtung eines Kardinal-König-Lehrstuhles an der Hebräischen Universität Jerusalem
23.-27.9.1994	Regionalsymposium von Pro Oriente in der maronitischen Universität Kaslik im Libanon
9. 5.1995	Reise nach Moskau anlässlich des 50. Jahrestages des Kriegsendes mit Totengedenken in der Jelochowskij-Kathedrale
seit 1995	Hohe und höchste Auszeichnungen und Orden vor allem aus den Ländern des ehemaligen Ostens für das Engagement in schwierigen Zeiten

Heute wohnt der Kardinal bei den Barmherzigen Schwestern in Wien.

Bildnachweis

Daniel Biskup, Berlin: Frontispiz
Dr. Annemarie Fenzl: Wien, Seite 204
Karl Grohman, Wien: Seite 288
Ing. Felix Mayer, Wien: Seite 195
Dr. Brigitte Ngo Van-Wagner, Wien: Seite 163, 207
Franz Josef Rupprecht, Mönchhof: Seite 21, 67, 70, 145, 158, 208, 212, 215, 243, 247, 281
HBF-Srodic, Wien: Seite 260
Harry Weber, Wien: Seite 233
Archiv Basilika Mariazell: Seite 225